1,000,000 Books

are available to read at

Forgotten Books

www.ForgottenBooks.com

Read online
Download PDF
Purchase in print

ISBN 978-0-656-32041-7
PIBN 11015009

This book is a reproduction of an important historical work. Forgotten Books uses state-of-the-art technology to digitally reconstruct the work, preserving the original format whilst repairing imperfections present in the aged copy. In rare cases, an imperfection in the original, such as a blemish or missing page, may be replicated in our edition. We do, however, repair the vast majority of imperfections successfully; any imperfections that remain are intentionally left to preserve the state of such historical works.

Forgotten Books is a registered trademark of FB &c Ltd.
Copyright © 2018 FB &c Ltd.
FB &c Ltd, Dalton House, 60 Windsor Avenue, London, SW19 2RR.
Company number 08720141. Registered in England and Wales.

For support please visit www.forgottenbooks.com

1 MONTH OF FREE READING

at

www.ForgottenBooks.com

By purchasing this book you are eligible for one month membership to ForgottenBooks.com, giving you unlimited access to our entire collection of over 1,000,000 titles via our web site and mobile apps.

To claim your free month visit:
www.forgottenbooks.com/free1015009

* Offer is valid for 45 days from date of purchase. Terms and conditions apply.

English
Français
Deutsche
Italiano
Español
Português

www.forgottenbooks.com

Mythology Photography **Fiction**
Fishing Christianity **Art** Cooking
Essays Buddhism Freemasonry
Medicine **Biology** Music **Ancient Egypt** Evolution Carpentry Physics
Dance Geology **Mathematics** Fitness
Shakespeare **Folklore** Yoga Marketing
Confidence Immortality Biographies
Poetry **Psychology** Witchcraft
Electronics Chemistry History **Law**
Accounting **Philosophy** Anthropology
Alchemy Drama Quantum Mechanics
Atheism Sexual Health **Ancient History**
Entrepreneurship Languages Sport
Paleontology Needlework Islam
Metaphysics Investment Archaeology
Parenting Statistics Criminology
Motivational

CAECILIA,

eine Zeitschrift

für die

musikalische Welt,

herausgegeben

von einem Vereine von Gelehrten,

Kunstverständigen und Künstlern.

Vierzehnter Band.
Enthaltend die Hefte 53, 54, 55, 56.

Im Verlage der Hof-Musikhandlung von B. Schott's Söhnen
in Mainz, Paris und Antwerpen.

1832.

Inhalt

des

vierzehnten Bandes der *Cäcilia*.

Heft 53.

Ueber eine besonders merkwürdige Stelle eines Mozartischen Violinquartettes aus *C*; von *Gfr. Weber*. S. 1.

Recensionen:

Andreas Hofer. Grosse Oper mit Ballet, in vier Aufzügen, nach dem Inhalt einer englischen Oper gleichen Namens von *Planché*, zur beibehaltenen Musik von *Rossini* zu Wilhelm Tell, für die deutsche Bühne bearbeitet und eingerichtet von dem Freiherrn *von Lichtenstein*. Textbuch; — angez. von *St. Schütze*. S. 50.

Hymne de la nuit, (Hochgesang von der Nacht), par Monsieur *de Lamartine*, musique de *Sigismond Neukomm*. Oeuv. 60; — angez. v. *G. W. Fink* und *J. Fröhlich*. S. 59. (Dabei Neukomms Portrait.)

Musica Sacra, VIIItes Heft: Dritte Messe in *D*, von J. N. Hummel, Op. 111. Partitur; — angez. von *d. Rd*. S. 68.

Die Hochzeit des Figaro, Oper in 4 Aufzügen, von *W. A. Mozart*, in vollständigem Clav. Auszug, mit deutschem und ital. Texte (und zugleich für das Pianof. allein;) — angez. von *d. Rd*. S. 70.

I Flibusti, Opera en tre Atti, — Die Flibustier. Oper in drei Aufzügen; Dichtung von *E. Gehe*, Musik von *J. C. Lobe*, G. Weimar: Hofmusikus. Clavierauszug mit teutschem und ital. Texte. — Esquisse pour le Pianoforte, comp. par *J. G. Lobe*. Op. 19; — angez. v. *d. Rd*. S. 70.

Die nächtliche Heerschau, Gedicht von *Zedlitz*, in Musik gesetzt mit Clavierbegleitung, von *Anton Hackel* in Wien; — angez. von *d. Rd.* S. 71.

I.) Concertstück für das Pianof. mit Begleitung des Orchesters, oder Quartettes; von *Leopoldine Blahetka.* Op. 25. — II.) Variationen über ein Thema aus der Oper: die Stumme, für das Pianof.; von *Leopoldine Blahetka.* Op. 26. — III.) Variations sur la chanson nationale autrichienne: „Gott erhalte Franz den Kaiser", pour le Pianof. seul ou av. acc. d'orchestre ou de quatuor; comp. par *Leopoldine Blahetka.* Op. 28; — angez. von *Gfr. Weber.* S. 72.

Wiener Tagesbelustigung, Potpourri für das Pianoforte, von *Joh. Strauss*; — angez. von Dr. *Zyx.* S. 73.

Wiener Tivoli-Musik für das Pianoforte. Erstes Heft; — angez. von Dr. *Zyx.* S. 74.

Dem Künstlerpaare von Holtei; von *Carl Buchner.* S. 75.

Heft 54.

Ueber die sogenannte Austauschung der Auflösung, eine theoretisch-kritische Betrachtung; von *Gfr. Weber.* (mit einem Notenblatte.) S. 77.

Musikinstitut in Coblenz; von *Ds.* S. 115.

Ueber eine besonders merkwürdige Stelle in einem Mozartschen Violinquartett aus C; von *Gfr. Weber.* Fortsetzung und Beschluss des im vorigen Hefte abgebrochenen Artikels. (Mit einem Notenblatte.) S. 122.

Bericht über das zweite grosse Musikfest des thüringisch-sächsischen Musikvereins; von *C. St-z.* S. 130.

Recensionen:

Spontini in Deutschland, oder unpartheiische Würdigung seiner Leistungen, während seines Aufenthaltes daselbst in den letzten zehn Jahren. Dem Verdienste seine Krone; Leipzig bei Steinacker und Hartknoch; — angez. von *d. Rd.* S. 137.

I.) Mehrstimmige Gesänge für grosse Singvereine und kleinere Zirkel; von *Gfr. Weber.* Op. 41. Viertes Heft: Hymne an Gott, Partitur und Stimmen. — II.) Alexandrina, Neujahrsgeschenk für Freunde des Gesanges, eine Sammlung von ein- und zweistimmigen Liedern und Gesängen, mit Begleitung des Pianoforte oder der Guitarre; von *Gfr. Weber.* Op. 43. — III.) Tafellieder für zwei und drei Männerstimmen und Chor, mit Guitarre oder Pianoforte; von *Gfr. Weber.* Op. 42. — Angez. von *ihm selbst.* S. 139.

131 dreistimmige Choräle für Discant und zwei Alte, oder für Tenor und zwei Bässe, — und 21 Festmelodien für Discant, Alt, Tenor und Bass, der fleissigen Schuljugend gewidmet von Fr. Hr. Fl. Guhr, evangl. Cantor u. Schulcollegen in Miltisch; angezeigt von *Chr. H. Rinck.* S. 141.

Journal des Dames et des Modes etc, publié par Ed. Alisky. Cahier 13, 14, 15, 16, 17, 18, 19; — angez. von *Dr. Zyx.* S. 142.

Correspondenz aus Würzburg, von *M. A. G. Gessert.* S. 144.

Ehrenauszeichnungen. S. 145.

Heft 55.

Partitur des *Dies irae, Tuba mirum, Rex tremendae, Recordare, Confutatis, Lacrymosa, Domine Jesu* und *Hostias*, von *Mozarts* Requiem, so wie solche Mozart eigenhändig geschrieben und Abbé *Stadler* in genauer Uebereinstimmung mit dem Mozart'schen Original copirt hat, nebst Vorbericht und Anhang herausgegeben von *A. André.* Original-Ausgabe; angezeigt von Prof. Dr. *Deyks*, und Director Dr. *Heinroth.* S. 147.

Sechs Gesänge für vier Männerstimmen; componirt von *Gfr. Wilh. Fink.* Op. 19. S. 179.

Erste Wanderung der ältesten Tonkunst, als Vorgeschichte der Musik oder als erste Periode derselben; dargestellt von *Gfr. Wilh. Fink*; angezeigt von *Gfr. Weber.* S. 179.

Ueber antike Musik; insbesondere alte, griechische, oder Kirchentonarten; von *Gfr. Weber.* (mit zwei Notenblättern.) S. 184.

Chorgesangschule für Schul- und Theaterchöre und angehende Singvereine. (Méthode pour apprendre à chanter en choeur, à l'usage des écoles, des théatres, et des academies de chant); von *Aug. Ferd. Häser*, — (traduit par *J. J. Jelensperger*); angezeigt von *Gfr. Weber.* S. 211.

Rudiment du Pianiste, — Bildungschule des Clavierspielers; von *H. Bertini.* Op. 84. Angez. von d. Rd. S. 216.

Second grand Trio brillant, pour le Pianoforté, Violon et Violoncelle; comp. par *Ant. Bohrer.* Oeuv. 7. — Angez. von *Gfr. Weber.* S. 216.

Fuge und Choral: „Wachet auf, ruft uns die Stimme," für die Orgel; von *H. W. Stolze*, Stadt- und Schloss-Organisten in Celle. Op. 7. 2tes Werk der Orgelstücke; angez. v. *Chr. H. Rinck.* S. 217.

„La ci darem la mano" varié pour le pianoforte, avec accompagnement d'Orchestre, par *Frédéric Chopin*; angez. von *Friedrich Wieck*. S. 219.

Jubelcantate, zur Feier des fünfzigjährigen Regierungsantrittes Sr. Maj. des Königs von Sachsen, am 20. September 1818; Gedicht von *Fr. Kind*, Musik von *Carl M. v. Weber*. Op. 58. — Angez. von d. Rd. S. 224.

Pariser Tagesblätter; mitgetheilt von *G. F. Anders* in Paris. S. 226.

Heft 56.

Ueber das religieuse Drama: v. *G. Nauenburg*. S. 231.

Beitrag zur Geschichte der Violine; von *G. E. Anders* in Paris; mit Zeichnungen und einer Nachschrift der *Red.* S. 247.

Das Terpodion der Herren *Buschmann*; von *Gfr. Weber*. S. 259.

Recensionen:

Chronologisches Verzeichnis vorzüglicher Beförderer und Meister der Tonkunst etc.; von Dr. *Grosheim*; angez. von d. Rd. S. 262.

Pianoforteschule; von *C. W. Greulich*; angez. von *J. A. Gleichmann*. S. 265.

Versuch einer geordneten Theorie der Tonsetzkunst; von *Gfr. Weber*, dritte Auflage; Vorreden, u. Nachschrift. S. 276.

Nr. 3. De six grands concertos pour le Pianoforte; composés par *W. A. Mozart*, Oeuv. 82, Edition faite d'après la partition en manuscrit. — und Nr. 4, en *ut* mineur, Oeuv. 82, des douze grands concerts de *W. A. Mozart*, arrangés pour piano seul, ou avec accomp. de Flûte, Violon et Violoncelle, avec cadences et ornemens composés par le célèbre *J. N. Hummel*; angez. von *Gfr. Weber*. S. 309.

Trinklied der Räuber, aus Robert der Teufel, von *C. v. Holtei*; — und: die Harmonie, von *Sydow*; beides für Männerchor comp. von *W. Mangold*; angez. von d. Red. S. 314.

Neuvième Symphonie de *Beethoven*, arr. pour le Pianof. à 4 m. par *C. Czerni*; angez. von d. Red. S. 315.

Ueber Abt Voglers Schriften; von *A. Wendt*. — Dazu eine Beilage, mitgetheilt von *Gfr. Weber* S. 315.

Logogriph; von *P. C. v. Tscharner*. S. 318.

Bemerkung für die Herren
Buchbinder
beim Einbinden des vierzehnten Bandes.

Der vierzehnte Band besteht aus den Heften 53, 54, 55, 56.

Beim Einbinden desselben werden die 4 Intelligenzblätter, 53, 54, 55, und 56, zusammen hintenan gebunden, so daß die Bögen, welche unten am Rande die Signaturen 1, 2, 3, 4, 5, u. s. w. bis 23 tragen, ununterbrochen nacheinander fortlaufen, und nach diesen, wenn man will, die, mit den Signaturen A bis G versehenen, Bögen der Intelligenzblätter folgen.

Die Notenblätter &c. bleiben einzeln bei den betreffenden Blattseiten. Der halbe Bogen worauf Titelblat und Inhaltanzeige stehen, wird, wie sich von selbst versteht, ganz voran gebunden.

Die rothen Umschläge der einzelnen Hefte werden, als unnöthig, beseitigt. Der zugleich mit dem 56. Hefte ausgegebene blaue Umschlag zum vierzehnten Bande hingegen ist bestimmt, beim Einbinden dieses Bandes in Pappe, statt gewöhnlichen bunten Papieres zu dienen.

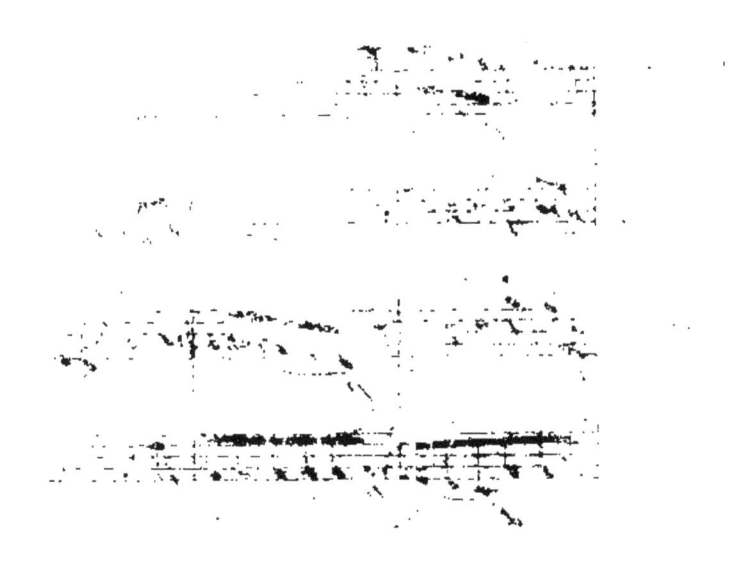

Ueber eine
besonders merkwürdige Stelle
in einem
Mozart'schen Violinquartett aus C;
von *Gfr. Weber.*
(Mit einem Notenblatte.)

Der auf dem nebenstehenden Notenblatte abgebildete Satz bildet bekanntlich den Anfang der Introduzion des wunderherrlichen Mozartschen Violinquartettes Nr. 6 derjenigen sechs Quartette, welche er in der, der Originalauflage (*Vienna presso Artaria e Comp.*) vorangesetzten Dedication, als die Frucht einer langen und mühsamen Arbeit, »*il frutto di una lunga e laboriosa fatica*«, seinem besten Freunde *Joseph Haydn*, »*il suo migliore amico*« widmete.

Die ersten 8 – 9 Tacte dieser Einleitung hatten schon gleich nach dem ersten Erscheinen dieser Quartette grosse Sensation erregt und den Ohren der Hörer nicht recht behagen wollen; man empfand Härten und Herbheiten, deren Erlaubtheit oder Regelwidrigkeit sehr problematisch schien.

Schon der alte *Sarti* hatte sich, ob der ihm hier entgegentretenden Härten, so über die Masen entsetzt, dass er über diese Stelle ein eigenes Tractätlein »*Osservazioni critiche sopra un quartetto*

»di Mozart« schrieb, welches, nach dem Zeugnisse des Herrn *Fetis**), sich noch in den Händen des Herrn *B. Asioli* befindet, und worin der alte Meister dem heftigsten Unwillen gegen diese Composition, als regel- und gehörwidrig, den Zügel schiessen lässt, unter andern ausrufend: »*Che si puo far di più per far stonare i professori!*« —

Begütigender soll bekanntlich *Haydn*, welcher in einer Gesellschaft von Musikern zu einem entscheidenden Urtheile über den Streit wider und für die befragliche Stelle aufgefodert worden war, dieses mit der evasiven Aeusserung abgelehnt haben: da Mozart die Stelle so geschrieben habe, so werde er wohl Gründe gehabt haben, sie grade so und nicht anders zu schreiben. — (Grade auf dieselbe Weise hatte *Haydn* sich auch einmal der an ihn gestellten Anforderung, über ein anderes Mozartisches Werk zu urtheilen, durch die Aeusserung entzogen: »Ich kann den Streit nicht ausmachen; aber das weis ich, dass Mozart der grösste Componist ist, den die Welt jetzt hat,« — und ein Andermal: »Könnt ich jedem Musikfreunde die unnachahmlichen Arbeiten Mozarts so tief und mit einem solchen musicalischen Verstande, mit einer so grossen Empfindung, in die Seele prägen, wie ich sie begreife und empfinde: die Nationen würden wetteifern, ein solches Kleinod zu besitzen.«) — Eine schöne Parallele zu der bekannten Aeusserung *Mozarts* gegen einen Tadler

---

*) *Revue musicale* Tom. V, N. 26; v. 24. Jul. 1829.

Haydns: »Herr! und wenn man Sie und mich zusammenschmelzt, so geben wir Beide zusammengenommen noch lange keinen *Jos. Haydn!*«

Offener und rücksichtloser, als *Haydn* sich über die befragliche Stelle hatte aussprechen mögen, that es Hr. Prof. *Fétis*, in einem dieser Stelle gewidmeten eigenen Artikel seiner *Revue* *). Er nennt das Quartett »*entaché d'un début bizarre, ou le compositeur semble avoir pris plaisir à mettre à la torture une oreil délicat;*« — er nennt die Stelle ein »*passage bizarre,*« und findet es unbegreiflich, »*q'un musicien tel que Mozart ait écrit de semblable harmonie,*« — »*des fautes grossières*« — »*une entrée d'imitation mal faite,*« — — »*dont l'effet est horrible*« — »*inconcevables dissonances sans but, qui déchirent l'oreille,*« — »*car de pareilles fautes blessent la raison, le sens et le goût. —*«

Selbst die Echtheit der Stelle hatte man erst noch ganz neulichst bezweifeln wollen**) und, um sich von der Echtheit zu überzeugen, es für nöthig erachtet, bis nach London vorzudringen, woselbst das Mozartische eigenhändige Originalmanuscript in den Händen des Herrn Harfenmachers *Stumpf* zu finden sei; — welchen weiten Weg man jedoch hätte sparen und statt dessen aus der, im allgemei-

---

*) T. V. Jul. 1829, S. 601 u. ff.
**) *Revue musicale* Tome V, 1829, v. 24. Jul. 1829, S. 605.

nen Buchhandel und in jedermanns Händen befindlichen, *A. André*ischen Ausgabe des von *Mozart* eigenhändig geführten thematischen Tagebuches oder Katalogs seiner Compositionen vom 9. Febr. 1784 bis 15. Nov. 1791, dessen eigenhändiges Original sich noch jetzt in Hrn. *André's* Händen befindet *), sich überzeugen können, dass, auf der 10 und 11 Blattseite desselben, unter Nr. 13, *Mozart* die befragliche Stelle eigenhändig, ganz genau grade so wie sie als Quartett gestochen ist, eingetragen hatte, und zwar datirt vom 14. Jan. 1785, also 8 Monate vor dem Datum der Dedication. **)

Gegen die Freimüthigkeit des Hrn. *Fétis* warf sich ein *Mr. Perne* in Laon zum *Champion* auf ***), ohne jedoch etwas Mehres zu sagen, als eben viele Worte von Mozarts Vortrefflichkeit, und dass diese und jene Harmonie und Harmonieenfolge etc., eben — diese und jene Harmonieenfolge etc. sei, und dass die *force tonale* Alles gut mache.

Dem Herrn *Perne* hat zwar Hr. *Fétis* alsbald †) durch triftige Gegengründe und mit der steigernden Versicherung geantwortet, er habe noch lange nicht

---

*) Cäcilia XI. Bd. S. 329.

**) Herr Prof. *Fétis* irret daher, wenn er, in seiner *Revue* (T. VI, Nr. II. v. 7. Aug. 1829, S. 32) von diesem Quartette schreibt: »il y a environ cinquante ans que le quatuor de Mozart a été publié.« Es waren damal noch nicht 44 Jahre.

***) *Revue* Tom. VI, Nr. II. v. 7. Aug. 1829, S. 25.

†) Am angef. O. S. 32.

alle anstössigen Seiten der befraglichen Stelle aufgedeckt und könne deren noch mehre nachweisen: „*Si j'avais eu l'intention de corriger tout ce qu'il y a de choquant dans ce passage, j'aurais eu beaucoup à faire. Par exemple*" u. s. w.

Allein alsbald trat ihm in der Leipz. Allgem. Mus. Ztg. *) ein neuer Widersacher, Herr *A. C. Leduc*, entgegen, um, als ein **Vertheiger Mozarts**, die Correctheit und Schönheit der Stelle Schritt für Schritt zu behaupten und zu vertheidigen, und zu versichern: dass Mozart, indem er die Introduction niederschrieb, mit freier Wahl und Ueberlegung gehandelt und eine bestimmte Wirkung im Auge gehabt habe,**) — und nebenbei dem Hrn. *Fétis*, nach gemeinüblicher Mode, Persönlichkeiten, Neid gegen Mozarts Ruhm, kleinliche Eitelkeit, und sonstige Unlauterkeiten, — unlauter genug! — zu Last zu legen! . . . . . .

Die Folge hiervon war wieder ein weiterer Artikel über den harmonischen und contrapunctischen Werth der befraglichen Stelle, worin Hr. *Fétis* seine Ansichten vertheidigt, die Persönlichkeiten aber verschmähend, nur mit wenigen Worten abfertigt.***)

Noch weiter und nicht weniger durch Persönlichkeiten gegen Hrn. *Fétis* verunstaltet, wird der

---

*) L. M. Z. 1830, S. 117 — 132.
**) Am angef. O. S. 123.
***) Revue T. VIII, p. 821.

Streit fortgesetzt in einem weiteren Artikel der genannten Zeitung *); — und wer weis wie lange und weit man noch ferner fortfahren wird, sich mit solcher Erbitterung zu zanken.

———

Sehr oft bin ich seitdem gefragt worden, ob und warum denn i c h nicht ein Wort über den so lebhaft verhandelten Gegenstand sprechen wolle.

Ich hatte aber ein meinerseitiges eigenes Besprechen desselben hauptsächlich darum für überflüssig gehalten, weil ich bereits in meiner Theorie der Tonsetzkunst an v i e l e n Orten**) eben diese Stelle als Beispiel zur Erläuterung bald dieses bald jenes theoretischen Satzes benutzt und dadurch dasjenige, was in diesen Tonverbindungen Besonderes und eigens Bemerkenswerthes liegt, schon grösstentheils vollständig zergliedert habe.

———

Wenn ich aber, dessen ungeachtet, einer neuen, mir vorzüglich gewichtigen Aufforderung entsprechend, der vielbesprochenen Composition nunmehr auch meinerseits eine eigene Betrachtung widme, so muss ich doch gleich im Voraus bitten, hier jeden-

---

*) L. M. Z. 1831, S. 81.
**) z. B. §§ 642, 643, 644, 750, 756, 772, 774, 775, 777, 814 der ersten Auflage von 1817 resp. 1821; und in den §§ 354, 355, 356, 358, 360, 362, 363, 408. 493, 494, 500 der zweiten von 1824 und der dritten von 1830 — 31.

falls *kein Urtheil über die theoretische Erlaubtheit oder Regelwidrigkeit* der befraglichen Stelle zu erwarten.

Wer meine Theorie und ihre Art und Weise kennt, der weis, dass das unbedingte Gebieten und Verbieten, das Erklären dieser oder jener Tonverbindung, Tonfolge, Accordenfolge etc. etc. für erlaubt, oder für unerlaubt, nun einmal durchaus nicht meine Force ist. Ich habe diese Tendenz meiner, im Wesentlichen nur rein aus Beobachtungen dessen, was wohl oder übel, sanft oder herbe klingt, bestehenden und mit apriorischen und dogmatisch theoretisirenden Demonstrationen, warum dies oder jenes so und so sein müsse und nicht so oder so sein dürfe, sich nun einmal gar nicht befassenden, Theorie schon in der Anmerkung zum § 95,*) gelegenheitlich mit folgenden Worten ausgesprochen. „Ueber„haupt — da ich nun eben einmal von grösserer „oder geringerer Strenge rede, — wird man „die vorliegende Theorie weder freier, noch stren„ger finden als jede andere, sondern eben so streng, „und auch eben so frei, wie irgend Eine. Ich wer„de auf jede Härte aufmerksam machen, welche „andere Schriftsteller ohne Warntafel stehen lassen „und wieder andere unbedingt verbieten. Wie weit „dann von mehr oder weniger harten oder gelinden „Tonverbindungen, zu diesem oder jenem Kunst„zwecke, Gebrauch zu machen ist? — dies

---

*) 1. Bd., S. 238 der zweiten u. S. 264 der dritten Aufl.

„zu bestimmen, ziemt nicht der Technik, sondern
„dem richtigen Gefühle, und in letzter Instanz
„der Aesthetik."

So viel ist jedenfalls gewiss, dass die Aufgabe der Tonkunst keineswegs grade darin besteht, dem Gehörsinne nur allein zarte und süssklingende, dem Ohre möglichst schmeichelnde Tonverbindungen darzubieten, dass sie vielmehr dem Sinne mitunter und bis zu einem gewissen Grade auch hart und herbe klingende, einschneidende, befremdliche Tonverbindungen bieten darf und, namentlich des Contrastes halber, nicht selten bietet. Wie weit sie hierin gehen, wie Viel, wie Herbes sie dem Gehöre bieten und zumuthen darf, darüber lässt sich, wie in allem Relativen, keine absolut bestimmte Grenze theoretisch abstecken. Auch bedeutend harte, herbe, rauhe und grelle Tongebilde müssen dem Tondichter, je nachdem er etwas Herbes, Rauhes u. dgl. auszudrücken beabsichtet, als erlaubt zu Gebote stehen; und absolut verboten kann nur Dasjenige heissen, was in so hohem Grade herbe oder gar garstig klingt, dass es dem Gehöre wirklich absolut wehe thut. Ob dies bei dieser oder jener Tonverbindung der Fall sei, ob in denselben des Harten und Herben so Viel zusammenkomme, dass die Gesammtsumme der Herbheiten dem Gehöre in der That gar zu Viel werde? — darüber existirt am Ende doch kein anderer höchster Richter, als nur allein der musikalisch gebildete Gehörsinn und Geschmack.

Die Tonsetzkunst ist nun einmal keine mit mathematischer Consequenz und Absolutheit begabte

Wissenschaft, kein System, welches uns absolute, verbietende oder gebietende Regeln darböte, aus deren Anwendung auf jeden vorliegenden Fall sich, wie „Zweimal zwei ist vier" der Werth oder Unwerth, die Richtigkeit oder Unrichtigkeit, Erlaubtheit oder Verbotenheit dieser oder jener Verbindung und Zusammenstellung von Tönen, bestimmen liesse, und alle Anmasungen derjenigen, welche träumten, die Tonsatzlehre mathematisch begründen und aus solcher anmaslichen Begründung absolute Präcepte ableiten und aufstellen zu können, zeigen sich bei der leichtesten Prüfung als leere, nur belachenswerthe Träume, deren Trüglichkeit sich durch das erste beste Beispiel handgreiflich zeigen lässt.

Dieses ist mein musicalisch theoretisches Bekenntnis, welches ich auch an unzähligen Stellen meiner Theorie nicht allein ausgesprochen, sondern durch häufige Beispiele begründet habe.

Von mir also wird eben darum auch ein Urtheilspruch über die Frage, ob und in wiefern Dieses oder Jenes an der befraglichen Introduction erlaubt, oder unerlaubt und kategorisch verboten sei, nicht zu erwarten sein.

Was ich aber leisten kann, ist Folgendes.

Dass der befragliche Satz dem Gehöre befremdlich, sehr befremdlich klingt, ist gewiss. Die Ursachen welche, theils allein, theils in ihrem Zusammenwirken, das Befremdliche erzeugen, lassen sich theoretisch nachweisen,

(und sind, wie vorhin erwähnt, grösstentheils bereits an mehren Stellen meiner Theorie nachgewiesen worden.)

Eine vollständige **Analyse der ganzen harmonischen und melodischen Textur** der befraglichen Stelle wird uns in Stand setzen, alle jene Ursachen, sowohl einzeln, als in ihrem Zusammenhange, zu erkennen, und uns also Rechenschaft darüber zu geben, Was es ist, was uns denn bei diesen Anklängen so sehr befremdet und unserm Gehörsinne so herbe auffällt.

Dieses zu leisten, eine solche Analyse zu liefern, ist die einzige Aufgabe welche ich mir hier setze; und habe ich diese geleistet, dann mag es dem Gehörsinne und Geschmack eines Jeden anheimgestellt bleiben, ob er die, aus dem Zusammentreffen der entwickelten Einzelheiten resultirende Gesammtheit von Härte, von Besonderheit, von Befremdlichkeit — oder wie man es sonst nennen mag, — zu gross, oder nicht zu gross ist, um dem Gehöre geboten werden zu dürfen.

―――――

§. I.

Indem ich mich nun anschicke, die besagte Analyse der zu besprechenden Stelle zu liefern, glaube ich dieselbe am besten zu erschöpfen, wenn ich sie erst

I.) in Ansehung der darin zum Grunde liegenden **Harmonieenfolge** oder **Modulation** durchgehe, dann

II.) die darin vorkommenden **harmoniefremden** oder **Durchgangtöne** betrachte, sodann

III.) einige darin liegende sogenannte **Querstände**, so wie

IV.) einige bemerkenswerthe **parallele Stimmenfortschreitungen**, — dann aber

V.) die Stelle noch einmal mit Berücksichtigung aller vorstehend erwähnten Puncte **zusammengenommen** durchgehe.

1.) *Modulation.*

§ II.

Gleich der erste Anfang des Tonstückes bietet dem Gehöre, bis in den zweiten Tact hinein, eine Reihe interessanter, dem Ohre reizender und sehr wohlgefälliger **Mehrdeutigkeiten** der Tonart und der Harmonieenfolge dar.

Beim allerersten Anfange erklingt ganz allein der Basston c, bei welchem, an sich allerdings mehrdeutigen Anfange, das Gehör jedoch zunächst geneigt ist, den so allein erklingenden Basston c als tonische Note, sei es nun von *C*-dur oder von *c*-moll, zu vernehmen.

§ III.

Mit dem letzten Viertel des ersten Tactes tritt zu diesem c der Ton as. — Hier kann nun das Gehör neuerdings zweifeln, ob es diesen Ton für gis oder für as zu nehmen habe. (Theor. § XIX, XXI, 219, 280 A.)

Als gis würde er z. B. in der That erscheinen, wenn der Satz etwa folgendermasen fortgeführt wäre:

Aber auch als as vernommen, bleibt immer noch Manches mehrdeutig, indem dem Gehöre die Wahl bleibt, ob es den Zusammenklang [*c as*] entweder als der Harmonie . . . . As angehörig, und als solche für die Harmonie der sechsten Stufe von *c*-moll . . *c* : VI, oder als tonische Harmonie von *As*-dur . . . . *As* : I; — oder aber ob es ihn als der weichen Dreiklangharmonie . . . . . *f* angehörig, und als solche für die Harmonie der vierten Stufe von *c*-moll . . *c* : IV; oder etwa als tonische Harmonie von *f*-moll . . . . *f* : I zu halten habe. *)

---

*) Ueber die obige und folgende Zeichnungsart siehe Cäcilia XIII. Bd., Hft. 49, S. 20 u. ff.

Mozartischen Violinquartettes.

Erst von dem, was folgen wird, muss das Gehör nähere Auskunft und Vergewisserung über die, noch immer nicht bestimmt indicirte Tonart, erwarten. (Theor. §. 221.)

Indem beim Anfange des folgenden Tactes der Zusammenklang der bisher alleinigen Töne [c und as] durch das Hinzutreten des Tones es, zu einem As-Dreiklange vervollständigt erscheint, empfindet das Gehör diejenige angenehme Befriedigung, welche ihm die allmälige Lösung harmonischer Mehrdeutigkeiten beinah immer zu gewähren pflegt. Doch auch jetzt noch ist es nur erst eine freundliche Vorahnung von Vergewisserung, indem dem Gehör auch jetzt noch die Wahl bleibt,

den Dreiklang . . . . . As;
entweder für . . . . . . c : VI,
oder für . . . . . . As : I,

zu vernehmen. — Ob für Ersteres, oder für Letzteres? dafür auch jetzt nirgend ein entscheidend überwiegender Grund; nicht zu gedenken, dass es auch noch nicht ausgemacht ist, ob das as nicht etwa auch blos als Durchgang zu g dastehe, wo dann die Harmonie auf dem weichen c-Dreiklange beruhen würde.

14 *Ueber eine Stelle eines*

Noch immer zweifelhaft über die Tonart, harret das Gehör also auch hier erst noch dessen, was nun noch weiter folgen wird.

§ IV.

Stimmung, hört es nun, beim zweiten Viertel des zweiten Tactes, an die Stelle des Tones as den Ton g treten, und in demselben Augenblicke erscheint in der Oberstimme der Ton $\overline{\overline{a}}$, so dass jetzt die Töne [c g $\overline{es}$ $\overline{a}$] zusammenklingen; — ein Zusammenklang welcher, als Vierklangharmonie

mit kleiner Quinte . . . . $°a^7$
betrachtet, in der Tonart *B*-dur auf
der siebenten Stufe, als . . . . $B : °\text{vii}^7$
oder, den bisherigen Annahmen des
Gehörs näher, auf der zweiten von
g-moll, als . . . . $g : °\text{ii}^7$
anzunehmen wäre. (Theor. § 177, f.)

Statt dieser beiden Annahmen, welche jedenfalls eine Ausweichung, aus einer der bis hierher angenommen gewesenen Tonarten, entweder ins *B*-dur, oder ins *g*-moll voraussetzen, kann das Gehör aber auch annehmen, es möge auch wohl der Ton g ein

render sein, und seine desfalsige Beziehung sich vielleicht auf eine einfachere Weise in der nächstfolgen-

Mozartischen Violinquartettes. 15

den Zeit aufklären. Noch immer zweifelnd, sieht oder horcht es denn dem noch weiter Folgenden entgegen.

§ V.

In der That schreitet denn auch beim folgenden Viertel das g zu fis hinab, um den Zusammenklang [c fis $\overline{d}$ $\overline{\overline{a}}$] herzustellen, welchen genen zufolge, unbezweifelt für die Wechseldominantharmonie (Th. § 201) von *c*-moll, also für . . . . $\mathfrak{D}^7$, (in dritter Verwechselung) aufnimmt.

So hat es sich denn bestätigt, dass der, während des vorhergehenden zweiten Viertels, im Zusammenklange [c g $\overline{es}$ $\overline{\overline{a}}$] erklungen habende Ton g wirklich nur ein blos durchgehender, ein Durchgang zum fis, gewesen war, dessen Stelle er nur einen Augenblick vertreten hatte; dass also die Harmonieenfolge dieses zweiten Tactes nicht wirklich

$$\mathfrak{A}\mathfrak{s} : {}^{\circ}a^7 : \mathfrak{D}^7$$

gewesen war, sondern einfacher unmittelbar

$$\mathfrak{A}\mathfrak{s} : \mathfrak{D}^7.$$

Nach dieser $\mathfrak{D}^7$-Harmonie, als Wechseldominantharmonie von *c*-moll, erwartet das Gehör nunmehr, die grosse $\mathfrak{G}$-Dreiklangharmonie folgen zu hören.

§ VI.

Die im folgenden Tacte denn auch wirklich auftretende Harmonie erscheint daher, ganz der Erwartung des Gehöres entsprechend, als . . . . 𝔊 (wobei das c̅i̅s̅ der zweiten Stimme als halbtöniger schwerer Durchgangton (Wechselnote) zum darauf folgenden harmonischen Tone d̿ erscheint, so wie das a̿ als vorbereitete Wechselnote, (Vorhalt, Theor. § 417) zum darauf folgenden Haupttone g̿; — worauf demnächst der Ton f̅i̅s̅ in der Oberstimme, in der zweiten auch der Ton ā, und in der dritten die Töne a und c̄, als durchgehend eingeflochten sind.)

Durch das Auftreten dieser 𝔊-Harmonie ist denn auch die bisherige Mehrdeutigkeit nun endlich in so fern gehoben, dass das Gehör diese 𝔊-Harmonie bestimmt als Harmonie der Dominante oder fünften Stufe, Dominant-Harmonie, von *c*-moll, oder von *C*-dur, (Theor. § 211.) vernimmt.

§ VII.

Auch im folgenden Tacte empfindet, während der zwei ersten Tacttheile, das Gehör noch immer dieselbe Dominant-Harmonie, bis, mit dem letzten Tacttheile (mit dem 5ten Achtel) in der Oberstimme der, dieser Harmonie widersprechende, Ton b̅ auftritt, ein Ton, welcher, sowohl der *C*-dur-, als

auch der *c*-moll-Leiter fremd (Th. § 131), das Gehör nöthigt, den Zusammenklang [G $\overline{b}$] als einer anderen Harmonie einer anderen Tonart angehörig zu erkennen, und zwar, dem Zusammenhange nach, wohl am nächsten für eine weiche g-Dreiklangharmonie . . . . . . g
als tonischen Accord von *g*-moll . . . . g : ɪ.

Die Harmonieenfolge dieses Tactes ist demnach

𝔊 : 𝔇 : g
G : I : V g : ɪ
oder C : V : G : V : g : ɪ

oder, wenn man die Töne Fis und $\overline{a}$ als blos durchgehend betrachtet:

G : I : g : ɪ;
oder C : V : g : ɪ.

§ VIII.

Bei dieser, wenn auch nächsten, Erklärungsart ist indessen immerhin Folgendes bemerkenswerth.

Fürs Erste ist eine Ausweichung dieser Art, nämlich welche dadurch geschieht, dass, nach einer Dominantharmonie, z. B nach der 𝔊-Dreiklangharmonie als Dominantharmonie von *C* oder *c*, unmittelbar, oder doch so gut wie unmittelbar, die tonische Harmonie der um eine grosse Quinte höheren

Molltonart, also g als 1 von *g*, folgte, eine sehr wenig gewöhnliche, dem Gehöre sehr wenig geläufige, welche es eben darum auch nicht besonders geneigt ist, sich auf jede Weise gefallen zu lassen.

§. IX.

Fürs zweite aber ist die Art und Weise, wie diese Ausweichung im vorliegenden Falle auftritt, auch keineswegs die günstigste, indem das $\overline{\overline{b}}$ hier nur so gleichsam beiläufig, auf dem schlechten letzten Tacttheile, (Th. §. 241 Nr. 4) auftritt, nachdem man bisher lange Zeit hindurch immer ♮h zu hören gewohnt gewesen. — Nachdem man, im ganzen dritten Tacte und in den zwei ersten Tacttheilen des vierten, erst die dritte Stimme in Achtelnoten von a zu h, dann die zweite Stimme auf gleiche Weise von $\overline{a}$ zu $\overline{h}$, und dann wieder die dritte eben so gleichfalls von $\overline{a}$ zu $\overline{h}$, schreiten gehört, und nun auch die Oberstimme von

$\overline{\overline{a}}$ aufwärts steigen hört, glaubt man sich zu der zuversichtlichen Erwartung berechtigt, dass sie von diesem $\overline{\overline{a}}$ nun ebenfalls zu $\overline{\overline{h}}$ schreiten werde. Ganz wider alle Erwartung aber thut sie das nicht, weicht — man fühlt nicht recht wie und wodurch motivirt? — von dem Beispiele ihrer Schwestern ab,

will, statt des bisherigen h, nun plötzlich b einführen, will, nachdem unmittelbar vorher die dritte Stimme

$$a - h - \bar{c}, \text{ und dann } \bar{a} - \bar{h} - \bar{\bar{c}},$$

und eben so die zweite

$$\bar{a} \; \bar{h} \; \bar{\bar{c}}$$

gesungen hatte, von diesen Vorgängerinnen abweichend, nun ihrerseits auf Einmal

$$\bar{\bar{a}} \; \bar{\bar{b}} \; \bar{\bar{c}}$$

singen, und das zu einer Zeit (auf der letzten leichten Zeit des $\frac{3}{4}$-Tactes), welche, ihrer Kürze und ihres Mangels an innerer Gewichtigkeit wegen, (Th. § 241, Nr. 1, 4) nicht dazu gemacht ist, für eine dem Gehöre so wenig einleuchtende Ab- und Ausweichung Epoche zu machen, — will eine solche Reform, welcher das Gehör, wenn sie ihm etwa auf eine mehr imponirende Weise geboten würde, (Th. § 241, Nr. 5) sich wohl eher fügen würde, nicht allein in einem so wenig gewichtigen Augenblicke, sondern auch sogar in blos zweistimmigem Satze, blos vom G des Basses begleitet, ohne alle Miteinstimmung ihrer pausirenden Mitschwestern, indess deren h noch im Ohre nachklingt, blos auf ihre alleinige Autorität und überhaupt hier nur wenig motivirt, einführen, will gegen sie alle allein Recht haben, will Dasjenige (die harte G-Dreiklangharmonie), was bisher als Resultat des Zusammenwirkens aller vier Stimmen während langer und gewichtiger Zeit gegolten hatte, nun allein besser wissen und es zu einer weichen g-Dreiklang-

2*

harmonie reformiren, — wobei sie überdies auch in dem, sie allein noch begleitenden, Basse eine, auch darum nur wenig befriedigende Unterstützung findet, weil derselbe in einer sehr **weiten**, durch keine Mittelstimmen ausgefüllten und vermittelten Entfernung, G-$\overline{b}$, liegt, welche schon darum einem wirkungvollen Zusammengreifen nicht günstig ist. (Theor. § 69.)

Beim Vorkommen eines so unentschieden auftretenden Harmoniewechsels wird das Gehör beinahe irre, und zweifelhaft, ob es denn auch wirklich und ernstlich glauben solle was es hört? ob der erste Violinist mit seinem vereinzelten, dünnen, feinen $\overline{b}$ denn wirklich das bisher allseitig angenommene h, noch so beiläufig im letzten Tactviertel reformiren wolle? oder ob er nicht vielleicht gar nur aus Irrthum $\overline{b}$ statt $\overline{h}$ gegriffen habe? — oder es zweifelt auch wohl, ob das $\overline{b}$ nicht etwa $\overline{\overline{ais}}$, und als solches halbtöniger Durchgang zu einem folgenden $\overline{\overline{h}}$, sein solle, etwa so?

welche Vermuthung aber freilich durch das nach $\overline{b}$ folgende $\overline{\overline{c}}$ auch wieder getäuscht wird, indem nicht $\overline{h}$, sondern $\overline{\overline{c}}$ folgt, und das Gehör also genöthigt wird, (Th. § 370 u. 380) die begütigende Erklärung ($\overline{\overline{ais}}$ statt $\underline{b}$) wieder fahren zu lassen, und sich also dennoch, während dieses leichten letzten Tacttheiles, geschwinde noch ins g-moll umzustimmen.

§ X.

Kaum hat es sich in diese Nothwendigkeit zurecht gefunden, als ihm, unmittelbar mit dem Anfange des folgenden Tactes, schon wieder eine neue, und noch unerwartetere, Harmoneenfolge geboten wird, durch das Auftreten des Zusammenklanges [B $\overline{\overline{des}}$], welchen die Oberstimme dadurch herbeiführt, dass sie, nachdem unmittelbar vorher ihre tieferen Schwestern

$$a \quad h \quad \overline{c} \quad \overline{d}$$

und

$$\overline{a} \quad \overline{h} \quad \overline{\overline{c}} \quad \overline{\overline{d}}$$

gesungen hatten, ihrerseits nun plötzlich eine jener ganz widersprechende Weise singen will:

$$\overline{\overline{a}} \quad \overline{\overline{b}} \quad \overline{\overline{\overline{c}}} \quad \overline{\overline{\overline{des}}}$$

Das Gehör, welches schon beim Erscheinen des $\overline{b}$ statt $\overline{\overline{h}}$, Mühe gehabt, sich dasselbe zu erklären und zu motiviren, weis sich noch weniger jetzt auch noch gar den Zusammenklang [B $\overline{\overline{des}}$] deutlich zu erklären. —

22

Der Zusammenhang namentlich mit dem folgenden Tacte zeigt indessen, dass der befragliche Zusammenklang als weicher ♭-Dreiklang, und zwar

als tonische Harmonie von *b*-moll, gemeint ist, und demnach eine Ausweichung aus dem kaum entstandenen *g*-moll in die, von *C*-dur, von *c*-moll, von *G*-dur, und von *g*-moll weit entfernte (§ 180) Tonart *b*-moll auf sich hat, und zwar durch ein ganz unvorbereitetes Auftreten der Harmonie *b* : 1 unmittelbar nach dem weichen g-Dreiklang als g : 1, übrigens ebenfalls noch blos in nur zwei, sehr weit von einander entfernten Tönen.

§ XI.

Vielleicht mögte das Gehör sich die Annahme, nun auch noch dieser weiteren Ausweichungen, etwa dadurch ersparen, dass es das $\overline{\text{des}}$, der ersten Violine für $\overline{\text{cis}}$, und somit als halbtönigen Durchgang zu einem etwa darauf folgenden $\overline{\text{d}}$, erklärte. — Allein auch diese Annahme wird eben so wenig bestätigt, als die früher erwähnte Annahme des $\overline{\text{ais}}$ statt $\overline{\text{b}}$; denn es folgt kein $\overline{\text{d}}$, vielmehr bleibt die Phrase der Oberstimme mit jenem d̿e̿s̿ geschlossen, indess der Bass mit seinem wiederholten B dieselbe Formel wie die des ersten und der folgenden Tacte, ganz auf dieselbe Weise wie dort, nur in einer um eine Stufe tieferen Tonart, von neuem einleitet, und der ganze Verlauf der Tacte 1, 2, 3, 4 sich, um einen Ton tiefer, wiederholt (nur mit dem einzigen Unterschiede, dass im neunten Tacte die erste Violine nicht zu c̿e̿s̿, sondern zu c̅ schreitet, welches letztere dem Gehöre ungleich weniger befremdlich ist, als ihm im fünften Tacte das d̿e̿s̿ gewesen war.)

§ XII.

Indem ich hiermit die Analyse **des modulatorischen Ganges** der besprochenen Stelle schliesse, wünsche und hoffe ich, auch von denjenigen verstanden worden zu sein, welchen die Grundsätze über die Frage: wie das Gehör jede sich ihm darbietende Tonverbindung als, dieser oder jener, bisherigen oder neuen, näheren oder weiter entfernten, Tonart angehörig aufnimmt? — noch nicht aus meiner Theorie d. Tonsetzk. bekannt sind, in welcher ich diese Lehre, (welche bisher noch von *keinem* Tonlehrer behandelt worden war,) zu allererst (1. Aufl. 2. Bd. v. J. 1818, § 333 bis 368; 2. u. 3. Aufl. § 190 bis 225,) aufzustellen den Versuch gewagt, und welche ich, zum Behufe vollständigeren Verständnisses der vorstehenden Entwickelungen des, grade ganz ungewöhnlich verwickelten, unklaren und zweifelhaften Ganges der befraglichen ausserordentlich schwierigen Stelle, wohl gar gerne in ihrem Zusammenhange hier einrücken mögte, — ein Wunsch, welchen ich jedoch, um dem gegenwärtigen Artikel nicht allzugrosse Ausdehnung zu geben, unterdrücke und mich mit der Hoffnung, auch ohnedies doch deutlich und verständlich genug gewesen zu sein, begnüge.

II.) *Durchgangtöne.*

§ XIII.

Die zweite Hinsicht, in welcher die befragliche Stelle eigens Bemerkenswerthes und zum Theil Auffallendes darbietet, bilden mehre darin vorkommende Durchgangtöne.

Um das in dieser Hinsicht Bemerkenswerthe klar zu entwickeln, bediene ich mich am füglichsten der eigenen Worte derjenigen Paragraphen meiner Theorie, in welchen die betreffenden Principien (freilich in einer, von der bisherigen fragmentarischen Behandlungsart dieser Lehre sehr abweichenden, möglichst selbständig ergründenden Methode,) entwikkelt sind, und in welchen ich, (wie bereits im Eingange des gegenwärtigen Aufsatzes erwähnt ist,) unter Anderem auch die jetzt befragliche *Mozart'*sche Composition als erläuterndes Beispiel benutzt habe. Ich lasse daher das Betreffende aus den besagten Paragraphen nachstehend wörtlich (nach der 2. und resp. nach der 3. Auflage) abdrucken.

Erläuterungen aus der Theorie.

C.) *Leichte,- schwere Durchgangtöne.*

Theor. § 354.

... Es liegt in der Natur der Sache, dass Wechselnoten etwas härter auffallen, als leichte Durchgänge, schon darum, weil sie schwerer sind, auf die schwerere (sogenannte bessere Zeit) fallen, ihrer Hauptnote die gute Zeit wegnehmen, und dadurch gleichsam frecher hervortreten, als andere leichter vorübergehende. Darum stossen z. B. in Fig. 161 die beiden Durchgänge h im ersten Tacte bei weitem nicht so hart an, als im zweiten Tacte, weil sie in jenem blos leicht vorübergehende, in diesem aber schwer auftretende Durchgänge sind.

Fig. 161.)

D.) *Durchgänge in mehren Stimmen zugleich.*

Th. § 355.

Dass Durchgänge bald in der Oberstimme, bald im Bass, bald auch in Mittelstimmen vorkommen, haben wir aus den bisherigen Beispielen schon von selber bemerken können, so wie, dass nicht selten auch in **mehren Stimmen zugleich** welche vorkommen. Z. B. in Fig. 160 und 162 erscheinen Durchgänge in den beiden oberen Stimmen,

26 *Ueber eine Stelle eines*

bei Fig 163 in vier Stimmen zugleich.

Fig. 163.)

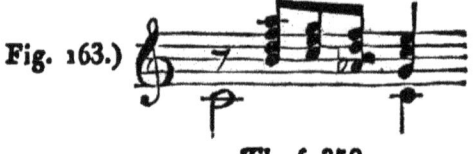

Th. § 358.

... Es ist an sich wohl herber, wenn mehre Stimmen zugleich mit Durchgängen durchflochten sind, als wenn dies nur in Einer der Fall ist; allein dass auch Durchgänge in mehren Stimmen zugleich ohne alle unangenehme Härte erscheinen können, beweisen schon mehre der bisherigen Beispiele; namentlich die obige Fig. 163. ...

F.) *Hauptton mit dem Nebentone zugleich erklingend.*

Th. § 360.

... Ebenfalls schon aus den bisherigen Beispielen sehen wir, dass auch nicht selten einem Intervalle einer Harmonie eine Nebennote vorangefügt wird, indess in einer andern Stimme dies Intervall selber ertönt. Z. B. in Fig. 175*i* wird, in der Oberstimme, dem Grundtone $\bar{g}$, der durchgehende Ton $\bar{a}$ vorangeschickt, indess in der zweiten Stimme der Grundton $\bar{g}$ selber erklingt: und eben so hernach $\bar{fis}$ zu $\bar{g}$ — $\bar{es}$ zu $\bar{d}$ — $\bar{cis}$ zu $\bar{c}$ u. s. w. —

Fig. 175. *i*)

k.)

l.)

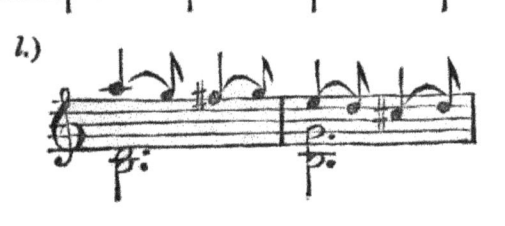

Mozartischen Violinquartettes. 27

Aehnliches findet sich bei Fig. 176:

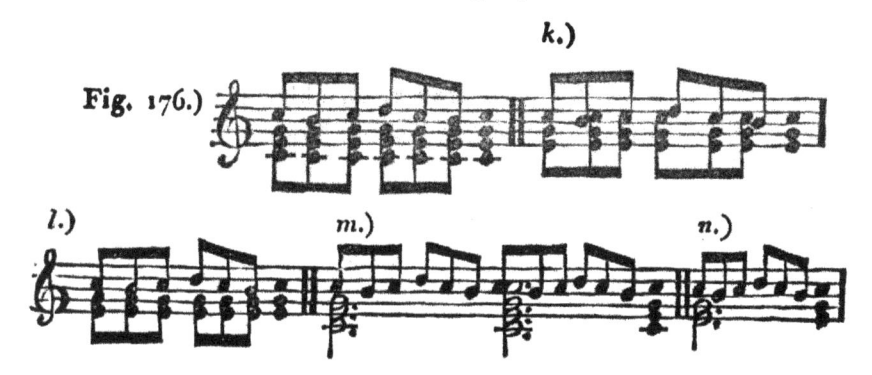

Fig. 176.) *k.*)

l.)   *m.*)   *n.*)

☞ Eben so steht in Fig. 177 im dritten Takte in der Oberstimme $\bar{a}$ als Nebenton zu $\bar{g}$, indess in der dritten

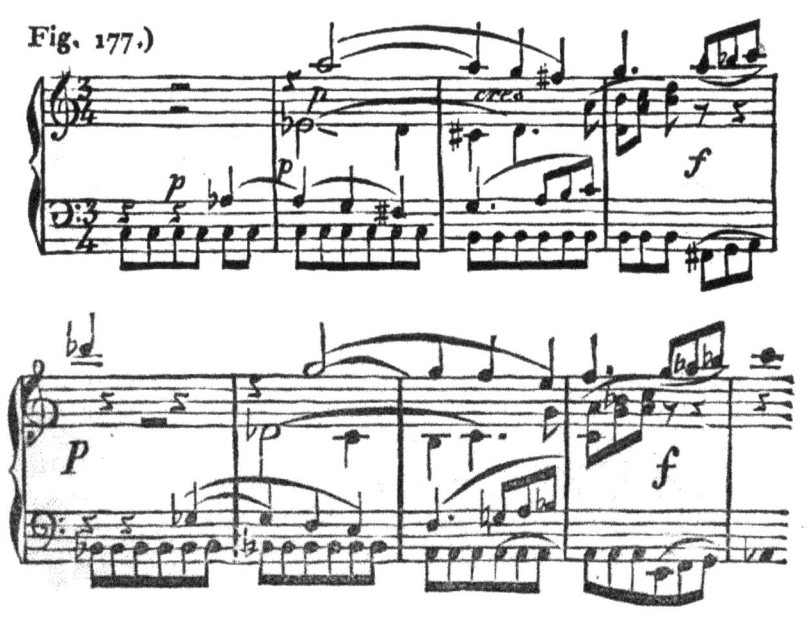

Fig. 177.)

Stimme g selber erklingt. Noch im nämlichen Takte vernimmt man in eben dieser dritten Stimme a als Nebenton zu h, indess im Basse H selber erklingt; — und während der ferneren Fortdauer eben dieses Basstones H, giebt bald darauf die zweite, und dann wieder die dritte Stimme den Ton $\bar{a}$ als Nebenton zu $\bar{h}$ an. — Vergl. ebendaselbst Takt 7 u. 8. . . .

Th. § 361.

... Es klingt allemal herber, wenn, zugleich mit dem Nebentton, auch der Hauptton mitgehört wird, als wenn dies nicht der Fall ist. So wird man z. B. obige Fig. 175*i* und *k*, und Fig. 176*i, k,* durchgängig herber klingend finden, als Fig. 175*l* und 176*l, n,* wo solches Zusammenklingen des Haupttones mit seinem Nebentone, durch Auslassen des ersteren, vermieden ist. ...

Das Zugleichhörenlassen des Haupttones mit seinem Nebenton ist jedoch alsdann am wenigsten herbe, wenn jener die **Grundnote der Harmonie** ist, wie z. B. im ersten Takte von 175*l.* — Minder gelinde nimmt sich ein Nebenton zugleich mit **anderen** Intervallen aus, z. B. mit der Grundquinte, wie im zweiten Takte, — und noch etwas anstössiger zugleich mit der Terz, wie im 3ten Takte.

Eben so klingen in Fig. 178*i* die Durchgangtöne h und d̄ nicht hart gegen den im Basse liegenden Grundton C an; — man gebe aber statt dessen einmal die Grundterz E im Basse an, so wird man wohl fühlen, wie viel herber die harmoniefremden Nebentöne d̄ und f̄ gegen dies E anklingen. — Das Aehnliche wird man bei *k* finden, wenn man, statt c̄ in der Oberstimme, ē greift.

Fig. 178 *i*.)   *k*.)

☞ Eben daher mag es rühren, dass die vorhin besprochenen Durchgänge des Beispiels Fig. 177 im 4. u. 8. Tacte dem Gehör eben nicht schmeicheln.

Ferner klingt solches Zusammentreffen des Nebentones mit seinem Haupttone bei sogenannten halbtönigen Durch-

gingen etwas herber als bei ganztönigen. Man wird
leicht fühlen, dass in obiger Fig 175 bei i das f̄is herber
gegen das zugleich ertönende g̅ anstösst, als das ā, —
im dritten Takte das ā herber gegen das b, als das c̄.

G.) *Mitanschlagende Durchgänge.*

Th. § 362.

Wir finden ferner, bei Betrachtung der verschiedenen
Arten von Durchgängen, dass zuweilen **der durchgehende Ton mit anderen harmonisch geltenden zu gleicher Zeit angeschlagen wird,** —
zuweilen aber auch nicht. In Fig. 179 i werden, zugleich
mit den Durchgängen c̄ und a, auch die Intervalle der
Grundharmonie mit angeschlagen; — bei k aber nicht.

Fig. 179 i.) k.)

Aehnliches gleichzeitiges Anschlagen der harmonischen
Noten mit einer Nebennote findet man in obiger Fig. 175 i
und 176 i.

☞ Eben so schlagen auch bei obiger Fig. 177, im 2.
Takte, zugleich mit dem g, welches Durchgang zu fis zu sein
scheint, in der Oberstimme gleichzeitig ā, und im Basse
c an; — und eben so schlägt, im dritten Takte, wo die
zwei Durchgangstöne ā und c̄is zugleich (§ 358) erklingen,
dieser Durchgangston c̄is zugleich mit den harmonischen
Tönen H und g der unteren Stimmen an. — Dasselbe
wiederholt sich Takt 6, 7.

Th. § 363.

Jeder Durchgang fällt allemal greller auf, wenn er
zugleich mit harmonischen Noten angeschlagen wird. Da-

rum klingen z. B. in obiger Fig. 176 bei *k*, *l*, die Durchgänge bei weitem härter als bei *m* und *n*, — und ☞ die in Fig. 177 ziemlich herbe.

Solche grössere Härte ist dann doppelt fühlbar, wenn sogar eben das **Intervall**, auf welches der Durchgang sich bezieht, mit demselben zugleich angeschlagen wird, und also nicht nur **Haupt- und Nebenton zugleich gehört**, sondern auch **zu gleicher Zeit angeschlagen werden**, wie z. B. in Fig. 175 *i*, *k*, — 176 *i*, *k*, *l*, — auch in Fig. 180 *k* bis *o*; (nicht eben so bei *i*, woselbst $\tilde{f}$ als Nebenton nicht zu *g*, sondern zu $\bar{e}$ vorkommt, welches $\bar{e}$ nicht zugleich mitgehört wird.) . . .

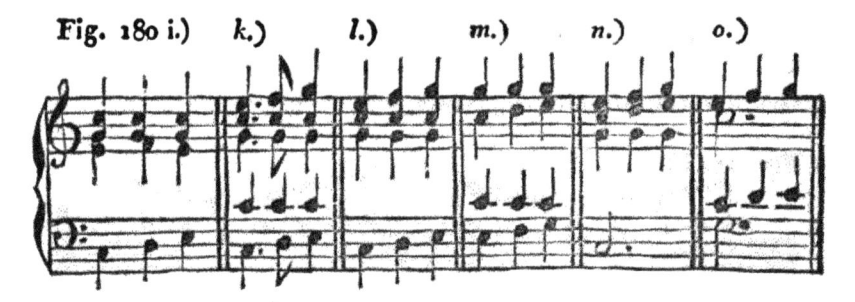

Fig. 180 *i*.) *k*.) *l*.) *m*.) *n*.) *o*.)

☞ Eben hieraus ergiebt sich auch ein weiterer Grund, warum im 3ten und 4ten Takte obiger Fig. 177 die Nebennoten zu *h* und $\tilde{h}$ so hart gegen das im Basse jedesmal von neuem mit anschlagende H anstossen, — und warum 176 *i* härter klingt als *m*, wo die Hauptnote $\bar{e}$ nicht jedesmal mit angeschlagen wird. . . .

C.) *Lindernde Wirkung der Mehrdeutigkeit (der Durchgänge).*

Th. § 407.

. . . . Nach so Manchem, was wir schon früher, von der lindernden Eigenschaft verschiedener Arten von Mehrdeutigkeit beobachtet haben, kann man sich wohl im Voraus denken, dass auch die hier besprochene Art von Mehrdeutigkeit in ihrer Sphäre ähnliche Wirkung äussert.

In der That bemerkt man denn auch, dass mancher Zusammenklang von Tönen, von welchem man sonst wohl erwarten mögte, er werde dem Gehöre beschwerlich fallen, sich doch darum weit angenehmer ausnimmt, als sonst der Fall sein mögte, weil er, wenn man ihn als aus lauter harmonischen Tönen bestehend ansähe, einen an sich nicht herbe klingenden Akkord darstellen würde, oder mit andern Worten, weil er, als wirklicher Akkord betrachtet, nicht unter die herbe klingenden Akkorde gehören würde.

So ist, z. B. in nebenstehendem Satze, in welchem, während der, den ganzen Tact hindurch zum Grunde liegenden Harmonie ⑤⁷, eine Zeitlang der dieser Harmonie fremde Ton a͞is an die Stelle des harmonischen Tones h͞ tritt, und zugleich e͞ an die Stelle der Septime f͞, so wie auch cis an die Stelle der Quinte d͞, das Zusammenklingen von drei zur Harmonie nicht passenden Tönen auf einmal, dem Gehöre hauptsächlich darum doch nicht unangenehm, weil dieser Zusammenklang einen Scheinakkord, nämlich [g c͞is e͞ a͞is] scheinbar einen Fis⁷-Septakkord (mit in Bass gelegter None und ausgelassenem Grundtone) bildet, welcher, an sich, nichts weniger als widrigklingend ist; weshalb denn diese Durchgänge auch selbst dann nicht im Geringsten herbe klingen, wenn man auch zugleich mit den harmoniefremden Tönen den harmonischen Ton g noch einmal anschlägt, was sonst doch härter aufzufallen pflegt (§ 363.) . . . .

. . . Auch von Fig. 291 lässt sich behaupten, das Gehör lasse sich den, beim ersten Anblick allerdings das Auge befremdenden Zusammenklang [fis c͞es e͞. a͞] nur darum so ganz ohne Widerwillen gefallen, weil er, als [fis h͞ d͞is a͞]

oder [ges c̄es c̃s b̃es] betrachtet, ein ganz gewöhnlicher Hauptvierklang H^7 oder Ges^7 sein würde.

Th. § 408.

Im Gegentheil aber erscheint in Fig. 292 der ganze zweite Takt darum so herbe, weil man sich unter keinem der beiden darin vorkommenden Zusammenklänge [h â c̄] und [c̄ ḡ h̄] einen Akkord denken kann, — es wäre denn etwa, dass man Ersteren für eine H^7-Harmonie mit kleiner None und beibehaltenem Grundton, und letzteren für einen grossen Vierklang C^7 nehmen wollte, welche beide Harmonieen aber, wie wir schon längst bemerkten, an sich selber herbe klingen, wobei also nichts gewonnen wäre.

In Fig. 293 ist es natürlicher, beim Zusammenklange [ais c̄ ḡ c̃] anzunehmen, das c̄ sei nur Nebenton zum h des folgenden e-Akkordes, so wie das ais nur Nebenton zum folgenden Tone h, — als dass man den Zusammen-

klang für °fis⁷ mit erhöhter Terz ansieht; indem nach

dieser letzten Erklärungsart die erhöhte eigentliche Terz ais tiefer läge als die eigentliche Quinte c̄, welche Lage solchem Akkorde ungewöhnlicher, und nicht natürlich ist (1. Bd. § 91 bei B.) Obgleich sich indessen auf solche Weise der befragliche Zusammenklang ganz wohl als blosser Scheinakkord (98, 389,) ansehen lässt, so ist und bleibt er doch, auch als solcher, immer nur wenig wohlklingend, weil er, wenn man ihn als wirklichen Akkord betrachten wollte, ein an sich sehr herbe klingender Akkord wäre.

☞ Auch in obiger Fig. 177 kann das Gehör im Anfange des 3. Taktes, unter dem Zusammenklange [H g cis a] sich auch nicht einmal einen Scheinakkord denken, weshalb auch dieser Akkord wenigstens nicht besonders lieblich klingt. ...

III). *Querstände.*

§ XIV.

Auch in der durch vorstehende Ueberschrift angedeuteten Hinsicht, ist die befragliche *Mozart*'sche Stelle merkwürdig, und werde ich auch diese Hinsicht nicht besser zu entwickeln vermögen, als indem ich, auf gleiche Weise, wie ich zur vorigen Abtheilung gethan, auch hier die betreffenden und namentlich auch auf diese Stelle Rücksicht nehmenden §§ der Theorie, auszugweise abdrucken lassen.

Erläuterungen aus der Theorie.

C.) *Querstand.*
Th. § 497.
... Der Sprung einer Stimme in ein Intervall, welches unmittelbar vorher, chromatisch verschieden, gehört worden, klingt gewöhnlich

herbe und unangenehm; oder mit andern Worten, wenn ein und derselbe Ton zweimal unmittelbar nacheinander, das einemal aber um ein chromatisches Intervall höher, oder tiefer, vorkommt, (z. B. erst e♮, dann c♭, — erst f♮ dann f♯, — oder umgekehrt;) so ist es gewöhnlich nicht gut, eine Stimme in das chromatisch verwandelte Intervall springen zu lassen. So klingt es z. B. in Fig 47 i

nicht eben gut, dass, nachdem in der Oberstimme e♮ gehört worden, die Bassstimme den Ton ēs springend ergreift;

Weit natürlicher erscheint das ēs bei *k* und *l*. — Von ähnlicher Art ist in Fig. 48i der Sprung des Basses in's fis;

wogegen bei *k* das fis in der Oberstimme viel natürlicher erscheint. — Eben so wird man finden, dass Fig. 49i mehr auffällt, als *k*; — Fig. 5o i und ii mehr als *k*, — Fig. 51i mehr als *k*.

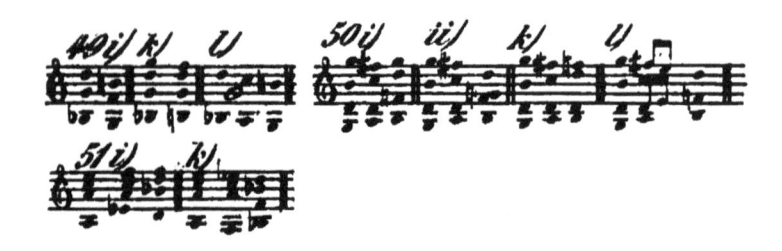

Mozartischen Violinquartettes. 35

Unsere Theoretiker haben solcher Stimmenführung den Namen Querstände, *relationes non harmonicae*, beigelegt. ...

Th. § 491.

Die Ursache, warum solche Sprünge oder Querstände dem Gehöre gewöhnlich misfallen, ist ziemlich begreiflich. Wenn in obiger Fig. 47 einmal ♮c im Gehöre liegt, so erscheint das ♭c unmittelbar darauf gleichsam dem bisher Gehörten ♮c widersprechend, und fremdartig; das Gehör kann also natürlicherweise dem Sprunge in ein so wenig naheliegendes, gleichsam heterogenes Intervall, nicht leicht und gerne nachfolgen; — oder mit andern Worten: wenn einmal ein Zusammenklang im Gehöre liegt, welcher e♮ enthält, und es soll ein Akkord folgen, welcher das jenem ersten Akkorde so fremde e♭ enthalten soll, so ist man dem Gehöre die Discretion schuldig, ihm diese Aenderung so fasslich zu machen, als möglich, also das dem ersten Akkorde heterogene e♭ nicht sprungweis eintreten zu lassen.

Th. § 492.

Es sind übrigens Querstände nicht selten auch da fühlbar, wo der Sprung in das chromatisch verwandelte Intervall durch Noten von geringer Geltung und Bedeutung ausgefüllt ist, wie z. B. in obiger Fig 47 bei *m*, wo zwischen c̄ und c̄s der durchgehende Ton d̄ eingeschoben ist,

☞ c̄   (f)   ḡ
c̄   (d)   c̄s ☜

Eben solche, nur wenig verdeckte Querstände entdeckt man leicht in obigen Fig. 49 *l* und 50 *l*: nämlich

Fig. 49*l*.) d̄ (c̄) f̄ ☜   Fig. 50*l*.) ☞ f̄ * (c̄) d̄

☞ b (a) g   d (c̄) f̄ ☜

Th. § 493.

Den bisher besprochenen Querständen kann man füglich auch den Fall gleichstellen, wo eine Stimme, nicht sowohl sprungweis, als vielmehr ganz **frei eintretend**,

3*

ein Intervall anschlägt, welches eben zuvor chromatisch verschieden gehört worden. Z. B. in Fig 53 i wird erst fis in der Mittelstimme gehört, wonächst die Oberstimme mit dem Tone fis eintritt. Es ist dies freie Eintreten der Oberstimme mit dem Tone fis nicht viel anders, als wenn sie sich sprungweis zu diesem Tone bewegte; die Wirkung also ungefähr die nämliche, als wenn sie etwa von g in dies fis spränge; und man fühlt wohl, dass solche Stimmführung lange nicht so rund und fliessend ist, als wenn man die Stimmen so führt, wie bei k. — Linen

eben solchen Querstand bildet der Eintritt der Oberstimme in Fig 54 i.

☞ Diesem Beispiele nicht unähnlich sind in Fig. 55 die Eintritte der Oberstimme im zweiten und im sechsten Takte. (Vergl. die Fig. 177 des § 360.)

Fig. 55.)

Th. § 494.

Was nun die **Erlaubtheit oder Unerlaubtheit solcher Querstände** angeht, so lässt sich auch darüber im Allgemeinen nur so viel sagen, dass sie **nicht selten** den gefälligen Fluss der Stimmen unangenehm stören, wie dies mehre der oben erwähnten Beispiele bewähren; — indess freilich andere wieder beweisen, dass auch solche sogenannte unharmonische Querstände, unter begünstigenden Umständen, zuweilen keineswegs übel klingen, wie z. B. Fig. 52, oder wie Fig. 56.

☞ Nicht grade ganz eben so unbedenklich scheinen, — wenigstens nach meinem Gefühle — die verschiedenen Querstände in der schon oft besprochenen Fig. 55. Dort bilden nämlich nicht nur die Eintritte der Oberstimme im 2. und 6. Takte Querstände der im § 493 erwähnten Art, — sondern auch im 4ten Takte das b gegen das so gut wie unmittelbar vorher gehörte H♮, (§ 492)

g	a	b	c	des
H	Fis	G	A	B

so wie im 8ten Tacte das as gegen das A, sondern auch, vom 4. zum fünften Tacte, das des gegen das noch vom vorigen Takte her im Gehöre liegende d der zweiten Stimme. . . .

Th. § 495.

Unter die Umstände, durch deren Begünstigung mancher sonst anstössige Querstand zuweilen gemildert und dem Gehöre geniesbar gemacht wird, gehört vorzüglich auch die **Langsamkeit der Bewegung**, wodurch dem Gehöre Zeit gelassen wird, den Faden der Stimmenführung bequemer zu verfolgen.

So sind z. B. Stimmenschritte wie in obigen Fig. 5z, 56, oder wie in Fig. 57*i*, *k*, *l*, und selbst *m*, wenn sie anders nicht allzu schnell auf einander folgen, wie bei 57*n*,

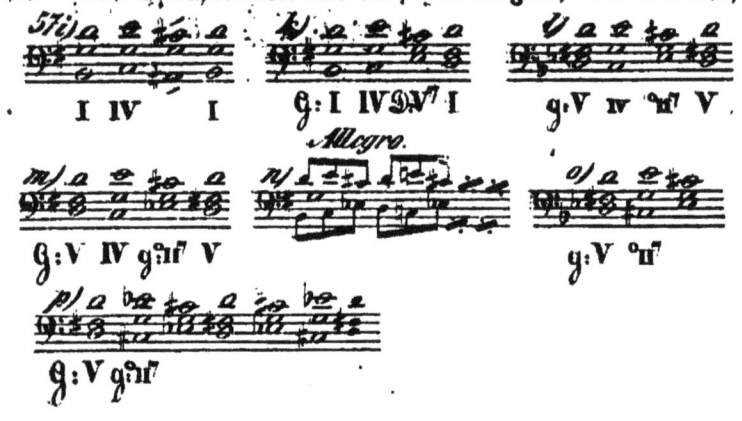

[musical examples]

nicht nur nicht übelklingend, sondern sogar häufig gebräuchlich. (Namentlich haben wir uns an die Querstände *l* und *m* schon gewöhnt, weil wir diese weit lieber ertragen mögen, als die widrigklingenden Lagen bei *p*.)

Auch die im § 494 erwähnten Querstände der Fig. 55, Tact 4 u. 5, erscheinen dem Gehöre vorzüglich darum um so befremdlicher, weil nur Eine kurze Achtelnote dazwischen liegt.

Th. § 496.

Diejenigen Querstände hingegen, welche sich **nicht**, wie die oben erwähnten, mildern, und für das Gehör geniesbar machen lassen, sucht man immerhin möglichst **zu vermeiden und zu beseitigen.**

Die Art, wie solche Beseitigung und Vermeidung, meist durch leichte Veränderung der Stimmenführung, geschehen kann, ist leicht durch Vergleichung der Beispiele Fig. 47*i* mit *k* u. *l*, — 48*i* mit *k*, — 49*i* mit *k* u. a. m. zu ersehen.

Bei den eben erwähnten Vermeidungsarten ist nicht allein das sprungweise Ergreifen, oder frei eintretende Anschlagen des chromatisch veränderten Intervalles vermieden, sondern dieses letztere ist auch sogar eben derselben Stimme in den Mund gelegt, in welcher es zuvor in chromatisch verschiedener Gestalt gelegen war. So liegt z. B. in Fig. 47k das $\bar{e}$ in der Bassstimme; und eben dieser Stimme ist auch das $\bar{es}$ in den Mund gelegt. — In Fig. 48k giebt eben die Stimme, welche erst das $\bar{\bar{f}}$ angegeben hatte, auch das $\bar{\bar{fis}}$ an, — u. s. w.

Dieses Letztere ist aber nicht grade immer nothwendig, wie obige Fig. 48*l* zeigt, wo in der Oberstimme $\bar{\bar{f}}$, und unmittelbar darauf $\bar{\bar{fis}}$ in der Unterstimme erscheint, wodurch das Gehör doch durchaus nicht beleidigt wird, weil das $\bar{\bar{fis}}$ nicht sprungweis, sondern stufenweis eintritt. *)

---

*) Auch mit der Lehre von Querständen pflegt es in unseren Lehrbüchern gar wunderlich auszusehen.

Fürs erste findet man nämlich unter dieser Rubrike mitunter so ganz Verschiedenartiges aufgeführt, dass man deutlich sieht, die Schriftsteller sind eigentlich noch gar nicht aufs Reine darüber, was sie unter dem Ausdrucke Querstand versehen wollen; und daher kommt es denn auch, dass man in den Theorieen so wunderliche Begriffbestimmungen von Querständen aufgestellt findet. — So lehrt z. B. Türk (in s. Anl. z. Generalbass, § 54) Querstände seien „gewisse Fort„schreitungen zweyer Stimmen, gegen welche zwar „an sich, oder einzeln genommen, nichts einzuwenden „ist, die aber mit einander verbunden eine unangenehme „Wirkung thun, weil dabei in jeder Stimme eine an„dere Tonart zum Grunde liegt." — Er hat es Kirnbergern nachgeschrieben, welcher (im I. Bd. S. 139) die Sache ebenfalls nicht anders zu beschreiben weis, als folgendermasen: „Es giebt Fälle, da zwar jede „Stimme für sich eine gute Fortschreitung hat, wo „auch die Harmonie aller Stimmen an sich untadelhaft „scheinet, und da dennoch die Fortschreitung in Ver„gleichung zweyer Stimmen unangenehm wird, welches „insgemein der unharmonische Querstand genennt wird." —

IV.) *Parallele Stimmenfortschreitung.*

§ XV.

Das Letzte, was wir an dem zu besprechenden Satze eigens bemerkenswerth finden, besteht endlich darin, dass einmal zwei Stimmen in der Entfernung einer Secunde parallel neben einander einherschreiten.

Auch hier will ich einen Theil desjenigen hierhersetzen, was ich in der Theorie über parallele Stimmenfortschreitung überhaupt, und insbesondere über Secundenparallelen, gesagt habe.

Was das aber für Fälle sind? wird nirgend gelehrt. (Der letzteren Beschreibung nach sollte man fast eher etwa auf verbotene Quinten und dgl. rathen.)

Eine ganz natürliche Folge solcher Unbestimmtheit ist es denn, dass man z. B. bei Türk. a. a. O. die Sätze Fig. 58*b* als Beispiele leidlicher unharmonischer

Querstände angeführt findet, — Fig. 58*c* aber, so wie die zwei nach einander folgenden Terzen bei *cc* als unharmonische Querstände, wobei ein Harmonieensprung geschehe — —, hingegen Fig. *d* und *dd* als, seines Erachtens, keine unharmonischen Querstände, weil dabei kein Harmonieensprung geschehe; — Fig. *c* zwar ebenfalls als Querstände, doch als zulässiger und minder auffallend als grosse Terzen. — — Man sieht wohl, wie viel ganz und gar Verschiedenartiges der gelehrte Mann hier untereinander geworfen hat! —

Erläuterungen aus der Theorie.

Werth oder Unwerth paralleler Stimmenführung.

Th. § 499.

Zwei Stimmen, die in der Entfernung einer Sekunde parallel neben einander herlaufen, erscheinen dem Ge-

Auch folgenden Satz

| c b g b | a |
| E ——— | Fis (Vergl. Fig. 59)

findet man von Theoretikern als Querstand charakterisirt. —

Obgleich auf den Namen nicht Viel ankommt, so wüsste ich doch wenigstens keine Definition zu erfinden, welche auf alle oben angeführten Beispiele passte: und sollen all diese so ganz wesentlich verschiedenen Dinge sämmtlich den gemeinschaftlichen Namen Querstand tragen, — dann weis ich wenigstens wahrlich nicht anzugeben, was ein Querstand heisst.

Eben so unbefriedigend, wie die oben erwähnten Definitionen, scheint mir die Ursache, welche die Theoretiker anzugeben pflegen, warum Querstände anstössig klingen. Sie soll, wie schon erwähnt, darin liegen: „weil dabei in jeder Stimme eine andere Tonart „zum Grunde liegt." — Allein nicht zu gedenken, dass sich mit diesem zum Grunde liegen zweier verschiedenen Tonarten nicht leicht ein klarer Begriff verbinden lässt

höre selten wohlgefällig, sondern meist anstössig; es seien die parallel einherschreitenden Töne harmonisch geltend, oder harmoniefremd.

— so mögt ich, auch dies bei Seite gesetzt, auch fragen: warum denn zweierlei Tonarten eher in einer und derselben Stimme zu Grunde liegen dürfen, als in zwei verschiedenen?? — eher sollte man doch dieses für widriger halten, als jenes.

Auch was es mit dem Harmonieensprung auf sich haben soll, vermag ich nicht recht zu verstehen; und auch die Belehrung, welche uns Türk in der Anm. zu seinem § 16 darüber ertheilt, klärt mich nicht auf. Dort heisst es nämlich: „Um das zu verstehen, was hier von „dem Harmonieensprunge gesagt worden ist, muss man „wissen, dass die Töne (Tonarten) nicht in gleichem „Grade mit einander verwandt sind. Diejenigen Dur- „und Molltöne, welche in Absicht auf ihre Tonleiter „oder Vorzeichnung am meisten überein kommen, oder „nur auf Einer Stufe von einander abweichen, mithin „auch nur um Ein Versetzungszeichen von einander ver- „schieden sind, wie Cdur und Gdur, oder wie Emoll „und Hmoll etc., heissen im ersten Grade verwandt. „Im zweiten Grade der Verwandtschaft ständen demnach „mit einander Cdur und Ddur, oder absteigend Cdur „und Bdur: im dritten Grade aber Cdur und Adur, „oder im Absteigen Cdur und Esdur u. s. w. (Eben „so sind folglich" — (?) — „auch die Dreiklänge [Ak- „korde] nicht in gleichem Grade mit einander verwandt.) „Diese entferntere Verwandtschaft, nämlich von dem „zweiten Grade an, nennt man einen Harmonieen- „sprung (harmonischen Sprung)" und ferner heisst es im § 54 über obige Fig. 58a: „Die untere „Stimme bezeichnet nämlich Gmoll, die obere hingegen „Gdur." —

Der Hr. Autor will also sagen: wenn zwei Harmonieen nacheinander folgen, welche, als zwei tonische Dreiklänge betrachtet, nicht in nächstem Grade mit einander verwandt wären, so nennt man dies einen Harmonieensprung, — ein solcher Harmonieensprung ist fehlerhaft, — und die besagten sogenannten Querstände klingen also darum übel, weil darin ein Harmonieensprung liegt; — z. B. in obiger Fig. 58a folgen der weiche g-Dreiklang und dann der harte G-Dreiklang nacheinander, und da die Tonarten g-moll und G-dur nicht in nächstem Grade verwandt sind, — so ist diese Harmonieenfolge ein Harmonieensprung, — und weil in dem Beispiel ein Harmonieensprung liegt, so ist es ein Querstand, und — darum überklingend.

Fig. 60*i* enthält ein Beispiel solchergestalt nebeneinander einherschreitender harmonischer Töne, welches ungleich widriger klingt als dieselbe Harmoniefolge bei *k*, wo solche Sekundenparallelen vermieden sind. ...

Th. § 500.

... ☞Auch in dem schon mehrfältig besprochenen Satze, Fig. 55, ist es immerhin nicht von vorzüglich wohlgefälliger Wirkung, vom zweiten Takte zum dritten, den Bass von c zu H, die zweite Stimme aber im nämlichen Augenblicke von d zu c̄is schreiten, und eben solche reine Sekundparallelen von Takt 6 zu 7 wiederkehren zu hören:

$$\begin{array}{ccccccc} & & \overset{2^*}{\overline{d\quad\ \ \bar{c}\text{is}}} & & & & \overset{2^*}{\overline{c\quad\ \ f}} \\ T.\ 2\ \text{zu}\ 3 & & \underset{2^*}{\underline{c\quad\ \ H}} & & T.\ 6\ \text{u.}\ 7 & & \underset{2^*}{\underline{B\quad\ \ A}} \end{array}$$

Wer sieht nun aber nicht, wie es solcher Erklärung überall an Folgerechtheit fehlt. Um Vieles gar nicht zu erwähnen, was sich ja ohnedies jedem Leser von selbst aufdringen muss, berühre ich nur, dass gleich der Grundsatz von dem sie ausgeht, (nämlich dass das Aufeinanderfolgen zweier Harmonieen der beschriebenen Art fehlerhaft sei,) durch und durch unwahr ist, wie wir in der Lehre von den Harmoniefolgen mit hinreichender Zuverlässigkeit erkennen gelernt. (Oder wer wird z. B. die Harmonieenfolgen $C:I=\text{II}$, — oder $C:\text{II}=V$, — oder $C:IV=V7$, — oder $g:\text{I}=c:V$, — oder $C:V7=\text{VI}$, — [𝕮=b, — oder b=𝕲, — oder 𝔉=𝕲7, — oder g=𝕲, — oder 𝕲7=a] darum für fehlerhafte Harmonieensprünge erklären, weil die Tonarten, C-dur und d-moll, — oder d und G, — oder F und G, — oder g und G, — oder G und a nicht nächstverwandt sind?!—) Wenn aber solche Harmonieenfolge nicht übelklingend ist, so kann sie auch natürlich nicht die Ursache sein, warum die fraglichen Querstände übel klingen.

Und da vielmehr eben die, als übelklingende Querstände angeführten Harmoniefolgen bei Fig. 47*i*, 48*i*, und 49*i* aufhören übelklingend zu sein, sobald man dabei die in den §§ 490, 491 empfohlene Regel befolgt wie bei 47*k*, 48*k* und 49*k*, so sieht man wohl, dass die Ursache des Misklanges nicht, wie unsere Theoristen lehren, in der Harmonieenfolge, nicht in dem Phantome, genannt Harmonieensprung, — sondern vielmehr nur in der Vernachlässigung jener Regel liegt.

V.) *Uebersicht.*

§ XVI.

Nachdem wir nun in den vorstehenden einzelnen Abtheilungen die zu besprechende Stelle mit Rücksicht auf einzelne Capitel der Tonsatzlehre durchgangen, bleibt uns übrig, dasselbe nunmehr in Beziehung auf alle diese Rücksichten **zusammengenommen** und auf ihr **Zusammenwirken**, wiederholt und von vorne herein zu durchgehen.

§ XVII.

Das Erste was, beim Anhören der Stelle, dem Gehöre bedeutend herbe erscheint, ist im zweiten Tacte der Zusammenklang [c g· es a]; und zwar liegt das Befremdliche in dem Zusammentreffen mehrer in den vorstehenden Paragraphen berührten Umstände: dem querstandartigen Eintritte des a in der Oberstimme (§ 493), neben welchem der mit diesem a und mit dem c der Bassstimme zu gleicher Zeit anschlagende unvorbereitete Durchgangton g, (§ 361 u. 362) und der dadurch entstehende Zusammenklang [c g es a], das Gehör doppelt befremdet. (§ IV, V.)

Dass das Befremdliche hauptsächlich in dem Zusammentreffen der erwähnten Umstände liegt, wird dadurch einleuchtend, wenn man den Satz so verändert, dass jene Umstände wegfallen, z. B. etwa folgendermasen.

Mozartischen Violinquartettes.

§ XVIII.

Das Zweite, was dem Gehöre befremdlich erscheint, ist gleich beim Anfange des folgenden (dritten) Tactes der Zusammenklang [H g $\overline{\overline{cis}}$ $\overline{\overline{a}}$]. Wohl ist das Erscheinen der ⓖ-Harmonie dem Gehöre hier völlig willkommen und seiner Erwartung völlig gemäss (§ VI); allein diese Zufriedenheit des Gehöres erscheint durch das in der zweiten Stimme erklingende $\overline{\overline{cis}}$ wieder gestört. Gerne würde es sichs gefallen lassen, dass in der Oberstimme dem Grundtone $\overline{\overline{g}}$ die, durch das $\overline{\overline{a}}$ des vorhergehenden Tactes vorbereitete, Nebennote $\overline{\overline{a}}$ vorangefügt ist, indess in der dritten Stimme die Grundnote g selbst erklingt (§ 360, 361); nicht dieses, nicht die Nebennote $\overline{\overline{a}}$ ist es, was die Befriedigung des Ohres stört, sondern das $\overline{\overline{cis}}$ ist es, wie gleich daraus zu sehen, dass die Stelle ihre ganze

Herbheit verliert, wenn man statt dieser Nebennote gleich ihre Hauptnote setzt.

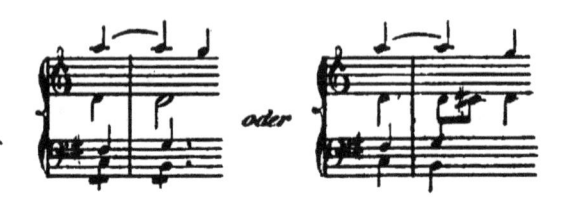

Dieses $\overline{cis}$, als Nebennote des zur G-Harmonie gehörigen Tones $\overline{d}$, welches, als frech hervortretende Wechselnote, seiner Hauptnote $\overline{d}$ während der Dauer eines ganzen Viertels, die gute Zeit wegnimmt, (§ 354) und überdies auch mit den harmonischen Tönen H und g zu gleicher Zeit angeschlagen wird (§ 362, 363), kommt grade hier dem Gehöre besonders ungelegen, welches, nach der erst unmittelbar vorher erlittenen Beunruhigung, nunmehr wohl gern einen schlichten, oder gleichwohl einen mit dem Vorhalt $\overline{\overline{a}}$ behafteten, G-Accord, aber nicht auch noch dieses erwartet hätte, dass, statt des zur Harmonie gehörigen Tones $\overline{d}$, sich auch noch dieses $\overline{cis}$ eindrängen und ihm grade die erste Zeit, grade das Eintreten der erwünschten G-Harmonie, vergällen und in den Zusammenklang [H g $\overline{cis}$ $\overline{\overline{a}}$] verwandeln werde, welcher nicht einmal einen Scheinaccord bildet. (§ 408.)

§ XIX.
In eben demselben (dritten) Tacte ertönt, in der dritten Stimme, zu dem im Basse angeschlagenen vierten Achtel H, welches nicht der Grundton, nicht die

Quinte, sondern die Terz der Grundharmonie ist (§ 361,) zugleich der Nebenton a, als Durchgang zu h und beide Töne werden gleichzeitig miteinander angeschlagen (§ 363).

Und in demselben Augenblicke, wo jenes a zu seiner Hauptnote h übergeht, geht auch schon wieder die Oberstimme vom Grundtone $\overline{\overline{g}}$ in den Durchgangton $\overline{\overline{fis}}$ über, und zugleich mit diesem $\overline{\overline{fis}}$ werden auch die Töne H und h, (Terz der Grundharmonie) in den beiden unteren Stimmen neuerdings angeschlagen (§ 363).

Noch klingt jenes durchgehende $\overline{\overline{fis}}$ fort, als, beim letzten Achtel dieses Tactes, noch zwei weitere Durchgangtöne, $\overline{c}$ und $\overline{a}$, hinzutreten, und zwar letzteres als Durchgang zu h. Zu diesen drei harmoniefremden Tönen [$\overline{c}$, $\overline{a}$ und $\overline{\overline{fis}}$] wird ebenfalls wieder die Grundterz H im Basse neu angeschlagen (§ 361, 363), so dass das Gehör, während der 6 Achtelnoten dieses Tactes, folgende Zusammenklänge nacheinander hört:

$$\overline{\overline{a}} \frown \overline{\overline{a}} \quad \overline{\overline{g}} \frown \overline{\overline{g}} \quad \overline{\overline{fis}} \frown \overline{\overline{fis}}$$
$$\overline{cis} \frown \overline{cis} \quad \overline{d} \frown \overline{d} \frown \overline{d} \quad \overline{a}$$
$$g \frown g \frown g \quad a \quad h \quad \overline{c}$$
$$H \quad H \quad H \quad H \quad H \quad H$$

Unmittelbar darauf erscheinen im folgenden (vierten) Tacte, beim zweiten Achtel, wieder die Durchgänge $\overline{a}$ und $\overline{\overline{c}}$, zu welchen der Bass immer wieder die Grundterz H von Neuem anschlägt.

§ XX.

Die zweite Hälfte eben dieses (vierten) Tactes bietet uns wieder zwei Besonderheiten zugleich dar: die (im § VII-IX erwähnte) Verwandlung der grossen G-Harmonie in eine kleine g-Harmonie, durch das in der Oberstimme wenig motivirt auftretende $\overline{\overline{b}}$ statt $\overline{\overline{h}}$, — und zugleich den querstandartigen Eintritt eben jenes $\overline{\overline{b}}$ in der Oberstimme gegen das eben erst in den allen andern Stimmen erklungen habende $\overline{h}$. (§ 494).

§ XXI.

Endlich bietet der Uebergang von diesem vierten Tacte zum folgenden das (im § X erwähnte) Auftreten des Zusammenklanges [B $\overline{\overline{des}}$], — bei dem im § X erwähnten wenig motivirten und daher befremdlichen Nacheinanderfolgen der Tonarten *c : G : g : b*, — auch den ebenfalls auf einen Querstand hindeutenden Eintritt eben jenes $\overline{\overline{des}}$, (§ 494.)

§ XXII.

Dieses sind die vorzüglichsten Eigenheiten, welche sich unserer Beobachtung in so wenigen Tacten vereint darbieten, und welche sich in den acht folgenden, wie erwähnt, wiederholen.

Dass sie das Gehör befremden, und lebhaft befremden, läugnet kein hörender Mensch. — Worin das Befremdliche liegt? durch welcher Umstände Zusammentreffen es bewirkt wird? haben wir durch die vorstehende Analyse kennen gelernt; — was die technische Theorie thun konnte, hat sie hiermit gethan.

Ob diese Gesammtheit herber Zusammenklänge und Nacheinanderklänge die Grenzen von Herbheit, welche dem Gehöre zu bieten wohlgethan ist, etwa überschreite? oder nicht überschreite? — diese Frage ist durch all die vorstehenden Erörterungen freilich nicht kategorisch entschieden (obgleich vielleicht doch wohl aufklärend beleuchtet) worden.

Das musikalisch gebildete Gehör allein hat hier als Richter letzter Instanz zu entscheiden, und in dieser Hinsicht hat bereits der höchste Richter zu Gunsten der Stelle entschieden, ich meine das Ohr eines *Mozart*, welcher diese Quartette, als das Beste, was er vermogte, seinem besten Freunde und Vorbilde *Jos. Haydn* als Tribut dankbarer Verehrung widmete.

GW.

Recensionen.

Andreas Hofer. Grosse Oper mit Ballet, in vier Aufzügen, nach dem Inhalt einer englischen Oper gleichen Namens von *Planché*, zur beibehaltenen Musik von *Rossini*, zu Wilhelm Tell, für die deutsche Bühne bearbeitet und eingerichtet von dem Freiherrn *von Lichtenstein*. Mainz, in der Hofmusikhandlung von B. Schotts Söhnen. 1831.

Diese Oper verdient hier mit ihrem Inhalte als eine seltsame Erscheinung in besondere Betrachtung gezogen zu werden.

Merkwürdig ist sie schon dadurch, dass die Musik von Wilhelm Tell, zu Andreas Hofers Handlungen und Empfindungen, den Ausdruck hat hergeben müssen.

Dass man einer Musik einen andern Text unterlegen kann, ist bekannt, und immer unter der Voraussetzung erlaubt, dass Gemüthszustand und Charakter derselbe bleibe. Gewöhnlich wagt man dies aber nur mit einzelnen Liedern oder kleinen Gesangspartien überhaupt, weil sonst, bei weiterer Ausdehnung, die Wahrheit des Ausdrucks leicht in Verdacht kommt und die Musik das Ansehen gewinnt, als ob sie dabei nur eine Rolle spiele und fremden Gesichtern eine Larve leihe, was den innern Zusammenhang, die verschmolzene Einheit, und das innere Leben und die Selbstständigkeit des Kunstwerkes aufhebt. Ja, selbst eine interessante Vergleichung, die dabei in Beziehung des Einen auf das Andere entstehen und geistreich unterhalten kann, wirkt störend auf den Genuss. Hat es nun vollends den Anschein, als wenn Worte und Sätze sich hie und da Gewalt anthäten, um mit der Musik, die schon einmal gedient hat, zusammen zu treffen, so heisst dies ganz und gar die **verkehrte Welt** spielen, indem das Gedachte, das Empfundene eigentlich unmittelbar als Musik hervortreten, mit ihr ein Herz und eine Seele sein, niemals ihr nachlaufen, oder als Zuthat sich ihr anhängen soll.

Hier soll nun gar ein ganzes Drama mit der gewaltigen Musik eines andern Schritt und Tact halten, und ein Held (Andreas Hofer) sich dressiren lassen, ganz so zu handeln und zu reden wie ein anderer (Wilhelm Tell). Welche Aufgabe! Welche Gefahren dabei, welche Hindernisse und Schwierigkeiten! Gelingt es, sie alle zu überwinden, so wird man die Geschicklichkeit des Nachdichters bewundern, aber das, was entsteht, doch nicht ein **Kunstwerk**, sondern ein **Kunststück** nennen müssen.

In wie fern nun das Kunststück hier gelungen sei, muss denen zu beurtheilen überlassen bleiben, welche das Glück hatten, die Oper in der wirklichen Darstellung zu sehen und zu hören. Uns liegt nur der Text vor Augen. Aber selbst dieser führt zu Vergleichungen, welche auf das Ansprechende des Ganzen nicht vortheilhaft wirken können, denn wir erblicken hier den **Andreas Hofer** dem **Wilhelm Tell** gegenüber, und wenn beide auch von gleicher Grösse wären, so ist der letztere doch durch Schillers Dichtung so hoch gestellt, dass, wenn nun in dieser Oper Stellen vorkommen, die an Schillers Tell erinnern, wir offenbar von dem Geringeren auf das Grössere hingewiesen und dadurch vom Gegenstand abgezogen werden. Solche Stellen zerstreuen, und sehen, weil sie mit demselben Nachdruck, den sie mitbringen, sich nicht aufs neue geltend machen können, als etwas Erborgtes, ja als eine matte Beihülfe aus.

Wenn wir indess diese Vergleichungen auch bei Seite setzen, so bleibt diese Oper doch, an und für sich, eine grosse Merkwürdigkeit; denn sie zeigt, wie weit man in den Forderungen an die Affecte und an die Schaulust gehen kann. Wenn das Tragische bisher schon in den Melodramen auf Rad und Galgen los schritt, so glaubt die Oper, wie man sieht, dafür sich wenigstens in die leidenschaftliche Raserei stürzen zu müssen. Die Stumme von Portici gab das Beispiel dazu. Weil sie mit Glück ein Aeusserstes erreicht hat, sehnt man sich nach ähnlichen Wirkungen. Es kann auch sein, dass blos die Sympathie mit der Zeit hier geschaffen hat — genug! Andreas Hofer ähnelt der Stummen: es geht darin eben so lärmend, eben so kriegerisch, eben so aufrührerisch etc. zu, nur dass der Dichter der Stummen für eine bessere Verwickelung oder Verknüpfung gesorgt hat, während im Andreas Hofer das Ganze trotz allen hin und her geworfenen Personen doch nur einen historischen Weg nimmt, und wir nur immer nachzumarschiren haben, um zum Ziele zu gelangen. Viel äusseres Leben, weniger inneres oder — inniges! — Aufregung ist die Absicht des Verfassers, und diese erreicht er auch, aber nicht ganz so, wie er denkt; denn wenn alles über Tyrannei klagt, alles nach Rache schreit, so kann das wohl auf Augenblicke spannen — nur nicht auf mehrere Stunden; man muss es zuletzt eintönig finden, wenn das Geschrei fortwährt; langweilig muss es zuletzt auf den Geist wirken, weil man ja doch nicht mit zuschlagen kann. Das Resultat einer solchen Oper ist — Einseitigkeit, denn über den pathetischen Affecten des Zorns, Muthes und der Rache können die übrigen — besonders sanftern Gefühle nicht zur Sprache kommen, und die eingewebte Liebe allein ist nicht im Stande, jenen das Gleichgewicht zu halten.

Um nun vollends dem Zuschauer zur Einkehr in sich selbst nicht Zeit zu lassen, wird ein Bollwerk von Dekorationen aufgethürmt, das für Bühnendarstellung ins Unglaubliche geht. Fährt man so im Eifer des Imponirens fort, so wird zuletzt eine Oper nur noch aus Dekorationen mit Musik und Geschrei bestehn, und nur als ein Vermächtniss grossen Hofbühnen anheim fallen, wo ein Aufwand von vielen Tausenden zur glänzenden Befriedigung der Sinne für eine Ehrensache genommen wird. —

Von diesem allen werden sich die Leser selbst überzeugen, wenn sie mit uns einen Gang durch das Stück machen.

Der erste Aufzug sieht noch am meisten opernmässig aus, weil verschiedene Gefühle sich darin begegnen. Er bietet eine Hochzeitfeier dar, wobei Andreas Hofer lange, untheilnehmend wie eine Jungfrau von Orleans, bei Seite steht. Walther Brunn, ein Gemsenjäger, heirathet Bertha, die Tochter des Grundeigenthümers Peter Mayer. Es giebt Kränze und Chorgesänge der jungen Mädchen und Bursche, Tanz und Kampfspiele, aber der Bräutigam kämpft mit sich selbst zwischen der Liebe zur Braut und zum Vaterlande, an das Hofer, das Haupt einer Verschwörung, ihn mahnt. Zum Schauplatz ist bestimmt „ein Dorf am Abhang pyramidenförmiger Thongebirge", vorne ein Haus mit einer Laube, rechts eine „Bauernschenke, von deren verdachtem Vorsprung eine Treppe auf die Bühne führt", hinten ein „Fluss, der von höhern Felsenlagern herabströmt und durch eine Schleuse gespannt ist." Die Franzosen stürzen herbei, um Andreas Hofer und Walther fortzuführen.

„Den Sandwirth geht heraus und Walther Brunn." (s. Schiller)

Diese wollen über den Fluss entfliehen, während jene in der Schenke suchen, aber beides dauert so lange, dass man kaum begreift, warum sie nicht zusammentreffen. Während eines Chorgesanges „sieht man mehrere Tyroler an den Felsenwänden hinabklettern und die Schleuse mit vieler Anstrengung öffnen; nun stürzt das Wasser schäumend herab und ergiesst sich in den dadurch wild bewegten Strom." Hofer und Walther haben einen

Kahn gelöst; „damit fahren sie pfeilschnell das Wehr hinab und werden scheinbar im ersten Moment von dem Wasserstrudel verschlungen." Die Soldaten haben darauf das leere Nachsehen. Dafür aber nehmen sie die Braut und ihren Vater als Geisseln mit, während die Tyroler beten und Rache schreien. In diesem Aufzuge herrscht wirklich nicht nur ein theatralisches, sondern auch ein dramatisches Leben, weil verschiedene Zustände im Kampf mit einander sich innerlich und äusserlich hervorthun.

Von hier an nimmt aber das Politische und Kriegerische immer mehr die Oberhand.

Im zweiten Aufzuge gelangen Hofer und Walther in einen Bergwald zu Gemsenjägern. Peter Haspinger bringt die Nachricht von der Gefangennehmung der Braut, was den Bräutigam noch mehr zur Rache gegen den Feind entflammt. Sie verabreden, in der Nacht auf dem Brenner (wie bei Schiller auf dem Rütli) sich zu berathen.

>Alle Drei (sich umschlingend)
>So wie wir uns umschlungen halten,
>Mag sich der heil'ge Bund gestalten! u. s. w. (s. Schiller.)

Jetzt werden wir in das Lager der Franzosen versetzt. Josephine, eine Anverwandte Bertha's, kommt, diese aufzusuchen, mit Franz, Hofers Sohn, hieher, welcher, nach abermaligen Klagen und Drohungen, gezwungen wird, zum Führer nach Inspruk zu dienen. Später erscheint Walther, der sich zur Rettung seiner Braut nachstürzen will, aber, der Gefahr wegen, von Josephinen „mit aller Anstrengung" zurück gehalten wird. Zur standhaften Ertragung erzählt sie eine Geschichte von sich, wie ihr einst ein Franzmann untreu geworden, und dass sie jetzt, bei der Noth des Vaterlandes, doch nur der Pflicht (?) gehorche. (Eine Anknüpfung hiervon an etwas Folgendes erwartet man vergebens.) Dies giebt den Beiden Gelegenheit, ihre Gefühle in einem langen Duett auszusingen.

Hierauf folgt die Berathung auf dem Brenner. Die Chöre rufen einander zu:

„Dem Kaiser Franz ergeben,
Für's Vaterland das Leben!"

„Während des Ritornells sind die Gemsenjäger von allen Seiten herbei gekommen, haben mit ihren Sprungstangen die Klüfte übersprungen, sich von den höchsten Felsen an Stricken herabgelassen u. s. w., welches alles vom Balletpersonal (!) ausgeführt wird."

Hofer ermahnt:

Dies Feuer, aus Selbstgefühl der Brust entglommen,
Bringt sichern Untergang dem Feinde.
Gedenkt jedoch der Grau'l, die Volksempörung schafft;
Kämpft für des Kaisers Recht; übt Rache nicht.

Den Schmerz über das Schicksal seines Sohnes überwindend, ruft er:

Wohlan, greift zu den Waffen etc.;
Wollt ihr Tyrol befrein?

Die Chöre.
Wir wollen es befrein.

Hofer.
Muthig siegen?

Die Chöre.
Glaubenvoll!

Hofer.
Oder sterben?

Die Chöre.
Für Tyrol!

Hofer.
Dann flamme empor das Feuerzeichen
Und Gott empfange unsern Schwur!

„Er nimmt die Kienfackel und zündet den Holzstoss an, und tritt dann in die Mitte vor. Die Andern umgeben

ihn in einem Halbkreis und heben die Hände zum
Schwur empor."

Alle.
Wir schwören hier bei Treu und Pflicht u. s. w.

„Während des Schwurs sieht man nach und nach auf
allen Bergen die Feuerzeichen emporflammen."

Walther.
Ha! „Nun ist's Zeit!"
Diese Worte sind nämlich immer das Signal, wie in der
Stummen die Barkarole.

Speckbacher.
Triumph! seht, wie die Berge flammen.

Hofer.
Siegeszeichen.

Haspinger.
Die Brüder sind beisammen

Alle.
Zu den Waffen! (sie stürmen von allen Seiten ab.)

Im dritten Aufzug sollen die Franzosen in einem Bergpass begraben werden. Es sind desbalb aufgeschichtete Stein- und Erdmassen vorgeschrieben, durch Baumstämme gestützt. Man sieht die Insurgenten beschäftigt, Stricke an die Baumstämme zu befestigen, um sie zur rechten Zeit wegzuziehen. Dies geschieht, da man in der Tiefe Trommelschlag vernimmt. — „Die Lawine stürzt mit furchtbarem Krachen in die tiefe Schlucht hinab. Todesstille. Die Tyroler rücken zur Schlucht vor. Von unten Lärm. Sie feuern hinab, laden wieder und dringen mit Geschrei in die Schlucht. Man hört in der Tiefe starkes Feuern." Die Anstalt war aber doch vergebens; die Tyroler wurden zurückgeschlagen. „Drei Pelotons französischer Infanterie, sie verfolgend, kommen aus der Schlucht, sammeln sich oben, schwenken ein, und rücken, Feuer auf sie gebend, ihnen nach."
(Wie mag es bei diesem Feuern der Musik ergehen?)
Hofer erscheint und schliesst seinen Sohn gerettet in seine Arme. Der französische Marschall marschirt indess

wieder mit Soldaten auf; Hofer verbirgt sich hinter einen Felsen, stürzt aber hervor, da man seinen Sohn tödten will:

> Gott sei gedankt,
> Du lebst, geliebtes Kind!

Er wird gefesselt, um nach Inspruk abgeführt zu werden. Tyroler sammeln sich um ihn mit Klagen und Rachegeschrei. Endlich befreit ihn Walther mit Gemsenjägern und schiesst den Marschall vom Pferde.

Im vierten Aufzuge ruht das Getöse anfangs ein wenig. Bertha, die im letzten Gefecht verwundet worden, befindet sich in dem Zimmer eines Hauses an der Strasse nach Inspruk, und klagt, da Walther sie verlässt, dem Aufgebote folgend, dass sie ihm nicht nach und zu ihren Vater kann. Von Hofer heisst es, dass er vom Bunde abgewichen sei, aber er hat sich zu den Oesterreichern durchgeschlagen, die er zuletzt als Retter herbei führt. Die Scenerie muss nun noch mit einem Marktgewühl ihr Aeusserstes thun, um hinter dem Markt in der Stummen nicht zurückzubleiben. Sie zeigt den „Platz am goldnen Hause zu Inspruk, das die Mitte des Hintergrundes bildet. Die Vorderseite desselben ruht auf steinernen Bogen, unter denen man Kramläden mit ausgelegten Waaren aller Art erblickt. Von der rechten Seite an den Häusern einige Buden. Vorne ein Thor, welches zu einem geschlossenen Hofraum führt, worin französisches Geschütz aufbewahrt wird. Auf der linken Seite ein, in der Breite von vier Flügeln fortlaufendes Gebäude mit practicabeln, auf Säulen ruhenden, Balkons. Zwischen den Säulen der Eingang zur Wachtstube der französischen Lanciers. Alle Fenster, bis zu den Dächern hinauf, müssen in sämtlichen Häusern practicabel sein." Während der Kauf und Verkauf ununterbrochen fortgeht, führen die Lanciers — die Geschwister Reiner zum Singen vor. Die Tyrolerinnen lassen sich zum Tanzen bewegen. Aber Trommeln und Trompeten und Allarmschuss verkünden abermaligen Kampf, zu welchem die Lanciers abmarschiren.

Buden und Häuser werden verschlossen. Josephine ruft: Sprengt das Thor, sucht nach, ob Munition sich findet. Franz stürmt auf das Thor ein. Man zieht eine Kanone hervor, die geladen und gegen die Hauptstrasse gerichtet wird. Speckbacher erscheint darauf und H o f e r mit Tyrolern, die sich mit Piken, Heugabeln und Aexten bewaffnet haben.

Speckbacher.

Victoria, Tyroler! ich bringe euch den Frieden,
Es hat der blut'ge Kampf geendet,
Und Oesterreich zieht als Sieger ein.

Dieser Einzug erfolgt nun; alle finden sich wieder und Liebende, Verwandte und Verbrüderte umarmen sich. „Sämtliche practicabeln Fenster", heisst es jetzt, „bis an die Däcker hinauf, werden geöffnet und füllen sich, wie der Balkon, dicht mit Zuschauern. Tücher wehen, Teppiche werden herausgehangen. Allgemeiner Jubel." Endlich und zuletzt befestigt Graf Hugniotti, der österreichische General, die Verdienstmedaille an Hofers Brust, der ihm dankbar die Hand küsst. So feierlich indess dieses ausfallen mag, so ist doch nicht zu läugnen, dass sich eine Bekränzung auf der Bühne immer bemerklicher macht und sich besser ausnimmt. — —

Wer läse solches alles und zweifelte noch, dass diese gewaltige Oper auf allen Bühnen, wo sie practicabel befunden wird, dem grossen Publikum, das Musik und Tanz, patriotischen Lärm und schöne Dekorationen liebt, gar sehr gefallen müsse!

St. Schütze.

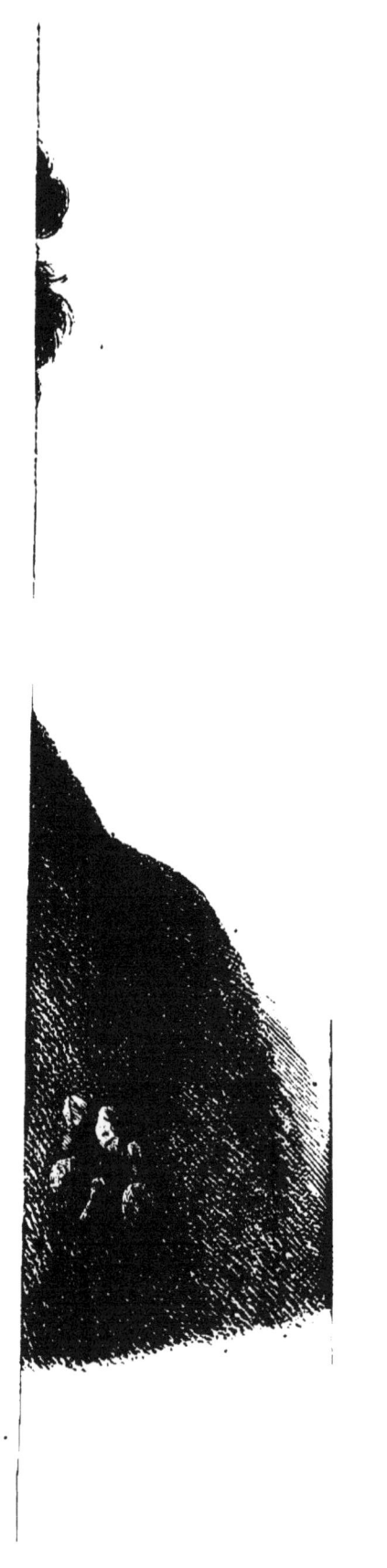

Hymne de la nuit (Hochgesang von der Nacht), par Mr. *de Lamartine*, musique de *Sigismond Neukomm*. Oeuv. 60.

Paris, Mayence et Anvers, chez les Fils de B. Schott. Partition: Pr. 10 fl.; Parties d'Orchestre: 8.fl. 24 kr.; Parties de Chant: 2 fl. 24 kr. und der Klavierauszug: 4 fl.

Angez. von *G. W. Fink* und *J. Fröhlich*.

Vorwort.

Indem wir unsern Lesern die nachstehenden Berichte von dem neuesten grösseren Kunstwerke des trefflichen *Neukomm* mittheilen, welcher unserm Vaterlande schon so manchen Ruhm erworben hat, freuen wir uns, Gelegenheit zu haben, diesen Anzeigen ein, wie man uns allgemein versichert, äusserst ähnliches Bildnis des vielgebildeten seltenen Mannes hier beifügen zu können.

Die Redaction.

Erste Recension.

Hr. *Neukomm*, der sich längst, durch manches empfundene Lied und durch manches treffliche kirchliche oder doch im Allgemeinen religiöse Werk, eine nicht geringe Anzahl Freunde gewann, bewährt sich auch in dieser cantatenmässig durchgeführten Hymne als denkender und empfindender Tonsetzer, der, ohne Gewaltanstrengung, blos mit einfachen Mitteln, Gehaltreiches und Lebenerfreuendes zu geben weiss.

Gleich der erste Chor der Hymne, deren Uebersetzung lobenswerth ist, beweist dies. Erfindung und Führung sind einfach, sanft bewegend, eben so natürlich als kunsterfahren. Besonders schön hebt sich das Thema selbst hervor und beruhigend erklingt es zu den Worten: »*Le jour s'éteint sur tes collines;* der Tag erlöscht auf deinen Hügeln« u. s. f. Sind auch die Worte zuweilen wiederholt, so sind sie es doch nach unserer Ueberzeugung

keinesweges zu viel; ja wir gestehen, dass wir gern in
dem auf solche Weise angeregten Gefühl verweilen. Die
Instrumentirung ist eben so schlicht, als der Gesang und
doch nichts weniger, als leer, im Gegentheil auf die
rechte Art hebend.

Nr. 2. (S. 19 der Partitur) beginnt ein Sopran-Solo
»*Dieu du jour, Dieu des nuits*; Herr des Tages, Herr der
Nacht.« Der Anfang dieses *Arioso* ist fast noch milder,
noch sanfter. Das Anziehende verliert sich nur im Fort-
gange etwas und das Ende hätten wir anders gewünscht.
Hier hätten vielleicht einige Wiederholungen erspart werden sollen; dem Einfachen ist die Ausdehnung eines auch
anziehenden Gedankens oft nachtheilig.

Nr. 3. Chor: »*les choeurs étincelants*; der Stern-er-
füllte Raum«. Das Rhythmische der Einleitung ist völlig
marschmässig, was zwar im Fortschreiten des Gesanges
durch würdige Accordfolgen beschwichtigt, auch wohl
gehoben wird, sich aber doch nicht überall nach unserm
Gefühl bis zu der Feier emporschwingen kann, die hier
in den Seelen der Schauenden anbeten soll.

Nr. 4. Bass-Solo: »*Les flots d'or, d'azur, de lumière*;
Jene lichten, goldenen Fluthen«. Der innern stillen Betrachtung holder, als stürmischer Bewegung des überwäl-
tigenden Gefühls, fliesst auch hier der ungesuchte Gesang prunkloser Anbetung langsam in sanfter Feier dahin.
Nach dieser einfachen Weise geht aber der Gesang von
den Worten an: »*Savez vous son nom?* Wisst ihr, wie
er heisst?« in ein *Vivace* über, das wir nicht so würdig
nennen können. Es thut uns leid, dass der Tondichter
keinen andern Satz dafür fand. Freilich ist auch eben
hier das Gedicht nicht begeisternd genug. Die wiederholten Fragen der Sterne, der Wellen, des Blitzes, des
Donners; »Wisst ihr, wie unser Gott sich nennt?« dünken uns zu gewöhnliche Aufzählungen nach 1, 2, 3, 4
und die Antwort: »Doch die Sterne, die Erde, die Men-

sehen, sie fassen seinen Namen nicht« scheint uns darum eine gewisse Leere zu haben, weil sie ihr Dasein eben jener reichen weisen Aufzählung und nicht dem Ergriffensein des Gemüthes zu danken hat. Wenigstens ist das unsere Meinung, die wir nur in gewohnter Aufrichtigkeit hinstellen, ohne so fest darauf zu bestehen, dass wir nicht der entgegengesetzten willig ihr individuelles Empfindungsrecht gleichfalls überliessen. Dem sei aber, wie ihm wolle: der Componist hat hier das Rechte nicht getroffen; er hat sich hier nicht zu der Erhabenheit begeistert gefühlt, die solche Dinge allein würdig in Tönen auszusprechen vermag. Besonders matt und spurlos fragt der Blitz den Sturm. Und wenn wir auch nichts weniger, als überall hochfarbig aufgetragene Malerei in der Musik verlangen: so muss doch etwas Analoges, etwas die Sinne Fesselndes dem ausgesprochenen bildlichen Gedanken erst die volle Gewalt verleihen, die wir hier vermissen. Je länger der Satz dauert, desto matter wird er.

Der folgende Chor Nr. 5: »*Que nos temples, Seigneur!* Unsere Tempel, o Herr!« greift stärker in die Saiten. Nur hätten wir um des vorigen Satzes willen gewünscht, es wäre diesem keine so lange Einleitung der Instrumente vorausgegangen. Lieb wäre es uns gewesen, wenn der Gesang etwa schon im zweiten Tacte eingefallen wäre. Und gerade hier, wo der Componist wirklich mit Feuerkraft singt, dünkt uns die meist so gute Uebersetzung am wenigsten gelungen. Durch geringe Veränderung könnte vielleicht abgeholfen werden. Versuchen wir es um der schönen Musik willen.

Que nos temples, Seigneur, sont étroits pour mon ame;
Tombez, murs impuissans, tombez!
Laissez moi voir ce ciel, que vous me dérobez.
Architecte divin! tes domes sont de flamme.

Das wird hier so verteutscht:

    Unsre Tempel, o Herr! sind zu klein, sind zu enge:
    Sturz ein, du schwache Wand, stürz ein!
    Lass mich den Himmel sehn, den Himmel, den du birgst.
    Wunderbarer Bau! in Flammen strahlt die Kuppel.

Dafür versuchen wir folgende Uebertragung:

> Unsre Tempel, o Herr, sind zu eng dem Gedanken.
> Stürz ein, schwaches Gebäu, stürz ein!
> Lass mich den Himmel sehn, den dein Gemäuer birgt.
> Allerbauer, o Gott! dein Dom sind Himmelsflammen.

Das Uebrige, was etwa noch einer kleinen Aenderung bedürfte, überlassen wir Anderen und begnügen uns durch eine geringe Probe unsere Meinung bestimmter hingestellt zu haben, damit auch sie desto leichter von Anderen geprüft werden könne.

Viel zu sanft, zu ruhig schliesst sich das *Maestoso* an diesen Feuergesang, der glanzvoll in die Nacht glühete. Das Leuchten ist verschwunden, nur die Sterne schimmern in unerreichbarer Entfernung fort, zu fern für unsern Wunsch. Die ganze Erfindung und Führung dieses Satzes entbehrt zu sehr der Begeisterung des vorigen, als dass wir ihn zu den vorzüglichen dieses oft so innigen Tonsetzers zählen dürften.

Nr. 6. Tenorsolo. Angemessen ist dieser Gesang allerdings, aber ausgezeichnet finden wir ihn eben so wenig, als den vorigen. Im *Adagio*, was auf das *Vivace* folgt, mag sich die vielfache Wiederholung des Gedankens »Kannst du mich hören ohne Wunder?« doch wohl zu leer darstellen. Desto schöner ist das Terzett

Nr. 7; ja es gehört zuverlässig zu dem Schönsten des ganzen Werkes. Der Bass trägt eine äusserst einfache, höchst gefühlvolle Melodie vor, die der Tenor und dann der Sopran canonisch aufnehmen. Sie ist so klar, so völlig ohne das mindeste Gesuchte durchgeführt und von den übrigen Stimmen stets so schlicht und recht begleitet, geht aus ihrer canonischen Verwebung so folgerecht gehalten in den lieblichsten imitatorischen Gesang über, der sich gleichfalls nur nach und nach in den gewöhnlich harmonisch dreistimmigen auflöst, dass es eine Freude ist, diesem lichten und eben so gefühlvollen Satze bis zur letzten Note zu folgen. Wir müssten uns auf die Wirkung musicalischer Zeichen, die nur durch das Auge, nicht durch das Ohr, zu innerer Wahrnehmung gelangen, schlecht verstehen, wenn dieser meisterliche Satz nicht ein Lieblingsstück aller gebildeten Musikfreunde werden sollte.

Nr. 8. Chor. Auf diesen demüthig sanften Meistergesang ist nun das lang einleitende Vorspiel der Instrumente ganz anders an seiner Stelle, als der Eingangssatz zu Nr. 5. Hier wünscht sich das Gemüth eine längere Verweilung in den Empfindungen, die der eben besprochene Satz so lebendig hervorrief. Der unbestimmte Ton der Instrumente lässt uns nun erschnten Raum, jenes Gefühl zu hegen und leitet doch unvermerkt und zwanglos in das Folgende, was dem Herzen eben so lieb gemacht werden soll. Hier war also die Einleitung der Instrumente durch die Situation selbst bedingt, also nothwendig. Eben so vortrefflich ist der Chor selbst. Es ist, als ob der Componist durch den innigen Schwung jenes Terzetts in die schönste musikalische Stimmung sich gehoben gefühlt hätte. In diesem Sinn und Geiste hat er nun auch einen Chor geliefert, den wir zu seinen schönsten zählen. An diesen beiden letzten werden sich vorzugsweise viele Seelen erlaben.

Die Einrichtung der Partitur ist sehr übersichtlich geordnet, was bei der obwaltenden Verschiedenheit nicht immer der Fall ist. Vortheilhaft ist es auch für Viele, dass der Clavierauszug in den untersten beiden Notensystemen der Partitur mit beigefügt worden ist. Alles ist lobenswerth gedruckt. Nur sehr wenige und sehr geringfügige Druckfehler haben wir in der Partitur bemerkt, die der Anführung nicht bedürfen.

G. W. Fink.

Zweite Recension.

Herr *Neukomm* fährt fort, uns von Zeit zu Zeit mit Werken im religiösen Charakter zu erfreuen. Dafür wird ihm Jeder, der es mit der Kunst und Menschheit redlich meint, den herzlichsten Dank sagen. Jene gewinnt an würdigen Erzeugnissen, diese, so leicht im Leben zerstreut, kann nicht oft genug zum Heiligen, als zur Quelle des höchsten Erschwunges, geleitet werden.

Und zu Beydem mag dieses Werk dienen, worin sich des Dichters und des Tonsetzers fromme Gemüther verbanden, um des Schöpfers Grösse und Gnade im poetischen Gewande mit möglichstem Eindrucke uns vorzuführen. Beyde haben mit aller Glut zu geben sich bemüht, was religiöse Begeisterung in ihnen erzeugte; da möchte denn die Wirkung dieses Werkes — wird es nur mit gleich-frommem Geiste ausgeführt — gesichert seyn. Und wenn der Ref. nach seiner Ueberzeugung dem Tonsetzer vor dem Dichter den Vorzug einräumen möchte, so scheint doch dieser durch sein andachtvolles Ergriffenseyn jenen erhoben zu haben.

Denn neben dem Gediegenen, wodurch sich *Neukomm's* Werke überhaupt auszeichnen, neben der richtigen Auffassung des Ganzen und der einzelnen Theile, der festen Haltung, dem männlichen, würdigen Style, dem effectvollen und guten Satze der Stimmen und Instrumente u. s. w., herrscht hier — in vielen Stellen — eine Wärme in der Melodie und im drängenden Gefühls-Ergusse, wie sie der Ref. nicht immer bey diesem, von ihm so geschätzten Tonsetzer fand.

Schon der Eingang zum ersten Chor: „Der Tag verlischt auf deinen Hügeln, o Erde!" (*Andante* 4/4 in E-dur) wie gross und fromm! Eben so effectvoll ist die Modulation in das *G*-dur bey der Stelle: „Wann sieht mein sehnend Aug' jenen göttlichen Glanz der Herrlichkeit des Tags, der nie in Nacht versinkt!" Und so führt sich, einfach und grandios gehalten, dieser Chor durch, der, gehoben durch volle Orchesterbesetzung — mit 4 Hörnern, 3 Posaunen, Ophicleide, Serpent, Bass-Trompete, und Buccin — eine imposante Wirkung macht, das Ganze trefflich einleitet und doch dabey leicht gut vorzutragen ist.

Darauf kömmt eine Arie für den Sopran, mit 2 Flöten, Klarinetten, Hörnern und dem Saiten-Quintett — 2 Violinen, Viola, Violoncell und Contrabass — begleitet, *Andante* 3/4 in *A*-dur. Sie ist eben auch leicht auszuführen, fordert jedoch, in der Hauptstimme so wie in der Begleitung, viel Portamento, Schwung und Rührung.

Die hier entfalteten Gefühle des Staunens und der Bewunderung der Grösse Gottes in seinen Werken nimmt der folgende Chor (*Maestoso* 4/4 in *D*-dur) auf, bey dem Aussprechen des Textes: „Der Sternerfüllte Raum, von „deinem Wink belebt, das blaue Aether-Meer voll un„zähliger Welten, jene Leuchttürme dort mit dem ewi„gen Feuer, die Sonne die hier erscheint und jene die „dort sinkt: Herr! ich begreife sie" sich immer steigernd, bis im *Fis ffmo.*, *unisono* beginnend, die grossartige Stelle eintritt bey dem Texte: „Alles belebret „mich, dass die Himmel sind voll von deiner Gnad' und „Herrlichkeit", welche sich später in *e*-moll wiederholt und mit voller Glut bis zur Fermate fortleitet, auf welche der andachtvolle und feierliche Schluss folgt.

Haben wir in der ersten Arie das Lob des Herrn aus weiblichem Munde vernommen, so tritt nun der würdige männliche Ton in dem Bass-Solo — *Adagio* 3/4 in *B*-dur — hervor, begleitet von dem Saiten-Quintett, 2 Oboen, Klarinetten, Fagotten und Hörnern. Dieses geht in ein *Vivace* 4/4 über, das dem Sänger viele Gelegenheit zum declamatorisch-grossen Vortrag bietet und mit energischer Steigerung schliesst.

Da fällt das Orchester mit dem *Vivace* 6/4 in *d*-moll ein, lebensvoll vorbereitend den Chor über die Worte: „Unsre Tempel, o Herr! sind zu klein, sind zu enge:

„stürz ein, du schwache Wand, stürz ein! lass mich den „Himmel seh'n, den du birgst!" der, unterstützt durch die Kraft aller Instrumente, mit Grösse in der Quinte mit den Saiten-Instrumenten, *unisono* schliesst. Nun ruft der Chor im vollen F-Accorde (der durch die Blasinstrumente die imposanteste Wirkung erhält) aus: „Wunder-„barer Bau!" Alle Saiteninstrumente treten *unisono* mit dem ersten Hauptgedanken ein und leiten die Modulation in das *d*-moll, worin der Chor, unter derselben Begleitung, dieselben Worte wiederholt. Auf die vorige Weise ergreifen die Saiteninstrumente das *Unisono*, jetzt in *B*-dur, überführend nach *g*-moll, von hier im Gesammtwirken zum Haupttone und Hauptsatze sich fortdrängend. Nach einfacher Wiederholung des ersten Textes: „Unsre Tem-„pel sind zu klein, stürz ein, du schwache Wand!" erscheinen im *Largo assai* 4/4 die kräftigsten accentuirten Akkorde, wechselnd zwischen den durch die Trompeten, Oboen, die starken Bass-Instrumente und 2 Hörner verstärkten Posaunen, und dem Saiten-Orchester, dem die übrigen Blasinstrumente zur Unterstützung dienen, während die Pauke *ffmo.* fortwirbelt; — als stürzten im Sturme der Elemente des Herrn irdische Tempel. Und nun fällt der Gesangchor im *Maestoso* 4/4 D-dur jubelnd ein: „Der heil'ge Tempel ist da, wo du regierest; von „ew'gem Licht umflossen strahlt da dein Thron. Unterm „Dome des Firmaments flammen dir jene ew'gen Feuer, „stets erneut durch eigene Kraft. Die du erschufst durch „deinen Willen, wiegen leicht sich auf ihren Polen, „schwimmen im Schoose deines Lichts: und vom All, „wo ihr Glanz erbleichet, strahlt hoch herab auf unsre „Erde ihr Feu'r, deiner Gottheit entlehnt." Ein Chor, des regsten Lebens, der kräftigsten wie innigsten Gefühle und der brillantesten Effecte voll; aber auch grosse Glut, Präcision und Discretion von den Ausführenden — ohne Ausnahme — fordernd.

Und nun tritt der Tenor Solo in einem *Vivace* 3/8 in *g*-moll auf, das, voll Leben und Kraft, einen markirten, grandiosen Vortrag erheischt, wie es der Tonsetzer selbst bezeichnete. Kann sich hier Orchester und Sänger im Grossartigen zeigen, so gibt die Stelle: „Dir „singet der Morgen; dir duftet der Abend; dir seufzen „die Nächte; und Alles, was Leben hat, zerschmilzt in „Liebe zu dir" die Gelegenheit, sich auf der andern Seite in der Darstellung der mildesten, innigsten Gefühle künstlerisch zu bewähren. In dem folgenden *Adagio* 3/4 in *G*-dur steigert sich das Ganze zu den höheren Empfindungen der Anbetung und heiligen Staunens, zuletzt des kindlichen Dankes.

Darauf vereinigen sich die drey Stimmen in einem Terzett, *Adagio maestoso* 4/4 in *C*-dur, theils einzeln, theils verbunden ergiessend die Gefühle der Demuth und drängender Sehnsucht der Seele nach Vereinigung mit dem Herrn.

Und nun kömmt der brillante Schlusssatz, in *E*-dur 4/4 *Maestoso*, mit aller Grösse vom gesammten Orchester ergriffen, immer steigernd die Glut in wechselnden Figuren und grossartigen Accenten, würdig einleitend zu dem Chor, dessen Text, „Herr! im Azur-Gefild, wo deine „Sonnen leuchten, wo dein Donner brüllet, wo dein „Aug' auf mich sieht, mein Gebet, meine Seufzer, vom „lebendigen Glauben beseelt, suchen dort von Stern zu „Stern den Gott, der mich erhöre. Und von Echo zu „Echo, gleich dem Gesang auf Fluten, von Welt zu „Welten rollend, steigen sie bis zu Dir." mit allem Schwunge des Gemüthes, mit grosser geistiger Kraft aufgefasst und durchgeführt, gehoben durch der Stimmen und Instrumente grossartigen Satz, durch das in den effektvollsten Figuren ergossene reiche und warme Leben, in voller Anschaulichkeit vortritt, als beseelender Quell der grossen Wirkung, welche dieser Schlusssatz, bey guter Darstellung, machen muss.

Uebrigens fordert eine solche überhaupt keine grossen Künstler, — aber brave, fleissige und — fromme Musiker.

Dann leistet dieses schöne Werk, was es soll; ehrend zugleich den Hrn. Verfasser, so wie die edle Verlagshandlung, welche keine Kosten scheut, um Kunstwürdiges zu Tage zu fördern.

J. Fröhlich.

Musica sacra. VIII^{tes} Heft. Dritte Messe in *D;* von *J. N. Hummel.* Op. 111. Partitur. Wien bei Haslinger; Pr. fl. 9. — C. M. = Rthlr. 6. —

Der Rang welchen Hummels kirchliche Muse unter ihren Geschwistern einnimmt, ist bekannt und anerkannt genug, und auch schon in unsern Blättern *) so sehr gerühmt und so hoch gestellt worden, dass wir es nicht für angemessen halten können, die Erhebung auch in Beziehung auf die jetzt wieder vorliegende neue Missa noch höher zu steigern. Lieber begnügen wir uns, die Freunde der Hummelschen Kirchencompositionen von dem Erscheinen dieses neuen Werkes mit dem Bemerken zu benachrichtigen, dass, wenn die beiden früheren Messen das ihnen überschwenglich zu Theil gewordene Lob verdienen, dieses in Ansehung der jetzt vorliegenden weit mehr der Fall ist, welche, unseres Dafürhaltens, bedeutend höher als die beiden vorhergehenden steht, sowohl an wahrhaft kirchlichem Anklang, als an Sorgfalt der technischen Behandlung und Ausführung, so dass man es unverkennbar zu bemerken glaubt, dass der Tonsetzer ernstlich das Bestreben gehabt, seine früheren Arbeiten in dieser Kunstgattung zu übertreffen und Manches, was den vorhergehenden zum Vorwurfe gereichen konnte, in dieser Messe zu vermeiden, Manches, was jenen fehlt, hier nicht fehlen zu lassen, und überhaupt der gegenwärtigen Composition möglichste Tiefe und Innigkeit des Gefühls, — ungefähr im Geiste der Jos. Haydnschen Messen, — zu verleihen.

---

*) Cäcilia, XII, (46,) 117.

Zur Caecilia, Bd. 14, S. 69.

Unter den, im Verlaufe des ganzen Werkes sehr wirkungsvoll angebrachten, oft überraschenden und ergreifenden Uebergängen in entfernte Tonarten, verdient besonders der, in der nebenstehenden Figur 1 angebildete (aus dem „Sanctus") erwähnt zu werden, bei welchem wir drauf wetten wollen, dass unter mehr als hundert Zuhörern nicht Einer es heraushören wird, dass Sopran und Tenor sich in reinen Quintparallelen sprungweis eine Quarte aufwärts bewegen, indess die himmelweite Ausweichung aus h-moll plötzlich ins B-dur durch die Quartsextenlage des neuen tonischen Accordes vermittelt *), dem Gehöre nur überraschend, und nicht beschwerlich erscheinen kann, wenn anders die Sänger (was hier freilich eine ʃnicht geringe Zumuthung ist,) sämmtlich sicher intoniren. — Auch an mehren andern Stellen sind ähnliche Ausweichungen durch die Quartsextenlage mit Raffinement angewendet, z. B. S. 132, T. 3 zu 4, aus a-moll in as-moll, Fig. 2:

```
        7
        5      ♭6
        #      ♭4
  Bass  E  |   Es

  a : V7    as : I
```

u. dgl. m.; — überall mit sehr schöner Wirkung.

Im Ganzen können wir, sowohl der Kirche, als dem Kirchencomponisten, zu diesem neuen Werke Glück wünschen, so wie auch der rühmenswerthen Verlaghandlung, welche die Auflage mit besonderem Glanze und grosser Correctheit **) ausgestattet hat.   *Rd.*

---

*) Gfr. Weber Theor. § 241 Nr. 9; § 278.

**) Einzelne Fehlnoten verbessert leicht jeder Verständige; namentlich S. 84 Tact 6 im Sopran ein fehlendes ♭ vor e, — S. 131, T. 5, wo im Basse

```
    8 — 7          8 — 7
    #              #
    d d d d, statt e e e e
```
steht, — so wie Seite 26 T. 6 im Basse cis statt A, etc.

Die Hochzeit des Figaro, Oper in 4 Aufzügen, von *W. A. Mozart*, in vollständigem Clav. Auszug, mit deutschem und ital. Texte (und zugleich für das Pianoforte allein). Wohlfeile Ausgabe von W. A. Mozarts sämmtlichen Opern: Neunte Lieferung. Mannheim bei Karl Fried. Heckel. Pr. 6 fl.

Was an der Heckelschen vollständigen Ausgabe sämmtlicher Mozartischen Opern lobenswerth, und dass sie in mancher Hinsicht rühmenswerth ist, haben wir (im XL Bande, Heft 44, S. 312) ausführlich und wie wir glauben, der Würde des Gegenstandes entsprechend, erwähnt. Die vorstehend genannte Oper vollendet und schliesst den Kranz der neun mozartischen Opern (Don Juan, Zauberflöte, Schauspieldirector, Cosi fan tutte, Entführung, Gärtnerin, Idomeneo, Titus, Figaro) — deren Gesammtbesitz die Verlaghandlung um den bereits früher erwähnten, ausserordentlich geringen Preis gewährt und nebenbei auch schon dadurch allein sich ein Verdienst um Kunst, Künstler und Kunstfreunde erworben hat.

Rücksichtlich des Aeusseren steht diese Lieferung den vorhergehenden wenigstens nicht nach.

Rd.

I.) I Flibusti, Opera en tre Atti, — Die Flibustier, Oper in drei Aufzügen; Dichtung von *E. Gehe*, Musik von *J. C. Lobe*, G. Weimar. Hofmusicus. Clavierauszug mit teutschem und ital. Texte. Leipzig bei Breitkopf und Härtel.

II.) Esquisse pour le Pianoforte, comp. par *J. G. Lobe*. Op. 19. Leipzig bei Breitkopf und Härtel. Pr. 6 Gr.

Von der unter Nr. I.) erwähnten Oper ist unsern Lesern schon auf Seite 69 unseres vorigen Bandes ausnehmend viel Gutes gesagt worden, und wir können uns daher begnügen, ihnen jetzt zu bezeugen, dass der nunmehr erschienene Clavierauszug jenes günstige Urtheil vollkom-

men bestätigt, und zu der Vermuthung berechtigt; dass
die Oper eben so auf der Bühne von nicht geringer Wirkung sein muss, wie sie auch am Fortepiano schönen Genuss zu verschaffen vermag, zu welchem letztern Gebrauche der zugleich untergelegte sehr gelungene italiänische Text vielen Musikfreunden besonders willkommen
sein wird.

Der Stich ist schön, das uns zugesendete Exemplar
auf sehr schönem Papier abgedruckt, — der Preis uns
unbekannt.

Die *Esquisse*, Nr. II, eine nur drei Blattseiten füllende
Skizze, stellen wir an Werthe gern der ganzen Oper
gleich. Aus durchaus grandiosen und tief, mitunter
auch schmerzlich gefühlten Ideen zusammengesetzt, zeugt
sie von einer, in einem Augenblicke ganz eigener Begeisterung und Erhebung erfolgten *genesis*.

Dass die grossartige Conception nicht weiter und vollständiger ausgeführt worden ist, dass der Tondichter dies
nicht mogte oder nicht vermögte, — wollen wir ihm gerne
verzeihen; dafür aber, dass er einer solchen Conception
fähig war, müssen wir ihn lieben.

Rd.

Die nächtliche Heerschau, Gedicht von
Zedlitz, in Musik gesetzt mit Clavierbegleitung,
von *Anton Hackel* in Wien. Mainz, Paris und Antwerpen.
Pr. 45 kr.

Das Gedicht hat gleich bei seinem Erscheinen Aufsehen
gemacht, und das mit Recht, um seines hochpoetischen,
zugleich welthistorischen und doch zugleich auch das Interesse eines jeden einzelnen Zeitgenossen so nahe ansprechenden und ins wirkliche Leben so eingreifenden
Stoffes, als der sinnigen Darstellung des Dichters willen.

Dass das Gedicht sich auch zur Darstellung in Tönen
vorzüglich eignet, geht schon aus seiner eben erwähnten
Beschaffenheit hervor. Hr. *Hackel*, dessen Namen Ref.

hier zum Erstenmal vernimmt, hat sich der Aufgabe mit Ernst, Fleis, und Liebe, und nicht ohne Glück unterzogen, freilich zum Theil, um bedeutsam und schauerlich zu werden, mit gewaltigem Aufwande von Modulationen, und mitunter mit etwas materiellen Tonmalereien, (z. B. bei »langen Schwertern«).

Es ist, was der Titel nicht bezeichnet, für Eine Singstimme, und zwar hohe Bassstimme, geschrieben, bietet jedoch weder dieser noch der Begleitung Schwierigkeiten dar, und lässt dem Ausdrucke freien Spielraum.

Die Auflage ist schön und correct, und das Titelblatt mit einer Vignette geziert, welche den gewaltigen Feldherrn ganz ansiehend darstellt, und welche wir hier neben beifügen. *Rd.*

I.) Concertstück für das Pianof. mit Begleitung des Orchesters, oder Quartettes; von *Leopoldine Blahetka*. Op. 25. Wien bei J. Czerny.

II.) Variationen über ein Thema aus der Oper die Stumme, für das Pianof.; von *Leopoldine Blahetka*. Op. 26. Wien bei Haslinger.

III.) Variations sur la chanson nationale autrichienne: »Gott erhalte Franz den Kaiser«, pour le Pianof. seul ou av. acc. d'orchestre ou de Quatuor; comp. par *Leopoldine Blahetka*. Op. 28. Darmstadt chez E. Alsky, enregistré aux Archives de l'union.

Nicht leicht ist dem Verf. ein glänzenderes und gefälligeres Concertstück für dieses Instrument vorgekommen als obige Nr. I; zumal wenn man es von der gar sehr ausgezeichneten (nebenbei bemerkt auch ausnehmend liebenswürdigen) Künstlerin selbst, mit der ihr eigenen Vollendung, Sicherheit, Grazie und gewaltigen Kraft vorgetragen hört.

Die unter Ziffer II genannten Variationen zeichnen sich durch nur mässige Schwierigkeit aus, wodurch sie also schon einer grösseren Anzahl von Spielern zugänglich werden; und da hier ein reizendes Thema, sehr schön und für das Instrument sehr wirkungsvoll, variirt wird, so hat die Künstlerin durch diese schöne Gabe sich den Dank eines grossen Kreises von Clavierfreunden verdient.

Auch in den unter Ziffer III genannten Variationen erkennt man die gediegene Virtuosin und genaue Kennerin des Instrumentes. Freunde des Clavierspiels werden auch an dieser Composition reichlichen Stoff zur Anwendung und Darlegung tüchtiger Kunstfertigkeit und glänzenden Vortrages finden.

Alle drei Werke sind anständig ausgestattet und namentlich das Letzte so gut auf Stein gestochen, als sich von dem ersten Verlagswerke einer eben erst entstandenen Musikhandlung fordern lässt, aus welcher, als zweites Verlagswerk, so eben auch ein neues Trio für Clavier, Violine und Violoncell von *Bohrer* hervorgeht, und sogleich bei ihrem ersten Auftreten sich durch Werke renommirter Componisten rühmlich auszuzeichnen bedacht ist.

Gfr. Weber.

Wiener Tagesbelustigung, Potpourri für das Pianoforte, von *Joh. Strauss.* Wien bei Haslinger. Pr. 1 fl. 15 kr. C. M. = 20 Gr.

Ein allerliebstes Titelblatt! lustig und bunt in Zeichnungen und Farben, und an sich selbst ein Quodlibet von Gruppen tanzender, schmausender, musicirender, reitender, fahrender, zechender lustiger Leute, Orgelmänner, Guckkastenmänner, Harfenmänner, Leiermänner, Pagliazzos, Hunds- und Affenkunstreiter, Obsthändlerinnen u. s. w., alles über die Masen nett und fein in Kupfer gestochen, in zwei Farben gedruckt, und noch überdies gar zierlich mit weiteren Farben illuminirt, — kurz eines der lustigsten und für lustige Leute, für Damen und sonstige Kinder (nichts für ungut!) anziehendsten Titelblättchen von der Welt, — kurz ein Titelblatt, welches allein schon den kleinen Ladenpreis bei weitem werth ist.

Nun denn aber die Composition? — Ei wer wird hier so gravitätisch danach fragen! — Recht hübsch und nett ist sie, und dem gefälligen Aushängschilde ganz entsprechend. Man erhält hier, zu einem Potpourri assortirt, eine Introduzion aus der Cenerentola, ein Allegro, »Julerl die Putzmacherin,« mit »Schalmai« und »Kuhhorn,« einen »Hirten-Galopp«, — dann Eisenhofers freundlich bekanntes »Holde Liebe, sanfte Freuden« etc., — ferner eine so betitelte »Flöten-Variation«, — ein Allegretto aus der Stummen, — einen »Lagerwalzer«, — ein »Alla Paganini«, — einen »Dreborgelwalzer,« — etc. etc; — alles gar artig nebeneinander gestellt und leicht spielbar eingerichtet.

Wer irgend ein Freund solcher lustigen Dinger ist, dem ist dieses fröhliche Werkchen zu empfehlen.

Dr. *Zyx.*

Wiener Tivoli-Musik für das Pianoforte. Erstes Heft. Wien bei T. Haslinger.

Ein ganz nettes Seitenstück zum vorstehend erwähnten Potpourri; auf dem Titelblatte mit einer recht schön auf Stein gezeichneten Ansicht des Tivoli, mit lebenslustigen Tivoli-Gästen staffirt.

Dringt man, durch Umschlagen des Titelblattes, ins Innere des Tempels ein, so marschiren, hopsen und galloppiren dem Musik- und Tanzlustigen ganz amöne Märsche, Hopswalzer und Galoppe entgegen.

Was will man mehr? Es ist lustig und klingt gut!

Zyx.

DEM KÜNSTLERPAARE VON HOLTEI.
AM 4. MAY 1831.*)

*) Es war der Tag, an welchem ein Theil der wärmsten Verehrer und engeren Freunde, welche der geniale und vielseitig ausgezeichnete Holtei sich während seines nur allzukurzen Aufenthaltes in Darmstadt so reichlich erworben, und welchen sich dann noch eine grosse Anzahl von Verehrern anschlossen, dem scheidenden Künstler ein Abschiedsfest gaben, um ihm, nebst verschiedenen am Schlusse des Mahles gesungenen Gedichten, als freundliches Erinnerungszeichen einen silbernen Becher mit der Inschrift zu überreichen:

> Trinke, Dichter, edler Sprecher,
> Trinke bis zum tiefen Grund,
> Lieder quellen aus dem Becher,
> Singe, singe, goldner Mund!

das nachstehende Gedicht dem Künstlerpaare von einem kunstsinnigen Freunde noch eigens gewidmet.

Die Rd. d. Cäcilia.

Schnell rollt die Zeit in ihrem Donnerwagen;
    Ihr blüht kein sich'rer Port:
Kaum hat sie Euch in unsern Kreis getragen,
    Nimmt sie Euch von uns fort.

Bald sinkt der Vorhang; still, im Abendwinde,
    Steht das verwaiste Haus,
Die Priesterinnen, in der Opferbinde,
    Die Priester wandern aus.

Ihr geht zuerst; kaum einmal saht Ihr blühen
    Die Rosen hier am Rhein';
Ihr geht zuerst; nur einmal saht Ihr sprühen
    Den frisch gepressten Wein.

Nehmt unsern Dank! So freundlich und gefällig,
    Stets geistvoll, sicher, neu;
Als wär't Ihr längst die Unser'n, froh gesellig,
    Nehmt unser'n Dank, Ihr Zwei!

Wo Ihr auch weilt, flecht Euch der Himmel Kränze!
    Schirm' Euch der Musen Gunst!
Denn lieblicher blüht Kunst im jungen Lenze;
    Als ew'ger Lenz blüht Kunst.

Und wir? — Doch still! Tönt rasch vom deutschen
                        Herzen
    Der Name: Vaterland!
Schlingt auch die Kunst um kräft'ge Blitzeskerzen
    Ihr Regenbogenband.

Lebt wohl! Lebt wohl! Mög' in die Ferne wenden
    Erinn'rung Euern Blick!
Mögt' Ihr ihn gern nach diesem Kreise senden! —
    Ihr Beiden, Euer Glück!

Carl Buchner.

Ueber die sogenannte
Austauschung der Auflösung.
Eine theoretisch-kritische Betrachtung
von *Gfr. Weber.*

Mit einem Notenblatt.

Unter die vielen unnöthigen Mühen, welche unsere Theoristen sich blos dadurch aufgehalset, dass sie die Theorie des Tonsatzes mit einer Menge unnützer Gebote und Verbote belastet haben, gegen welche sie dann eben so mühevoll wieder selbst anzukämpfen genöthigt sind, spielt auch das Theorem von der sogenannten »Austauschung der Auflösung« eine bedeutende Rolle, — ein Theorem, welches nicht allein ganz unnöthig und nutzlos ist, sondern, indem es der Willkür Thür und Thor öffnet und einen Vorwand zu sophistischer Beschönigung jeder, auch selbst der gröbsten, Regelwidrigkeiten darbietet, sogar so gefährlich ist, dass es wohl verdienstlich sein mögte, sowohl die Nichtigkeit des Theorems an sich selber, als auch die gefährlichen Folgen, zu denen es führt, eigens aufzudecken.

§ I.

Ich will zu diesem Ende damit anfangen, die Lehre von der »Austauschung« erst so zu referiren, wie sie bisher unter den Tonlehrern gegolten.

Ich kann dieses nicht besser und getreuer, als indem ich hier wörtlich den Artikel »Austauschung der Auflösung« aus der allgemeinen Encyklopädie der Wissenschaften und Künste (VI. Bd. Seite 460) einrücke, einem Werke, welches, als Encyklopädie, allerdings zunächst grade den Zweck hat, eine jede Lehre in der eben gemeinüblichen geltenden Art und Weise darzustellen, welche Aufgabe denn auch dem gelehrten Herrn Verfasser jenes Artikels vollkommen gelungen ist, indem er eine so vollständige Darstellung dieser leidigen »Lehre von der Austauschung« geliefert hat, dass ich wenigstens sonst nirgendwoher eine bessere zu entlehnen wüsste.

»Aus der Natur eines jeden Tonverhältnisses«, sagt uns die Encyklopädie am angef. Orte, »entwickelt sich für sich schon das Gesetz seiner »Bewegung (s. die Art. Harmonielehre, Auflösung »und Fortschreitung). So liegt es z. B. in der Natur »der übermässigen Quinte, sich aufwärts, in jener »der verminderten Tertie, sich abwärts zu bewe- »gen. — Oft würde aber durch das strenge Befolgen »dieser Regel der freie Erguss eines ausdrucksvollen »Gesanges gehindert werden, auch würden manche »Stimmen nicht wirkungsvoll gesetzt werden können. »man überträgt daher die Verbindlichkeit der regel- »rechten Bewegung, welche die Seele mehr von dem »Ganzen eines Accordes überhaupt, als der ein- »zelnen Stimme fodert, in welcher sich der an- »stössige Ton vorfindet, einer andern Stimme, was »man mit dem Worte austauschen bezeichnet.«

»Diese Austauschung kann 1) in melodischer, »2) in harmonischer Hinsicht betrachtet werden.«

»Die meisten Austauschungen gehören zu der »ersten Art, und werden häufig von den Tonsetzern »besonders in den obern Stimmen angewendet, wie »bei a), wo die kleine und dann vermindert gewor-

Austauschung der Auflösung.

»dene Septime g sich nicht in die Quinte fis, son-
»dern in die kleine Quinte e beweget, welche sich
»statt jener in die kleine Tertie d auflöset. Eben
»dasselbe kann auch in den Mittelstimmen geschehen,
»wie bei *b*), wo die Oberstimme die in der ersten
»Mittelstimme liegende verminderte Septime c aus-
»tauschet; ja sogar im Bass, wie bei *c*), wo die in
»der dritten Umwendung im Bass liegende kleine
»Septime fis, anstatt sich ins e aufzulösen, in das h
»gehet, während die Mittelstimme diese Verbindlich-
»keit erfüllt.«

a.) *b.*)

c.)

Fz.

»Dasselbe findet bei allen Intervallen Statt, denen
»eine melodische Verwechselung zum Grunde liegt,
»welche die Seele so beschäftigen kann, dass sie
»über die Aufmerksamkeit auf die **besondere Be-**
»**wegung des Gesangs die harmonische Be-**
»**wegung jedes einzelnen Intervalles** nicht
«beachtet.«

»Da jeder gute Tonsetzer sich möglichst bestre-
»ben wird, einer jeden Stimme, der Idee der Ton-
»kunst gemäss, einen schönen Gesang zu geben, so
»wird er auch meistens die in **harmonischer**
»**Rücksicht** nothwendige Austauschung als eine **me-**
»**lodische** erscheinen lassen. Ein solcher Fall ist
»in dem obigen Beispiele bei *b*), wo die erste Mit-

»telstimme, wenn sie die verminderte Septime c ab-
»wärts in die Sexte h gelöset haben würde, mit der
»obern Stimme eine Octave gebildet hätte. Aus
»diesem Grunde sind der Fälle nur wenige, wo eine
»harmonische Austauschung Statt findet. Man muss
»auch hier sehr behutsam verfahren, weil die Seele,
»die Bewegung jeder Stimme verfolgend, in diesem
»Falle ungestört die Fortschreitung eines jeden In-
»tervalles beobachtet, und durch die unrichtige Auf-
»lösung sehr beunruhiget wird. So geht z. B. in
»vielen Tonstücken, besonders in den Mittelstimmen
»die grosse Tertie als Leiteton, anstatt sich aufwärts
»zu bewegen, um eine Terz herab, wie in dem fol-
»genden Beispiele bei *a*). In so fern dieses in den
»Mittelstimmen, und so geschieht, dass derjenige Ton,
»in welchen sich dieses Verhältniss auflösen sollte,
»— hier g — von einer noch volleren, und daher
»mehr eingreifenden Stimme ausgetauscht wird, wie
»bei *a*) durch den Bass, oder bei *b*) durch die Ober-
»stimme, ist es zu dulden; bei wesentlicheren Stimmen
»aber, *c*) so wie überhaupt im strengen Satze nicht
»zu rechtfertigen, was auch eine schlechte Gesangs-
»führung voraussetzt.«

»Uebrigens geschicht die Austauschung am besten
»bei kleineren oder geringeren Pausen, kurzen No-
»ten u. s. w. überhaupt, wo der Seele das genaue
»Verfolgen der Fortschreitung in den einzelnen
»Stimmen mehr entrückt ist, z. B. bei einer vollstim-
»migen Musik, wo jedes Intervall dem Gehöre mehr-
»mals besetzt erscheint. Das Weitere über diese
»Materie s. in d. Art. Stimmensatz.«

Austauschung der Auflösung.

§ II.

So weit die Encyklopädie. — Bei aller Anerkennung des Scharfsinnes, welche unsere Theoristen auf diese Lehre verwendet haben, kommt es mir jedoch vor, als sei der ganze Aufwand von Scharfsinn zu nichts anderem nütze, als um an sich ganz tadelfreie, nur aber einer von den Theoristen unrichtig aufgestellten Regel widersprechende, und eben dadurch jene Regel als unrichtig widerlegende Fortschreitungen, höchst unnöthig gegen den nichtigen Vorwurf der Nichtbefolgung jener Regel beschönigend zu entschuldigen, zu welcher Beschönigung sie sich übrigens sophistischer Gründe bedienen, welche, wollte man sie einmal für baare Münze gelten lassen, dann eben so auch gelten müssten, um auch jede andere auch noch so unverantwortliche Verletzung der Gesetze der Auflösung zu beschönigen.

§ III.

Wenn ich vorstehend behaupte, dass das ganze Theorem von der Austauschung der Auflösung nur ein krankhafter Auswuchs der gemeinüblichen Theorie und nur aus dem Grundübel entsprungen ist, dass man gleich anfangs die Gesetze der Auflösung selbst unrichtig bestimmt hatte, und hernach die unzähligen Fälle, welche, an sich gut und fehlerfrei, der nur unrichtigen Regel widersprachen, unter dem Vorwande von »Ausnahmen« von der Regel, oder »Austauschungen der Auflösung« etc. gleichsam zu beseitigen gesucht, — so habe ich mir durch diese Behauptung die Verpflichtung auferlegt, nicht allein die behauptete Unrichtigkeit der bisherigen Auflösungstheorie zu beweisen, sondern, — um dem vulgaten Vorwurfe zu entgehen, dass Tadeln leichter sei als Bessermachen, — auch eine haltbarere Theorie der Auflösung an die Stelle der alten zu setzen; — wornächst es dann erst Zeit sein wird, das blos secundär existirende Theorem von der sogenannten »Austauschung« der Auflösung zu würdigen.

Ich will mich keiner dieser Verpflichtungen entziehen.

§ IV.

Sollte ich den Anfang mit der Nachweisung der Unrichtigkeit der gemeinüblichen Theorie machen, so dürfte ich, dem vorhin Erwähnten zu folge, fast nur das obige Beispiel Fig. c S. 79 als Beweis anführen.

Ich glaube aber klarer und überzeugender zu verfahren, wenn ich, statt die Widerlegung voranzuschicken, vielmehr ohne alle Bezugnahm auf die Richtigkeit oder Unrichtigkeit dessen, was Andere gelehrt haben, damit anfange, die Gesetze, nach welchen das musicalische Gehör, in diesem und jenem Falle, diesem oder jenem Ton aufgelöset zu hören verlangt, aufsuche und mich bemühe, diese Gesetze so auszusprechen, wie sie in der Natur der Sache und unseres Gehöres wirklich begründet sind. Ist mir dieses erst gelungen, so wird hernach die Unrichtigkeit der bisherigen Auflösungsgesetze ganz leicht anschaulich zu machen sein, und demnächst auch die Würdigung des Theorems von der **Austauschung der Auflösung** leicht werden.

§ V.

Die Aufgabe, die der Natur und dem Gehörsinne entsprechenden Auflösungsgesetze zu erforschen und so auszusprechen, wie sie wirklich und in der Natur unseres Gehöres begründet sind, habe ich im dritten Bande meiner Theorie, § 317 bis 342, und § 442 bis 455 zu lösen versucht.

Auch zum Zweck der gegenwärtigen Betrachtung weis ich dieselben nicht besser darzustellen, als wenn ich dasjenige, was ich dort gesagt, auszugweise in so weit hierhersetze, als es zur vorliegenden Absicht erfoderlich ist; wozu die nachstehenden theilweisen Auszüge blos aus den, von der Fortschreitung der Septime des Hauptvierklanges, und von der der selbständigen None handelnden, §§ 313, 316 – 319, 320, 325 und 326, genügen mögen.

Auflösung.
§ 313.

Manche Töne äussern in manchen Fällen ein fühlbares Streben, sich grade auf eine gewisse Art, und nicht anders, zu bewegen; oder mit andern Worten, sie haben das Eigene, dass eine Stimme, welche einmal einen solchen Ton angegeben hat, sich von da, unter gewissen Umständen, nicht nach Willkür, schritt- oder sprungweis, auf- oder abwärts bewegen, sondern nicht anders, oder nicht wohl anders, als auf eine gewisse bestimmte Art und Weise, weiter fortschreiten kann. Als Beispiel mag vorläufig die Bemerkung dienen, dass in nebenstehendem Satze,

Fig. 1 i.)

die Stimme, welche im ersten Tacte das h angiebt, beim Harmonieenschritte vom ersten zum zweiten Tacte, fühlbar um eine kleine Tonstufe aufwärts zu c̄, und nicht anders als grade so, fortzuschreiten strebt; das h strebt ordentlich fühlbar nach c̄ hinauf; — und eben so strebt das f̄ der Oberstimme nach ē herab; — eben so streben in den folgenden Tacten die Töne g̃is und d̃ auf- und abwärts.

Man nennt die, solchem Streben gemässe Fortschreitung **Auflösung**; das f̄ löset sich, wie man zu sagen pflegt, ins ē auf, das h ins c̄, das g̃is ins ā, u. s. w.

Den Ton, in welchen ein strebendes Intervall sich auflöset, kann man den **Auflösungston**, **Auflöseton**, oder auch kurzweg die **Auflösung** nennen.

. . . .

I.) *Verschiedene Formen der Auflösung harmonischer Intervalle.*

§ 314.

In dem bereits vorstehend angeführten Satze Fig. 1 i strebt, wie dort erwähnt, die Hauptseptime f̄, beim Grundschritte V⁷:I, ins ē herabzusteigen.

Diese Bewegung der Stimme von f̄ zu ē kann nun aber auf verschiedene Art vor sich gehen; und dadurch entstehen verschiedene Spielarten solcher Auflösungsformen.

A.) Die Stimme bewegt sich nämlich von dem strebenden Tone zum Auflösetone bald **schleifend**, wie bei 1 *i* von f̄ zu ē, — bald aber in **abgesetzter** oder **abgestossener** Bewegung, wie in den zwei folgenden Tacten von d̄ zu c̄.

B.) Es können beide Töne auch wohl **durch Pausen** getrennt sein, z. B. bei Fig. 1 *k*, *l*, *m*. *)

C.) Es kann auch zwischen beide erst noch ein **anderer Ton eingeschoben** werden; und zwar, wie z. B. bei *n*, etwa ein anderes Intervall der Harmonie, welche Auflöseform gleichsam als eine Art von Brechung . . . erscheint.

Auf ähnliche Weise folgt auch in Fig. 2 *i*, nach der Hauptseptime f̄, nicht unmittelbar die Auflösung ins ē, sondern die brechende Stimme springt erst noch herunter zu c̄. Wie wir aus der Lehre von der stimmigen Brechung wissen, gilt eine, sich also bewegende Stimme für zwei, wie bei *k*. — Es ist indessen nicht zu läugnen, dass Fig. 2*l*, wo nach f̄ unmittelbar ē folgt, sich immerhin fliessender ausnimmt, als *i*.

Oder der zwischeneingeschobene Ton kann auch ein der Harmonie ganz fremder sein, etwa ein durchgehender, wie bei Fig. 1 *o*. — Wenn der also eingeschobene Ton derselbe ist, welcher im Accorde die Septime war, wie bei *p*, so pflegt man dies eine **Verzögerung der Auflösung**, oder verzögerte Auflösung zu nennen, weil, beim Eintritte der C-Harmonie, das f̄ noch eine Zeitlang, als harmoniefremder Nebenton vor ē, liegen bleibt, sich aufzulösen zögert, sich erst **später** in dies ē auflöset. . . . — Bei *q* findet Verzögerung und Einschiebung eines harmonischen Tones zugleich statt, — bei *r* aber Verzögerung nebst Einschiebung eines harmoniefremden Tones. — Noch mehre zwischengeschobene Töne findet man bei *s*. — Bei *t* sollte die erste Halbenote f̄, als Hauptseptime, in dem Augenblick wo der tonische C-Dreiklang ein-

---

*) Siehe das nachstehende Notenblatt.

tritt, sich ins $\bar{e}$ auflösen; statt dessen zögert aber die Auflösung sogar so lang, bis schon wieder eine weitere Harmonie auftritt. (Das Nähere über dies Alles bildet einen Theil der Lehre von Vorhalten.)
. . . .

D.) Die Auflösung geschieht übrigens bald in dieses bald in jenes Intervall vom Basston an gezählt. Z. B. in Fig 1*i* ist der Auflöseton $\bar{e}$ die **Terz** vom Basstone, — bei *u* aber ist er die **Sexte** des Basstones, — bei *v* ist er dessen **Octave**, — bei *t* dessen **Quinte**, — bei *x* dessen **Septime**, — u. dgl. (Vergl. die Anmerk.)

E.) Auch ist der Auflöseton bald ein sogenannter consonirender . . . . . , wie in allen obigen Beispielen *i* bis *v*, bald aber auch eine Dissonanz, wie bei *x*.

F.) Man sieht ferner, während die Auflösung geschieht, die **übrigen Stimmen** entweder sich ebenfalls **bewegen**, oder aber unbeweglich liegen bleiben. In Fig. 1*i* bleibt eine Mittelstimme während der Auflösung liegen, — bei *u* der Bass; — bei *y* bewegen sie sich alle zugleich. (Vergl. die Anmerk.)

G.) Die Auflösung geschieht endlich bald auf schwerer, bald auf leichterer Zeit. Ein Unterschied welcher, wie wir bald sehen werden, vorzüglich bei der Auflösung der Nebenseptimen und der Vorhalte von Erheblichkeit ist. . . . .

Anmerkung.

Das unter *D.*) und *F.*) Erwähnte wird zwar freilich Manchem etwas gar Geringfügiges, Zufälliges, ganz Ausserwesentliches und daher kaum Erwähnenswerthes scheinen, und dies freilich mit Recht; noch mehr wird man sich aber wundern, zu vernehmen, dass in allen unseren Lehrbüchern überall gar grosses Wesen davon gemacht zu werden pflegt, ob sich z. B. die Septime in die Sexte, in die Quinte, in die Quarte auflöset, u. d. gl. . . . Von dem Hirngespinnste, genannt Austauschung der Auflösung, siehe die Anm. zu § 320.

II.) *Fortschreitung der Intervalle der Vierklänge.*

A.) *Der Intervalle des Hauptvierklanges.*

§ 315.

. . . .

1.) Fortschreitung der Hauptseptime.

a.) Unfreie Fortschreitung.

§ 316.

Die Septime des Hauptvierklanges hat eine Neigung, stufenweis abwärts, also in den, um eine (kleine, oder grosse) Stufe tieferen Ton, fortzuschreiten, in all den Fällen, wo, nach dem Hauptvierklang, eine andere leitergleiche Harmonie folgt, in welcher der um eine grosse oder kleine Stufe tiefere Ton enthalten ist. In all diesen Fällen strebt die Septime, im Augenblicke des Harmonieschrittes sich in diesen Ton aufzulösen.

Um dies näher zu erörtern und genauer zu bestimmen, wollen wir die verschiedenen Fälle leitertreuer Harmonieenschritte, welche vom Hauptvierklang aus geschehen können, der Reihe nach betrachten.

Es folgt nämlich nach einem Hauptvierklange

I.)) entweder die tonische Harmonie, (natürliche Hauptcadenz § 254, 1*a*; § 255;) oder

II.)) ein anderer Dreiklang derselben Tonart (Trug-Hauptcadenz, § 254, 1*b*; 256; 264;) — oder es folgt

III.)) ein, in derselben Tonart vorfindlicher anderer Vierklang (vermiedene Hauptcadenz, § 269; 270, 1).

§ 317.

I.)) Bei der natürlichen Cadenz.

Der erste Fall also, wo die Hauptseptime eine Stufe abwärts zu schreiten strebt, ist der, wenn nach dem Hauptvierklang eine **natürliche Cadenz.... gemacht wird.**

A.)) **Diesem Streben gemäs bewegt sich die Septime in der schon früher besprochenen Fig. 1 wo wir solche Auflösung unter mancherlei Gestalten vorkommen sahen.**

Diese Auflösung der Septime bei der natürlichen Hauptcadenz stufenweis abwärts, ist nun die natürlichste und fliessendste; wir wollen sie ihre **normale Fortschreitung** nennen.

B.)) Solche Führung der Hauptseptime ist jedoch nicht die einzig erlaubte: (denn es steht ja nirgend geschrieben, dass in der Kunst überall und immer grade nur das Allereinfachste und Allernatürlichste gut und zweckmässig sei.) Vielmehr belehrt uns unser Gehör, belehrt uns das Beispiel unserer grössten Tonsetzer, dass es eben kein Uebelstand ist, solches Intervall auch wohl **aufwärts** fortschreiten, oder sich **sprungweis,** bewegen zu lassen; und zwar nicht allein in Mittelstimmen, sondern auch im Bass, oder Discant. So bewegt sich in Fig. 3 *i* und *k*

das $\bar{f}$ im Alt aufwärts zu $\bar{g}$, — bei *l* das f des Tenors zu g, — in Fig 4 das g des Basses springend zu d, — und in Fig. 5 das b des Discants aufwärts ins $\bar{c}$. — In Fig. 6 steigt das $\bar{f}$ der Oboe eben so auf- statt abwärts, — in Fig. 7 das $\bar{d}$, — in Fig. 8 das $\bar{d}$es, — bei Fig. 9 das $\bar{f}$ ins $\bar{g}$.

Etwas Aehnliches habe ich versucht in Fig. 10, wo die Hauptseptime d aufwärts steigt, (wenn man nicht etwa die Töne d und h hier blos durchgehend ansehen will.)

Austauschung der Auflösung. 89

Minder gut, und man darf sagen, wirklich übelklingend ist die Stufenweis aufsteigende Fortschreitung der im Basse liegenden Septime f bei Fig. 11 *i*.

Am unbedenklichsten ist die aufsteigende, oder springende Bewegung der Septime alsdann, wenn diese verdoppelt vorkommt, wie Fig. 11 *k — n*, oder auch schon bei Fig. 7; wo es dann vollkommen hinreichend ist, sie in der Einen Stimme stufenweis abwärts zu führen, indess sie in der andern füglich anders schreiten kann; indem durch das naturgemässe Fortschreiten der ersteren, der Natürlichkeit schon Genüge geschehen ist, und der normale Gang, den die eine Septime befolgt, das Gehör schon befriedigt, oder wenigstens beschwichtigt.

Ja in diesen Fällen ist solche verschiedene Führung der Septime sogar nothwendig, um, wie weiter unten vorkommen wird, fehlerhafte Octavenparallelen zu vermeiden . . . . — so wie im Gegentheil eine solche Fortbewegung der Septime vorzüglich dann zu vermeiden ist, wenn sie zugleich verbotene Quintparallelen herbeiführt, (Fig. 11 *o*) . . . .

Ueberhaupt muss hier ein richtiges Gefühl und gebildetes Gehör in jedem vorkommenden Fall am besten unterscheiden, ob solche Führung gehörwidrig klingt, oder nicht; und da, wo dies nicht der Fall ist, kann die Führung auch nicht mehr technisch verboten heissen.

In den . . . . Beispielen Fig. 419, 420,

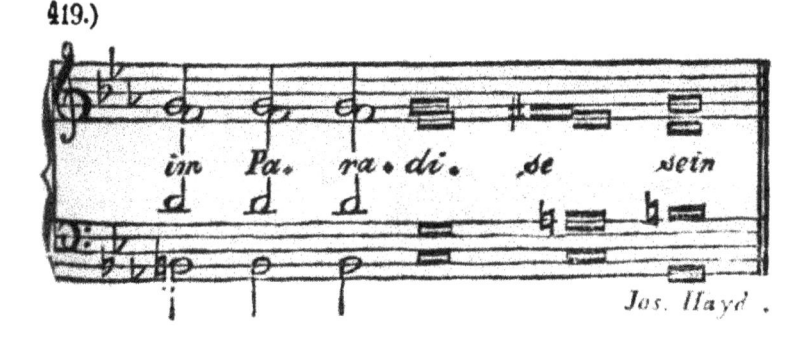

419.)

Jos. Hayd .

420.)
Lento.

streng zu | wä-gen | al-ler | Tha-ten | Werth.

Es: I vi g: V7 c: V *)

ist, wenn man den vorletzten Accord [c a ēs fis], oder
[c fis a ēs] als Hauptvierklang D^7 mit beigefügter kleiner None ēs und ausgelassenem Grundtone D, ansehen
will, der Sprung des Basses von c (der Grundseptime)
ins G, eine sprungweise Fortschreitung dieser Septime.
— (Uebrigens kann der besagte Accord auch als bloser
Durchgang- oder Scheinaccord erklärt werden, indem
man nämlich den Ton fis nur als Durchgang zum g des
folgenden Accordes, und das a als Durchgang zum folgenden h betrachtet; nach welcher Ansicht denn dem
vorletzten Accorde keine eigene neue Grundharmonie,
sondern noch die des vorhergehenden Accordes zu Grunde
läge, und also der Ton c nicht als Grundseptime, sondern fortwährend noch, wie im drittletzten Accorde, als
Grundton zu betrachten wäre; aus welchem Gesichtspunct angesehen, alsdann freilich gar keine Septime,
und keine unregelmässige Fortschreitung einer solchen
vorhanden wäre.) — In Fig. 418 .... bewegt sich auf
ganz ähnliche Art das f sprungweis zu c;

418 i.)   k.)

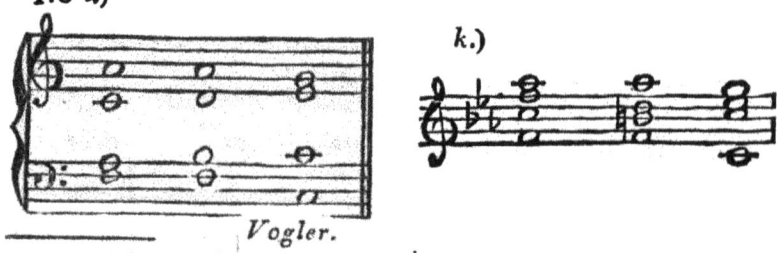

Vogler.

*) Ueber meine auch hier angewendete Bezeichnungsart
der Harmonieen siehe Cäcilia XIII. Bd, Hft. 49, S.
20 u. ff.

Austauschung der Auflösung.

[Notenbeispiele l.) und m.)]

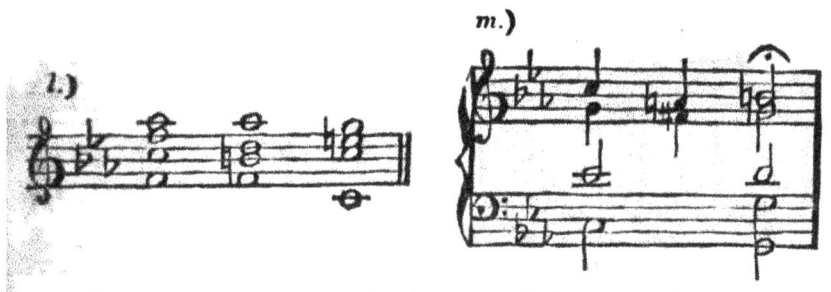

und eben solche Fortschreitungen findet man dort in Fig. 421 u. 427.

421.)

[Notenbeispiel mit Bezifferung:] a: °II7 V7 I IV I IV I d: V7 I A: I

427.)

[Notenbeispiel mit Text:] a men a men a men

I V7 VI °II7 V *Vogler.*

§ 318.

II.)) Bei Trugcadenzen.

Der zweite Fall, wo die Septime des Hauptvierklanges sich in den, um eine Stufe tieferen, Ton aufzulösen strebt, ist bei Trugcadenzen ...., nämlich in all denen, bei welchen in dem auf den Vierklang folgenden Dreiklange der Ton der nächsttieferen Stufe vorfindlich ist; mithin in den Trugcadenzen V7 : vi oder V7 : VI;

92 Ueber die sogenannte

13.)

14.) — und in der Trugcadenz V⁷₋ₗₗₗ, Fig. 14.
— (Mehre Beispiele kann man im 2ten
Bd. Taf. 23, Fig. 297 - 304, dann Fig.
312 - 317 finden.)

Dies Streben der Hauptseptime ist in solchen
Trugcadenzen stärker noch als bei der natürlichen Cadenz, indem man nicht leicht Beispiele finden wird, wo bei Trugcadenzen die Hauptseptime, ohne gehörwidrige Wirkung zu thun, eine andere Bewegung nehmen könnte.

§ 319.

III.)) Bei leitertreuen Cadenzvermeidungen.

Der dritte Fall, wo die Hauptseptime stufenweis abwärts geführt zu werden verlangt, ist, wenn nach dem Hauptvierklang ein anderer, zu derselben Tonart gehörender, Vierklang folgt, in welchem der nächst tiefere Ton enthalten ist.... So verlangt z. B. in Fig. 15 die Hauptseptime f̄ abwärts zu schreiten, so wie auch in Fig. 16 das f; —

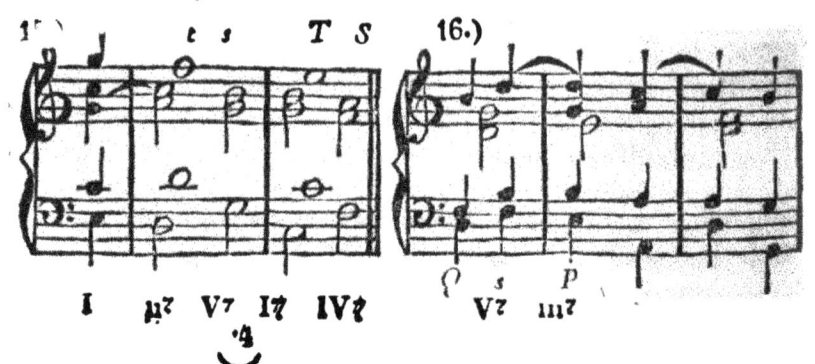

15.)   T S   16.)

I   μ⁷ V⁷ I⁷ IV⁷   V⁷ III⁷

Austauschung der Auflösung. 93

und ich finde kein Beispiel wo, bei solchen Harmonienfolgen, die Hauptseptime sich, des Wohlklanges unbeschadet, anders bewegen könnte.

---

b.) **Freie Fortschreitung der Hauptseptime.**

§ 320.

Nur in den vom § 316 bis hier erwähnten drei Fällen äussert die Septime des Hauptvierklanges die Tendenz, stufenweis herabzuschreiten.

1.)) Darum versteht sich also fürs Erste von selbst, dass solches Abwärtsstreben der Septime in all denen Fällen wegfällt, wo, nach dem Vierklang, eine Harmonie folgt, in welcher der nächsttiefere Ton gar nicht enthalten ist: also z. B. bei denen Trug-Hauptcadenzen, welche aus einem Quinten- oder einem Septenschritte bestehen (§ 257), also bei V^7,II, oder V^7,°II, (vergl. Taf. 24, Fig. 306-311.)

17.)

und bei V^7,IV, oder V^7,°IV, Fig. 18, — so wie auch bei ähnlichen leitertreuen Cadenzvermeidungen z. B. Fig. 19.

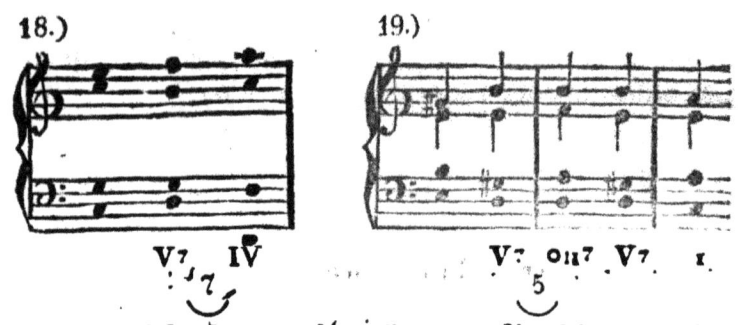

[Notenbeispiele 18.) und 19.) mit Bezifferung V7 IV und V7 o͞n7 V7 I]

II.)) Ueberhaupt aber äussert die Hauptseptime nicht das entschiedene Streben stufenweis abwärts, wenn nach dem Hauptvierklang **eine leiterfremde Harmonie folgt**, und also die Cadenz durch eine ausweichende Harmoniefolge vermieden ist, (§ 269) wie in Fig. 20 und 28

[Notenbeispiel 20.) C:V I V7 a:V]

[Notenbeispiel 28 a.) D:V7 h:V7]

Bei 20 springt die *s* zu *h*, bei 28 a) bleibt sie während des Harmonieenschrittes liegen.

III.)) Endlich findet das Abwärtsstreben der Hauptseptime, wie wir gleich anfangs erwähnten, nur im Augenblick des Harmonieschrittes statt; und so lang also noch gar kein Harmonieenschritt geschieht, sondern der Hauptvierklang noch andauert, ist ihre Bewegung frei. Z. B.

Austauschung der Auflösung. 95

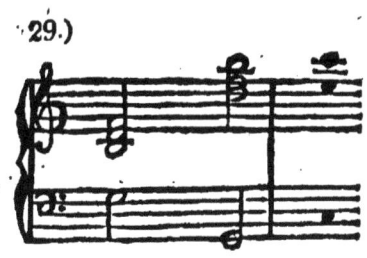

29.)

Vergl. auch Fig. 30 u. 31.

Anmerkung.

Nachdem wir bis hier die Gesetze der Auflösung der Septime, möglichst der Erfahrung und der Natur unseres Gehöres getreu, entwickelt, und auf ziemlich einfache Grundsätze zurückgeführt, werfen wir einen Blick auf die Art, wie unsere Theoretiker diese Lehre darstellen; und man wird sehen, dass sie auch hier wieder, bei Aufstellung ihrer Theoreme, höchst einseitig, unvorsichtig und übereilt verfahren.

Sie bemerkten, dass in mehren Fällen die Septime abwärts zu schreiten strebt, und alsbald meinten sie, nichts Eiligeres zu thun zu haben, als daraus die Regel zu abstrahiren und als allgemeingültig zu promulgiren: Jede Septime muss jederzeit (oder doch, wie Türk, Seite 213, sich ausdrückt, „in jedem Fall der Regel nach"!) eine Stufe abwärts fortschreiten!—

Zwar mussten ihnen natürlich gar bald, und gar nicht selten, Fälle vorkommen, in welchen die Septime, ganz ohne Uebellaut, nicht also fortschritt; allein statt dadurch auf die Unrichtigkeit ihrer Abstraction aufmerksam zu werden, das allzu voreilig promulgirte, unwahre Gesetz zurückzunehmen, und der Natur unseres Gehöres erst genauer abzufragen, in welchen Fällen solche Abwärtsführung der Septime eigentlich erforderlich sei, um dann das Gesetz auf diese Fälle zu richten,—liesen sie lieber — sci es aus Trägheit, oder Eigensinn, — die einmal aufgestellte Regel stehen, und erschöpfen sich lieber, noch bis auf den heutigen Tag! — in spitzfindigen Ausflüchten, um solche, ihrem Verbote zuwiderlaufende, und doch untadelhaft klingende, folglich das Verbot widerlegende Fälle, als ganz aparte Ausnahmen von der Regel zu erklären, auf dass nur ja das einmal aufgestellte Verbot bei Ehren bleibe! — Und so wie sie, die Schöpfer des belobten Verbotes, den

8 *

Muth nicht hatten, dasselbe aufzugeben, so bleiben auch wir, ihre Enkel, bis auf den heutigen Tag, im frommen Glauben an die lieben Alten, an jenen Regeln kleben, welche die lieben Alten, hätten sie die Sache besser überlegt, lieber gar nicht also hätten aufstellen sollen.

Wie sehr aber, durch solche, unrichtig für allgemein ausgegebene, und in so vielen Fällen unwahr erscheinende Regeln, die Theorie unzuverlässig, verwirrt und dem Kunstjünger erschwert wird, ist leicht einzusehen.

So vermag z. B. Kirnberger (in der K. d. S., I. Th. 5. Abschnitt, S. 85, so wie auch in s. W. Grunds. beim Gebr. d. Harmonie §. 19,) und nach ihm Türk, (Generalb. §. 47 u. 145,) die Fortschreitung der Septime in Fällen wie Fig. 23 *i* — *p* wieder nur als Ausnahmen von der Regel zu entschuldigen, — als Uebergehungen der Auflösung, — als elliptische oder katachretische Auflösungen. Das c̄ im folgenden Beispiele

23 i.)

G: I   V7   D:V7   I

sagt Türk, müsste der Regel gemäss freilich eine Stufe abwärts, ins h̄ aufgelöset werden. Statt dessen folgt nun zwar cis; allein man denke sich nur, als folgte auf den ersten Accord der G-Dreiklang, und das c bewegte sich dabei zu h: so wäre die Regel befolgt; dieser G-Dreiklang und die Auflösung des c̄ ins h̄, sind nun aber nur — ausgelassen, und der vorliegende Fall ist also wieder — eine Ellipse.

Auf ähnliche Art erlaubt Kirnberger (W. Grunds. b. G. d. Harm. § 19) Fälle wie Fig. 24 nur unter der Firma: „Uebergebung des Accordes der Resolution", u. dgl.

Eben so findet Türk (am angef. Orte) den Fall Fig. 25, welchen er bei Seb. Bach aufgespürt hat, nicht anders als unter der Firma einer katachretischen Auflösung erlaubt und, als Ausnahme von der Regel, zu entschuldigen; als eine Freiheit, „welche sich zuweilen selbst die gründlichsten Tonsetzer erlauben"! — indess belobter Bach durch diesen Satz, der Regel, wenn man sie richtig fasset, ganz und gar nicht zuwidergehandelt, sich gar keine Abweichung von der wahren Regel erlaubt hat, und daher gar keiner Entschuldigung bedarf, — und am wenigsten einer so schlechten!

Austauschung der Auflösung. 97

Ferner weiss Türk den Fall 26 *l*, welcher ebenfalls gegen seine Regel verstösst, in welchem aber, nach unseren obigen Beobachtungen, das Abwärtsstreben der Septime gar nicht eintritt, ebenfalls wieder nur sehr künstlich, unter der Firma einer enharmonischen Verwechslung von b statt ais, zu entschuldigen, — und Fig. 27 (worin übrigens das es gar nicht Septime der Grundharmonie, sondern entweder Durchgang, oder None ist) entweder als eine nur erlaubte Freiheit, oder ebenfalls als eine enharmonische Verwechselung.

Eben so unnöthig wird, in der allgem. Encyclopädie d. Wiss. u. K. die Fig. 28 unter dem Namen einer Austauschung der Auflösung aufgeführt.

Ebenso weis Marpurg (Generalbass. 1. Tb. 1. Absch. IV. Absatz § 42. S. 60) in Fig. 31 *i* den Sprung der Oberstimme von der Septime *f* zu *h* herab, nicht anders, als unter der Firma einer versteckten Auflösung zu entschuldigen!

Auch Fälle, wie Fig. 31 *k*, *l*, *m*, welche unserer Regel gar nicht zuwiderlaufen, meint Kirnberger, (K. d. r. S. I. Th. 5. Abschn. S. 83,) und mit ihm Türk (§ 70) als besondere Licenzen, als erlaubte Ausnahmen und Abweichungen von der Regel, weit hergeholt entschuldigen zu müssen —!

Die Herrn Theoristen beweisen, beim Entschuldigen so vieler gegen ihre Regeln anstossenden Fälle, so viel casuistische Pfiffigkeit, dass man wohl sieht, sie würden auf ähnlichen Wegen, auch den gröbsten wirklichen Fehler zu beschönigen vermögen, wie sie hier blos eingebildete Fehler oder Ausnahmen entschuldigen.

Aber was antworten sie wohl einem Schüler, welchem sie seine wirklich regelwidrige Auflösung tadeln, wenn er ihnen erwidert: er habe auch einmal „eine Ellipse", eine katachretische Auflösung machen wollen, um sich auch in solchen Katachresen und Ellipsen zu üben? u. s. w. — Erwiedern sie ihm etwa: hier gehe das nicht an! so wird er dann weiter fragen: „Ei nun, wo geht es denn? — und wo nicht?" —

Wozu sich aber all diesen Verlegenheiten aussetzen? — wozu dies ängstliche Leimen, Flicken und Verkleistern an einem in sich selber haltlosen Gebäude? — wozu diese unselige Casuistik? wozu all die künstlichen, mühsamen, bunt und krausen, erzwungenen Entschuldigungen angeblicher Ausnahmen von einer, angeblich allgemeinen, in der That aber nur irrig für allgemein ausgegebenen Regel? indess man sich, zugleich mit der unnöthigen Regel, auch der unnöthigen Mühe entheben könnte, Fortschreitungen, welche gar keiner Entschuldigung

98． *Ueber die sogenannte*

bedürfen, als Ausnahmen von der Regel künstlich, mühselig, und doch höchst ungenügend, zu entschuldigen!

. . . . .

2.) Fortschreitung der Terz des Hauptvierklanges.

a.) **Unfreie Fortschreitung.**

§. 321.

1.)) Bei der natürlichen Cadenz.

Es befindet sich im Hauptvierklang, ausser der Septime, noch ein anderes Intervall, welches in gewissen Fällen eine bestimmte Fortschreitung verlangt: nämlich seine Grundterz, das Subsemitonium (der Unterhalbeton) der Tonart.

Dies Intervall strebet nämlich, sich eine kleine Tonstufe aufwärts zu bewegen, wenn nach dem Hauptvierklang eine andere leitergleiche Harmonie folgt, in welcher der Ton jener höheren Stufe vorfindlich ist; — also:

Erstens bei der natürlichen Hauptcadenz. (§ 255.)

A.)) In Fig. 35 *i*

35 *i*.)   *k*.)

bewegt sich das h in den Ton c̄, also eine kleine Tonstufe hinaufwärts, und eben so löset sich hernach das gis in den um eine kleine Tonstufe höheren Ton ā auf.

Eben solche Fortschreitung befolgt der Unterhalbeton bei *k*, nur aber etwas verspätet, — bei 35 *l* von einer durchgehenden Note unterbrochen, — bei *m* verzögert und unterbrochen zugleich.

29.)

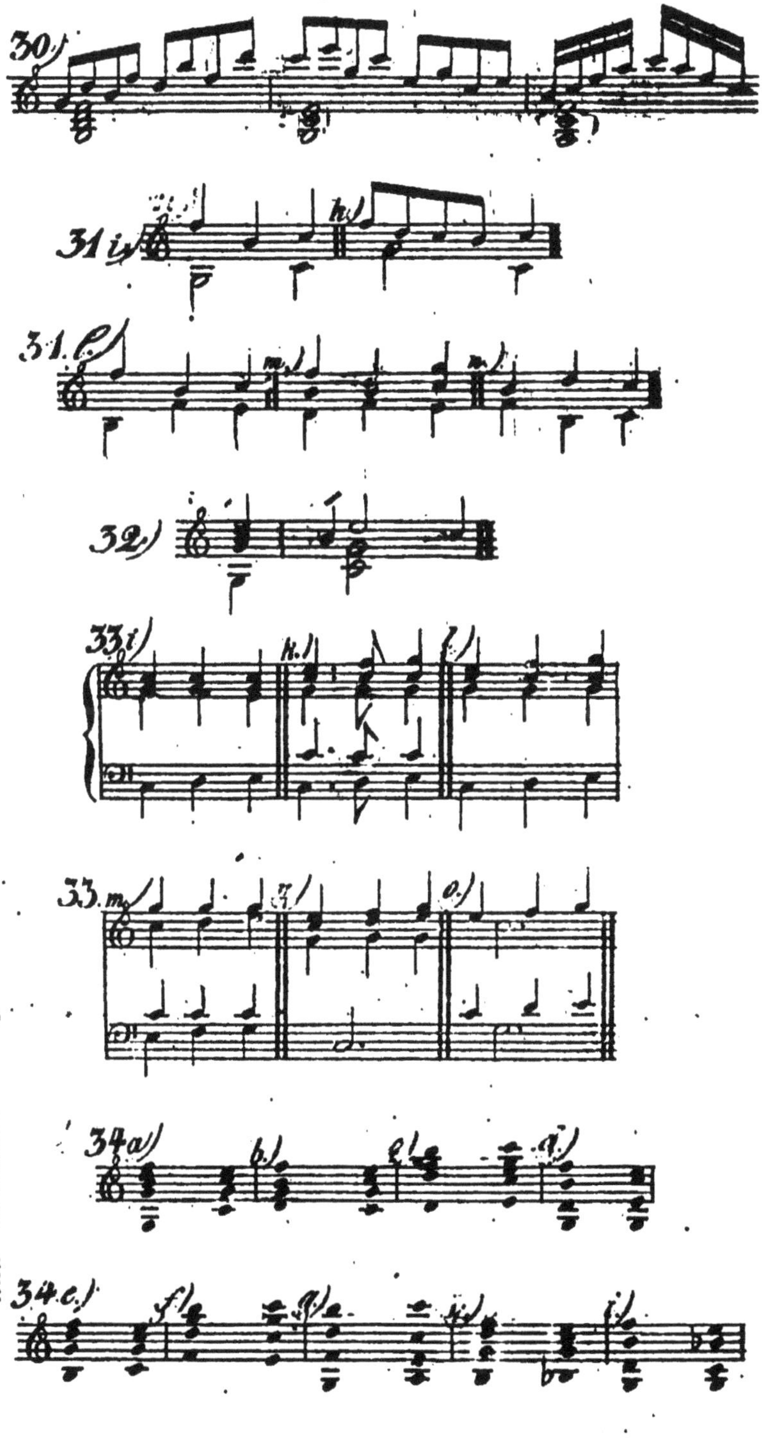

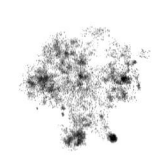

Austauschung der Auflösung.

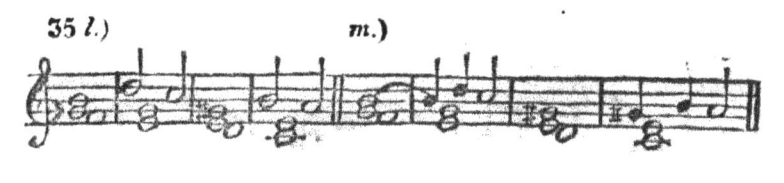

35 *l.*)   *m.*)

In Fig. 36. aber,
36 *i.*)   *k.*)   *l.*)   *m.*)

wo die eigentliche Terz des Hauptvierklanges bestimmt abwärts, oder aufwärts springend fortschreitet, befriedigt solche Führung das Gehör nur sehr wenig. —

B.)) Wie entschieden indessen das stufenweise Aufsteigen die dem Unterhalbentone natürlichste Fortschreitung bei der natürlichen Hauptcadenz ist, so ist sie doch wieder nicht die einzig mögliche.

Fürs Erste nämlich kann man die Terz des Hauptvierklanges bei der natürlichen Hauptcadenz manchmal auch füglich **abwärts, in die Quinte des folgenden Dreiklanges, springen lassen;** und zwar am ehesten dann, wenn erstere **in einer Mittelstimme** liegt. Z. B. Fig. 38.

Diese Freiheit der Terz benutzt man besonders häufig bei denen Cadenzen, welche volle Tonschlüsse bilden sollen, und wo man sonst, wenn man nur vier Stimmen hat, diese Quinte des tonischen Accordes entbehren müsste, wie bei *l*, *m*, oder die Terz des Vierklanges selbst, wie bei *n*, *o* — oder man müsste den Vierklang in verwechselter Lage setzen, wie bei *p*, *q*, oder den Dreiklang, wie bei *r*, u. dgl.

Aber auch in **äusseren Stimmen** lässt sich das Subsemitonium zuweilen also führen. So lässt z. B. Mozart in Fig. 39

39.)

Larghetto. Moz. Don J.

I V7 I

das ā der Oberstimme ins f̄ herabspringen, und von ähnlicher Art ist Fig. 40.

Man kann den erwähnten Terzensprung auch wohl, durch Einschaltung eines Durchganges, in zwei Secundenschritte verwandeln und zertheilen. So schreitet z. B. in Fig. 41

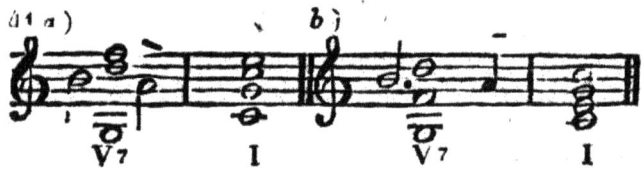

41.) a) b)

V7 I V7 I

das ħ durch ā zur Quinte ḡ der folgenden C-Harmonie herab, und auf ähnliche Art bewegt sich dasselbe Intervall in Fig 42 — 45.

In weicher Tonart klingt solche stufenweise Abwärtsführung etwas anstössiger, wie Fig. 46 zeigt,

46.)

nämlich wegen des der *a*-moll-Leiter fremden Tones fis (§ 31). — Indessen giebt **Vogler** (in s. Choralsystem Tab. IV.), doch den Satz Fig. 47 als **Muster** eines antiken Tonschlusses.

· · · · · · · · (Fig. 48 — 51.)

Austauschung der Auflösung. 101

3.) Fortschreitung der selbständigen None.

§ 325.

a) **Unfreie Fortschreitung.**

Nachdem wir bisher die Fortschreitung der Septime und der Terz des Hauptvierklanges betrachtet, werfen wir auch noch einen Blick auf die Fortschreitung der, einer solchen Harmonie selbständig beigefügten Nonen. (Theor. § 77–88.)

Die selbständige (grosse oder kleine) None strebt, beim nächsten Harmonieenschritt, eine Stufe abwärts zu schreiten, sofern der Ton dieser nächsttieferen Stufe in der folgenden Harmonie enthalten ist. So strebt z. B. bei Fig. 75 *i*

das $\bar{a}$ sehr fühlbar zum $\bar{g}$ herab, — und eben so bei *k* das $\bar{a}s$ herab zu $\bar{g}$.

Eben solche Fortschreitungen, nur verspätet, findet man in Fig. 77.

Ein Beispiel jedoch, wo eine solche kleine None im Augenblick der Cadenz gar nicht stufenweise, sondern willkürlich sprungweis fortschreitet, zeigt Fig. 78.

Bei Trugcadenzen kommen beigefügte Nonen nicht leicht vor (§. 257), es wäre denn etwa bei der Trugcadenz V^7:VI, oder V^7:VI, bei welcher aber der Ton der nächsttieferen Stufe in der zweiten Harmonie gar nicht enthalten ist. (§. 326.)

§ 326.

b) Freie Fortschreitung.

Frei ist hingegen die Bewegung der selbständigen None wieder

I.)) da, wo in der folgenden Harmonie der Auflöseton gar nicht vorhanden ist: z. B. Fig. 79. —

79.)

Auch bei Fig. 80 im 6ten Tacte schreitet die None f der A⁷-Harmonie aufwärts zu fi als Quinte der folgenden E⁷-Harmonie. — In Fig. 81 ist, beim Anfange des 2ten Tactes, der Ton a grosse None der G⁷-Harmonie; bei dem vom 1ten zum 2ten Achtel geschehenden ausweichenden Harmonieenschritte schreitet aber dies a gar nicht fort, sondern bleibt liegen als eigentliche Quinte der D-Dreiklangharmonie. — Aehnliche Freiheit der None zeigt sich in Fig. 82 und 83.

Will man, in Fällen wie Fig. 84 *i* im 3ten Accorde, und bei *k* im 4ten, 6ten und 8ten, dann in Fig. 85 im 2ten, die Töne e oder es als Nonen einer D⁷-Harmonie ansehen, so sieht man auch dort diese Nonen, beim Auftreten des tonischen Quartsextaccordes, bald aufwärts steigen, bald liegen bleiben. —

II.)) Frei ist die Bewegung der selbständigen None auch, so lang der Hauptvierklang noch fortwährt. Darum kann in Fig. 86

86.)

das f unbedenklich zu gis herabspringen. — Eben so unbedenklich springt im 2ten Tacte von Fig. 87 das

Austauschung der Auflösung. 103

c̄s der Sopranstimme, während der Dauer des Hauptvierklanges B^7, unbedenklich auf d herab (indess das, bis ans Ende des Tactes liegen bleibende c̄s der Begleitungsstimme, im Augenblicke des Harmonieenschrittes, sich freilich zu b bewegen muss).

(Eben so frei schreitet nachstehend bei *a* die None *g̅* während der fortdauernden Harmonie ins *ē*, — und bei *b* die None *c̄* im ersten Tacte aufwärts zu fis.)

29 *a.)*   *b.)*

D:V7 *h*:V7   *e*:V7

§ VI.

Die vorstehend ausgezogenen Bruchstücke aus der Lehre von den Fortschreitungsgesetzen der Hauptseptime, der Terz der Hauptvierklangharmonie (des subsemitonium) und der selbständigen None, werden hinreichen, uns bei der nunmehr vorzunehmenden Würdigung der Lehre von der sogenannten »Austauschung der Auflösung«, wozu wir jetzt schreiten wollen, als Basis zu dienen.

§ VII.

a.) Das erste Beispiel, welches (vorstehend Seite 79) als einer Entschuldigung unter der Firma einer Austauschung der Auflösung angeführt wurde, war dasselbe, welches hier oben unter *a.)* noch einmal abgebildet steht. Das Besondere soll darin liegen: dass die Septime *g̅* sich nicht ins fis sondern ins *ē* bewegt! —

Nun ist aber an diesem Satze so überall gar nichts Besonderes, erst einer absonderlichen Entschuldigung Bedürfendes, zu entdecken, (sobald man nur die Regel von der Auflösung so setzt wie sie wirklich ist, und nicht so wie sie nicht ist,) dass man denjenigen nur bedauern muss, welcher es für nothwendig hielt, hier erst wieder ein apartes Ding, genannt »Austauschung der Auflösung«, zu erfinden. Denn, da ein Streben der Septime $\bar{g}$ zu $\bar{fis}$ herab sich überall nur in den § 316 - 319 erwähnten Fällen äussert, von welchen Fällen aber hier keiner vorliegt, so ist schon gar kein Grund denkbar, warum

1.) während der ersten Hälfte des Tactes das $\bar{g}$ sich zu $\bar{fis}$ hin bewegen sollte (§ 320, Nr. III.) — Eben so wenig

2.) im Augenblicke des Schrittes von der ersten Tacthälfte zur zweiten; denn ist die Harmonie dieser zweiten Tacthälfte Fis^7 mit kleiner None, so ist der Tonschritt von der ersten Hälfte zur zweiten $D:V^7 \, ; \, h:V^7$; und auch dieser gehört nicht unter die Fälle, wo die Septime unfrei ist (§ 320, Nr. II). — Oder will man etwa das ais des Basses als blos durchgehend ansehen: nun dann ist hier wieder gar kein Harmonieenschritt geschehen, und also auch dann keiner von denen Fällen vorhanden, wo die Septime $\bar{g}$ aufgelöset zu werden brauchte (§ 320, Nr. III.) — Eben so wenig wüssten wir einen Grund zu ersinnen, warum

3.) während der zweiten Tacthälfte das $\bar{g}$ ins $\bar{fis}$ zu schreiten nöthig haben sollte: nennen

Austauschung der Auflösung.

wir das $\bar{g}$ kleine None des $\mathfrak{Fis}^{7:}$Accordes, — oder nennen wir es noch Septime der $\mathfrak{A}^{7:}$Harmonie: — in beiden Eigenschaften ist ihm ja ohnedies unverwehrt, während der unverrückten Dauer der Harmonie, nach Belieben sowohl liegen zu bleiben, als auch zu einem anderen Intervalle derselben Harmonie hinzuschreiten, (§ 320, Nr. III, und § 326, Nr. II), eine Erlaubnis, welcher sich zu bedienen es sich denn in der That die Freiheit nimmt, indem es von $\bar{g}$ zu $\bar{e}$ schreitet. — (Dass endlich

4.) beim Harmonieenschritte **vom ersten Tacte zum zweiten** dies letztere $\bar{e}$ sich ganz sittig zu $\bar{a}$ hinbewegt, wird ohnedies keiner Entschuldigung bedürfen). —

Und nun frage ich: wozu, ums Himmels willen, hier ein Ding erfinden, »Austauschung der Auflösung« genannt, um, in einem Falle, wo das $\bar{g}$ schon *per se* gar nicht ins $\bar{\mathit{fis}}$ aufgelöset zu werden braucht, es erst kümmerlich zu entschuldigen, dass es nicht ins $\bar{\mathit{fis}}$ aufgelöset worden ist: dass »die kleine und »dann vermindert. gewordene Septime $\underline{\underline{g}}$ sich nicht in »die Quinte $\overline{\mathit{fis}}$, sondern in die kleine Quinte $\overline{e}$ be»wegt, welche sich dann statt jener in die kleine »Tertie $\underline{\underline{d}}$ auflöset« — — !

§ VIII.

b.) Eben so wenig findet in dem (vorstehend Seite 79) weiter angeführten Beispiele *b.*)

b.)

wo, (so lehrt die Encyclopädie,) „die Oberstimme
»die in der ersten Mittelstimme liegende verminderte
»Septime c austauschet;" — sich irgend Etwas von
den allergewöhnlichsten Fortschreitungsregeln Abweichendes.

Das c̄ mag Septime, — oder es mag vielmehr kleine None der Hauptvierklangharmonie $\mathfrak{H}^7$ mit kleiner None, sein, — so hat in keinem von beiden Fällen dies c̄ einen Beruf, sich während des Tactes ins h auflösen zu müssen (§ 320 Nr. III; § 326 Nr. II); und es ist also daran, dass während des ersten Tactes die erste Mittelstimme von c̄ zu fis schreitet, eben so wenig irgend etwas Besonderes, als darin, dass die Oberstimme von fis zu c̄ schreitet, oder daran, dass im nachstehenden Beispiele

die Oberstimme von c̄ zu fis, — die zweite Stimme von c̄ zu fis und von c̄ zu fis springt. — Wo ist also hier irgend eine Nothwendigkeit, eine **Austauschung der Auflösung** vorzuschützen? wo ein Grund, ein solches Ding nur irgend für nothwendig zur Erklärung oder Entschuldigung des Beispiels zu halten?!

§. IX.

Die bisherigen Beispiele *a.*) und *b.*) haben uns Beweise gegeben, dass nur die von unseren Theo-

Austauschung der Auflösung. 107

risten aufgestellten Auflösungsregeln, gegen welche man diese Beispiele mittels der Ausrede einer Austauschung der Auflösung in Schutz nehmen zu müssen glaubte, an sich selbst falsch und unwahr sind und dass die ganze Ausrede zu nichts Anderem nützt, als blos um an sich fehlerfreie, aber einer von den Theoristen unrichtig aufgestellten Regel widersprechende Beispiele, ganz unnöthigerweise gegen den Vorwurf der Nichtbefolgung jener Regel beschönigend zu entschuldigen, und dieses zwar, wie (vorstehend § II S. 81) erwähnt, durch sophistische Ausreden und Ausflüchte, welche, wollte man sie einmal für baare Münze gelten lassen, dann eben so gut auch dazu dienen könnten, auch jede andere wirkliche Verletzung der Auflösungsregeln zu beschönigen. —

Grade von diesem Letzteren gibt das im encyclopädischen Artikel unter c.) angeführte dritte Beispiel einen sprechenden Beleg.

§ X.

c.) Dieses Beispiel ist nämlich folgendes (vorstehend Seite 79):

c.)

A : IV °VII7 V7 I.
A : IV V7 I.

Von demselben wird gesagt: es liege hier eine Austauschung zum Grunde, weil „die im Bass liegende

»kleine Septime fis, anstatt sich ins e aufzulösen, in »das h gehet, während die Mittelstimme diese Ver- »bindlichkeit erfüllt.« —

Wenn die beiden ersteren Beispiele, a.) und b.), wie eben erwähnt, von der Art waren, dass es, um sie ganz naturgemäss zu finden, überall gar keiner künstlichen Erklärung und Entschuldigung derselben durch Vorspiegelung einer sogenannten Austauschung der Auflösung bedarf, — so ist das jetzt hier Befragliche freilich von ganz anderer Art und die darin im Basse vorkommende halbe Note fis und deren Herabspringen ins H dem Gehöre in der That nur gar sehr wenig zusagend, und vielmehr ziemlich anstössig. Waren die beiden zuerst angeführten Beispiele a.) und b.) gar keiner Beschönigung unter dem Namen einer Vertauschung der Auflösung bedürftig, weil sie den richtigen Auflösungsregeln ganz und gar nicht zuwider sind, so ist dagegen in dem hier unter c.) vorliegenden die Führung der Bassstimme den Gesetzen der Auflösung wirklich zuwiderlaufend, indem das fis des Basses, man mag es (mit dem Hrn. Verf. des encyclopädischen Artikels) als Septime der Vierklangharmonie $°gis^7$, — oder etwa als hinzugefügte grosse None der Hauptvierklangharmonie C^7, — oder etwa als Vorhalt des Grundtones e eben dieser Harmonie, ansehen, — in allen drei Fällen sich keineswegs also sprungweis zu H hin, sondern, wie der Hr. Verf. ganz richtig anmerkt, vielmehr zu e bewegen sollte. —

Ist nun aber dieser Vorwurf gegründet, (und das gesunde Gehör bestätigt seine Richtigkeit! —) so ist es wahrlich gar weniger verdienstlich, ein speciös klingendes und den Unkundigen und Gläubigen Sand in die Augen streuendes Kunstwort »Austauschung der Auflösung« zu erfinden, um einem gehörwidrigen, fehlerhaften Beispiele zur Beschönigung und Ausrede zu dienen, — eine Ausrede, welche Einestheils grade eben so gut dienen kann, jede andere regelwidrige Auflösung oder vielmehr Nichtauflösung zu beschönigen, indess anderntheils die vorliegende nicht um ein Haar besser und vorwurfsfreier dadurch wird, dass man ihr den beschönigenden Titel: »Austauschung der Auflösung« applicirt, einen Begriff, — welcher sich im vorliegenden Falle sogar selbst widerspricht, indem eine **Auflösung** nur dann vorhanden wäre, wenn **diejenige Stimme, welche das fis angegeben, sich von diesem fis zu e hinbewegte**, indess hier nicht **die Bassstimme** sich von fis zu e bewegt, sondern **eine andere Stimme** den Ton c̄, — (also **nicht** ein mal den Ton e, sondern c̄) angibt, welches ja eben dem Begriffe von Auflösung gradezu widerspricht, (vorstehend § 313) also **keine** Auflösung ist, grade eben so wenig als etwa folgender Satz eine ist,

von welchem Falle man ja doch grad eben so gut auch sagen könnte: das h̄, anstatt sich ins c̄ aufzulösen, geht ins c̄, während die Mittelstimme diese Verbindlichkeit erfüllt; — und: das f̄, anstatt sich ins ē aufzulösen, geht ins c̄, während die Oberstimme diese Verbindlichkeit erfüllt, — mit welcher Phrase und mit dem

110 *Ueber die sogenannte*

Sprüchlein »Austauschung der Auflösung« dann das Beispiel beschönigt wäre, und sich grade eben so gut, jede andere Nichtauflösung als Auflösung oder als Austauschung der Auflösung beschönigen liesse. — —

spiele *a.*) und *b.*) der Begriff der »Aus Auflösung« sich als ein unnützes P

jeder Regel- und Gehörwidrigkeit öffnende, sophistische Ausrede und B eines wirklich fehlerhaften Satzes erkennen.

XI.

Schreiten wir endlich zur Betrachtung der gen in der Encyclopädie als Beispiel

Es werden hier als Beispiele von Austauschungen

stehend S. 80):

Vergleiche vorstehend Seite 109.

monische Austauschung«, — im Gegensatze der vorigen, welche »melodische Austauschung« heissen sollen.

Austauschung der Auflösung.

Sucht man zuvorderst zu errathen, **was hier mit der Unterscheidung in »harmonische« und »melodische Austauschung« gemeint sein soll?** (worüber eine Definition nirgend gegeben wird) — so bringt man am Ende heraus, dass unter Ersterer Fälle der in den vorstehenden § 320 Nr. II u. § 326 Nr. II erwähnten Art, — unter Letzterer aber solche wie im § 321 bei *B.*)), gemeint sein sollen.

Eben darum aber, weil auch diese unter der speciösen Firma von »Austauschungen der Auflösung« aufgeführten Beispiele nichts Anderes sind als Fälle der im § 321 angeführten Gattung, halte ich es gar nicht einmal für nothwendig, die, auch hier augenscheinliche, Nichtigkeit und Nutzlosigkeit der künstlich gelehrten Fiction einer ausgetauschten Auflösung erst noch durch eine ausführlichere Erläuterung bloszustellen; vielmehr glaube ich, dass im vorstehenden § 321 schon Alles gesagt ist, was erfoderlich sein kann, Fortschreitungen dieser Art zu erklären, zu würdigen, und zu erkennen, dass auch hier die leidige Titulatur »Austauschung der Auflösung« Nichts weder erklärt noch besser oder schlechter macht: das $\overline{\text{iis}}$ löset sich eben **nicht** ins $\bar{g}$ auf, schreitet eben **nicht** nach der ihm natürlichsten Richtung fort, sondern **anders**, und das klingt denn freilich nicht so natürlich als die natürlichere Fortschreitung thun würde, und insbesondere bei *c.*) in der That ziemlich übel, aus dem im angef. § angegebenen Grunde, und weil der Satz noch obendrein nach einer sogenannten verbotenen Quinte schmeckt. — Zu was soll nun aber auch hier wieder, ums Himmels willen, die Phrase von einer Austauschung nützen?? — klingt denn der obige Satz Fig. a.) jetzt etwa gehörgemässer, nachdem man ihn »Austauschung der Auflösung« getauft hat? — oder was sonst ist dadurch gewonnen, dass wir, statt gradezu zu sagen, das fis schreite hier nicht den ihm natürlichsten Weg zum $\bar{g}$, sondern den minder natürlichen zum $\bar{d}$ herab, — ein *échappatoire* erfinden, durch dessen Hilfe wir uns gleichsam weis machen sollen, das fis sei wirklich zu $\bar{g}$ hingeschritten, — es habe seiner Obliegenheit, **sich persönlich zu $\bar{g}$ hinzuverfügen**, dadurch genügt, dass — das d sich dorthin verfügt, — ja, nicht einmal dorthin, nicht einmal wirklich zum $\bar{g}$, sondern zum g. —

§ XII.

Eigens bemerkenswerth ist es übrigens, dass die Austauschungs-Fiction, wie sehr sie auch der Willkür in tausend Fällen Thür und Thor öffnet, doch auch in vielen anderen Fällen nicht einmal **genügend** ausreicht, ganz ähnliche Stimmenführungen zu entschuldigen. Denn z. B. der, dem obigen Beispiele a.)

Vergleiche vorstehend Seite 100.

ganz ähnliche, nachstehende Fall

Vgl. vorstehend Seite 100.

wo ebenfalls das fis statt sich ins ḡ aufzulösen, ins d̄ herabschreitet, ist, — sofern er einer Entschuldigung durch Austauschung der Auflösung bedürftig wäre, auf diese Weise keineswegs zu rechtfertigen; denn hier erscheint ja nach dem fis gar kein g, und es ist keine Stimme vorhanden, von welcher man sagen könnte, sie habe die dem fis obliegende Verbindlichkeit, zum ḡ hinzuschreiten, ausgetauscht und erfüllt. Wäre also dieser Satz einer Beschönigung bedürftig, so würde dazu der Vorwand einer »Austauschung« nicht einmal taugen, — (oder man müsste es etwa so eine **elliptische oder katachretische Austauschung** [vgl. vorstehend S. 96] nennen.) Es wäre dann die »Austauschung der Auflösung« eine Auflösung wobei **keine Auflösung** geschieht, und dieses müsste entschuldigt werden durch eine »elliptische Austauschung«, d. h. durch eine Austauschung, wobei **keine Austauschung** geschieht. —

§ XIII.

Es würde mich allzuweit führen, auf all die Inconsequenzen und Widersinnigkeiten, zu welchen die Austauschungslehre führt, auch nur flüchtig hinzudeuten; und aus gleichem Grunde enthalte ich mich auch sehr gerne der Aufgabe, den Inhalt des encyclopädischen Artikels selbst fortlaufend zu durchgehen und die Unrichtigkeit und Irrigkeit schier eines jeden darin vorkommenden Satzes nachzuweisen, wie z. B. gleich des ersten: (dass die Fortschreitungsgesetze der Bestandtheile einer Harmonie sich aus den **Tonentfernungen** entwickeln und es in der Natur z. B. der **übermässigen**

Quinte liege, sich aufwärts zu bewegen u. dgl. — S. Theor. III. Bd, Anm. z. §. 320 u. z. § 124, S. 13 u. 23 der 2., u. Seite 16, 29, 30 der 3. Aufl.; — auch Anm. z. § 99 der letzteren) — oder gleich des zweiten: (dass es Kunstregeln gebe, deren Befolgung der Schönheit hinderlich, deren Uebertretung aber förderlich sei, — S. Theor. IV. Bd., Anm. z. § 536 S. 63 der 2., und S. 81 der 3. Aufl.) — von Erlaubtheit im »freien«, und Verbotenheit im »strengen Styl«. — S. Theor., Anm. z. § 95, z. § 107 u. z. § 483, I. Bd. S. 236 u. 262 der 2., u. S. 262 u. 294 der 3. Aufl.; IV. Bd. S. 17 der 2., u. S. 20 der 3. Aufl.) — All dieses, so wie die Phrasen von der Seele, welche, die Bewegung jeder Stimme verfolgend, doch die regelrechte Stimmenbewegung nicht von den Stimmen, sondern vom Accorde, verlange, — von der durch eine »melodische Verwechslung« beschäftigten Seele, — von der Seele, welche es liebe, die harmonische Austauschung als eine melodische erscheinen zu sehen, — u. dgl. m. — dies Alles mag ich, (allenfalls es zu einer weiteren, eigenen Erörterung aufsparend,) hier gar gern als überflüssig übergehen; indem ich nicht zweifle, dass, schon nach dem bis hierher Angemerkten, jeder Verständige, welcher die vorstehend abgedruckte gemeinübliche Austauschungstheorie jetzt noch einmal durchlesen will, denselben ohne weitere Auseinandersetzung leicht durchschauen und ihren Werth richtig taxiren wird.

GW.

Musikinstitut
zu
Koblenz.

(Geschrieben im Februar 1831.)

———

Indem wir der erfreulichen Thätigkeit gedenken wollen, welche die obengenannte Anstalt auch in diesem Winter an Tag legt, begreifen wir sehr wohl, dass einer Menge von Lesern in deutschen Landen vielleicht nicht einmal ihr Name zu Gesicht gekommen. Ja unglaublich fast, und dennoch die strengste Wahrheit ist es, dass seit einer Reihe von Jahren bereits unter dem Schutz einer erleuchteten Regierung durch die Anstrengung vorzüglicher Männer eine Anstalt dieses Namens hier blüht und selbst in die nähere und fernere Umgebung ihre Wirksamkeit erstreckt, ohne dass uns erinnerlich wäre, in allen unsern musikalischen Zeitschriften je auch nur die mindeste Erwähnung derselben gefunden zu haben. So ungleich vertheilt Fama ihre Kränze. Ephemeres schwimmt leicht und gern an der Oberfläche, wo es Aller Augen sich aufdrängt; tiefes und ernstes Streben wird selten Gegenstand allgemeiner Aufmerksamkeit, wenn auch die Bessern seinen höheren Werth erkennen. Fern sei es von uns, irgend eine besondere Erscheinung antasten oder schmälern zu wollen: nur einige Worte über die Entstehung und Wirksamkeit einer ebenfalls hochachtbaren Kunstschule seyen uns verstattet, auf dass ein altes Unrecht getilgt und dem Verdienste seine Krone werde. —

Das Koblenzer Musikinstitut, eine Lehranstalt höherer Art, welche seit Jahren sich der Anerkennung und Unterstützung des Staates erfreut, war in seinem Ursprunge eine Privatunternehmung. — Von jeher wurde in dem schönen Rheinlande vor allen Künsten die Musik geliebt und geübt. Durch die Einwirkung einer freundlichen und grossartigen Natur, unter der Herrschaft milder und gerechter Fürsten gewann das gesammte Volksleben eine heitere Farbe. An den Höfen der Churfürsten zu Bonn, Koblenz, Mainz gab es vortreffliche Kapellen, von welchen aus sich Geschmack und Meisterschaft zugleich über das Land verbreiteten. Das einzige Bonn kann sich rühmen, aus seinem Schoose mehre berühmte Tonsetzer hervorgebracht zu haben, wie *Salomon* u. *F. Ries*, vor allen aber den Genius der letzten Epoche, den Stolz unsers Vaterlandes *L. v. Beethoven*. In diesem allgemeinen Streben war auch Koblenz nicht zurückgeblieben. Vorzüglich besass der letzte Churfürst von Trier, *Clemens Wenceslaus*, der Erbauer des schönen Schlosses zu Koblenz, eine Kapelle, zu welcher Künstler des ersten Ranges gehörten.

Die Stürme der französischen Revolution vertrieben den guten Churfürsten; die Kapelle zerstreute sich. In der eisernen Zeit erstarb der Geist der Musik. Nach wenig Jahren kostete es schon Mühe, in Koblenz nur eine erträgliche Tanzmusik zusammen zu bringen. Von Tag zu Tage wurde die musikalische Ausartung und Verwilderung fühlbarer. Tanzfiedler repräsentirten die Instrumentalpartie, Gesangaufführungen kannte man nicht mehr.

Je tiefer der Verfall, desto stärker wurde bei den Bessern, in welchen das Andenken der frühern Zeit fortlebte, die Sehnsucht nach einer Wiedergeburt echter Musik. Aber wahrscheinlich wäre es bei frommen Wünschen geblieben, ohne das Auftreten eines tüchtigen Anführers. Dieser fand sich zum Glück in der rechten Zeit. Ein Mann, in Koblenz geboren und erzogen, früh in die Geheimnisse der hohen Tonkunst eingeweiht, als Knabe schon Virtuose auf dem Fortepiano, und später neben den Berufsgeschäften der Rechtswissenschaft unablässig der Kunst Kraft und Talent widmend, als geistreicher Tonsetzer, besonders durch seine Lieder voll Innigkeit und Kraft, allgemein gekannt, dieser Mann — wir meinen *J. A. Anschütz*, Königl. Preuss. Staatsprokurator zu Koblenz nnd Vorsteher des Musikinstituts, — wurde der Vereinigungspunkt und die Triebfeder der neuen musikalischen Regsamkeit. Zuerst versammelte er um sich fähige Liebhaber der Kunst zur Gründung eines Gesangvereins. Unermüdlich ertheilte er diesen, so wie einer Anzahl junger Mädchen Singunterricht. Nach einigen Jahren der Vorübung, während welcher auch die nöthigsten Instrumentisten mit Mühe herangebildet wurden, constituirte sich dieser Verein unter dem Namen eines **Musikinstitutes**, eröffnete eine Subscription für öffentliche Kirchenmusiken, und trat alsdann mit Messen in den Hauptkirchen von Koblenz auf. Der französische Präfekt des Rhein- und Mosel-Departements, Baron *Lezay-Marnesia*, die edle Bestrebung wahrnehmend, erkannte durch Beschluss vom 7. April 1808 das Musikinstitut offiziell an, und ernannte dessen verwaltende Mitglieder, an deren Spitze als Director H. *Anschütz* stand. Auch wies er eine Summe an zum Ankauf von Instrumenten und Musikalien. Später unternahm das Institut, Concerte auf Subscription zu geben, in welchen grössere Instrumentalwerke und ernste Gesangstücke aufgeführt wurden. Der Erfolg war höchst erfreulich. Sänger und Spieler gewannen zusehends durch das Bestreben, einem grössern Publikum zu genügen, und das Publikum wendete unvermerkt seine Theilnahme bessern Werken zu. Die Gesangschule des Instituts erhielt zugleich eine grössere Ausdehnung. Man besoldete Lehrer, und nicht lange, so ergriff eine lebendige Regung zum Schönsten alle Glieder der Anstalt, so wie Stadt und Land freudig Antheil nahmen. Bald behauptete Koblenz in musikalischer Rücksicht den Rang vor seinen Nachbarstädten Kirchen- und Concert-Musik stand in schönster Blüthe, als die Jahre 1813 und 1814 eintraten. Krieg und Seuchen schwächten die Theilnahme des Publikums, keine

Subscription konnte gelingen, die Mitwirkenden trennten sich. Die Mühe vieler Jahre schien verloren. Aber mit der Wiederkehr des Friedens und der Ordnung entstand auch das Institut. Auf's neue erwies sich die Liebe und Thatkraft des ersten Gründers der Anstalt. Ein neuer Plan zu erweiterter Wirksamkeit wurde entworfen, von den hohen Behörden genehmigt, und dem Institut eine namhafte Unterstützung aus der Staatskasse zugesichert. Bald blühte die Kirchenmusik abermals auf, die Concerte fanden auf's neue Statt, und ungeachtet manches Hindernisses und sogar Widerspruches, der seit 1814 noch von Zeit zu Zeit die Anstalt bedrohte, entwickelte diese doch in allen folgenden Jahren immer mehr Kraft und Trefflichkeit. Dies verdankt sie nächst der grossmüthigen Fürsorge der hohen Behörden namentlich der rastlosen Sorgfalt ihrer Direction. In derselben glänzt mehre Jahre hindurch unter andern auch der Name eines berühmten Koblenzers, *J. Görres*. Dieser Fortschritt im Innern des Instituts, so wie die Achtung und Theilnahme desselben bei der Einwohnerschaft von Koblenz hat seitdem nicht aufgehört. Dankbar erkennt jeder Verständige die edle Richtung zu dem Besten und Höchsten, die stets grössere Vervollkommnung aller Leistungen des Instituts und dessen gedeihlichen Einfluss auf den Kunstsinn der Stadt und Landschaft.

Alles künstlerische Wirken kann vermöge seiner Natur nur fortschreitend seyn; hier giebt es keinen Stillstand. Wer aber weiss nicht, dass dabei auch einzelne Rückschritte vorkommen müssen, so lange wir auf Erden und nicht im Ideale leben? Nur die Hauptrichtung entscheidet für das Ganze. — Sinn und Liebe für wahr, Musik überall zu erwecken und zu nähren, war und ist das Hauptaugenmerk der Direction des Instituts. Dazu wurde eine gründliche Gesangbildung als das erste Mittel erkannt. Und in der That wird man nicht oft einen Chor finden, der, was Gleichmass und Reinheit der Intonation betrifft, namentlich in Bezug auf Sopran- und

Altstimme, den hiesigen verdunkelte. Dies ist ein Lob keinesweges von gestern, sondern zu verschiedenen Zeiten von ausgezeichneten Künstlern und Kennern, welche seinen Aufführungen beiwohnten, wie aus Einem Munde wiederholt. Unter diesen steht obenan der ehrwürdige *C. F. Zelter*, dann *F. Schneider*, welcher bei'm grossen Musikfeste zu Köln 1824, wo sein Oratorium die Sündfluth aufgeführt wurde, unter der grossen Anzahl der aus den Rheinlanden Versammelten, die Koblenzer Sänger auszeichnete, und dem Institut besonders eine Messe componirte und widmete; ferner sind hier zu nennen: *J. N. Hummel*, *F. E. Fesca* u. A. Alle erkannten die Trefflichkeit dieser Anstalt, vorzüglich durch die stets rege Einwirkung einer über ihren Zweck, so wie die Mittel vollkommen klaren Direction. — Zweitens thut sich das Institut hervor durch Bildung und Uebung tüchtiger Instrumentisten. An Unterricht für die verschiedenen Zweige fehlt es keinesweges; insbesondere aber greifen bildend und belebend ein die Aufführungen der Meisterwerke unsrer Nation, der grossen **Symphonien von** *Beethoven*, der von *Mozart*, *Haydn*, *Spohr* und Andern. nicht zu gedenken. Seit manchen Jahren bringt jeder Winter in **sechs** oder **acht** Concerten die herrlichsten dieser Werke auf's neue zu Gehör, und durch die stete Wiederholung haben die Spieler es freilich bis zu einer bedeutenden Vertrautheit mit ihren Partien bringen müssen, so dass sie nach verhältnissmässig wenig Proben jedesmal auch die schwierigern Stellen mit einer seltenen Klarheit und Lebendigkeit ausführen. Ist es nun schon an sich kein gewöhnlicher Genuss, in derselben Stadt so viele Hauptwerke der Kunst gleichsam im Zusammenhange zu hören, so hat die Koblenzer Anstalt daneben noch den Vorzug eines sichern Tempo's und durchaus wahren, echt lebendigen Ausdrucks. Hat man auch von grossen Massen z. B. *Beethoven*'sche **Symphonien** vortragen hören, immer wird man mit Vergnügen die Rundung, Genauigkeit und das Feuer der von *Anschütz* geleiteten Aufführungen wahrnehmen. Mit Beethoven'scher

Musik hat es in weit höherm Grade, als irgend, die eigne Bewandtniss, dass sie durchaus nur von innen, nur aus der Tiefe eines genialen Gemüths verständlich hervortritt. Man muss im Besitz dieser Gaben seyn, um die grosse Wahrheit, dass in *Beethoven* **alle neuere Musik ihre Verklärung feiert**, auch Andern einleuchtend zu machen. Damit ist es hier im Ganzen zum Erstaunen gelungen. Selbst die schwereren Symphonien von *Beethoven* werden seit lange schon mit tiefem, andachtvollem Schweigen gehört, und von einer gemischten Zuhörerschaft grösstentheils verstanden. — Die Concerte sind dem Winter vorbehalten, während durch das Jahr hindurch sich die Kirchenmusiken vertheilen. Von dieser ist mit Grund viel Gutes zu sagen. Hier findet der Chor der Sänger die trefflichste Gelegenheit, seine Stärke in Fugen und Ensembles an Tag zu legen. Strenge Kirchlichkeit der Stücke liegt so wenig im Plane der Direction, als leichtfertige Lust und Ohrenkitzel. Die besten Messen von *Mozart*, *Haydn*, *Hummel*, *Beethoven*, *Seyfried*, *Eibler* und A. wechseln mit einander ab, und manche köstliche Motette etc. wird eingelegt. Viel Zeit und Kraft widmete das Institut der Aufführung der letzten grossen Messe von *Beethoven* (in D), welche bekanntlich nicht geringe Schwierigkeiten darbietet.

So gelang es denn tüchtiger Anstrengung, auch in einer sinkenden Kunstperiode, unterdessen von allen Seiten die Klage erscholl, dass die Musik dem Ungeschmack, der widerlichen Sentimentalität, der modigen Flachheit zum Raube werde, kräftig dem Rechten das Wort zu reden. Ausser den erwähnten Messen und Symphonien, unter welchen die letzte Symphonie (N. 9.) mit Chören, **an die Freude**, von *Beethoven* hervorzuheben ist, wurden im Laufe der letzten Jahre, ausser den sämmtlichen Opern *Mozarts*, noch manche selten gehörte Werke, z. B. *Spohr's* **Jessonda**, *Beethoven's* **Fidelio**, das Oratorium **Christus am Oelberge** u. a. gegeben, und so dem von der Mode eingeschwärsten Mittelmässigen ein fester Damm entgegengeworfen. Diesen Weg verfolgt die Anstalt fortwährend, und achtet nicht der von den Erbfeinden alles Höheren, Balllust, Faschingspossen und Vergnügungssucht drohenden Gefahr. Auch die Leistungen des verflossenen Winters legen davon Zeugniss ab. Auf diese Weise immer regsam und im Innern bewegt, entfaltet das Institut stets jugendliche Kraft. Wie wäre es auch anders möglich? — Und wahrlich der klare Himmelston braucht überall nur angeschlagen zu werden, um augenblicklich jeden Nebel zu durchdringen. Dazu ist die Geschichte der Kunst ein immerwährender Beweis, und bestätigt von dieser Seite herrlich das grosse Wort des Dichters:

"Was glänzt, ist für den Augenblick geboren,
Das Echte bleibt der Nachwelt unverloren."

Ds.

Ueber eine
besonders merkwürdige Stelle
in einem
Mozart'schen Violinquartett aus C;
von *Gfr. Weber.*

(Fortsetzung und Beschluss.)

VI.) *Betrachtung der rhetorischen Bedeutung der Stelle.*

§ XXII.

Nachdem wir die befragliche Stelle bis hierher blos aus dem Gesichtspuncte ihrer grammaticalen Bildung betrachtet, bleibt uns noch übrig, dieselbe von der Seite der darin liegenden rhetorischen Durchführung, von der Seite der, vom Tonsetzer dabei angewandten, rhetorischen Phrasen und deren Ineinanderkettung, zu betrachten; eine Betrachtung, welche uns erst Aufschluss darüber geben wird, warum Mozart diese oder jene der bis hierher erwähnten, zum Theil wirklich merklich herben, Besonderheiten nicht vermeiden konnte, oder auch zu vermeiden verschmähte, und warum er von den vielen vortrefflichen Rathschlägen, mit welchen ihm die Kritiker, zur Verbesserung der Stelle, so emsig beispringen, keinen einzigen hat benutzen mögen — (ja, auch keinen der vorstehend § XVII, XVIII erwähnten. —)

Zur Caecilia, Bd. 14, S. 123.

§. XXIII.

Die der ganzen Stelle zum Grunde liegende Intention war nämlich unverkennbar folgende **Nachahmung**:

wo nämlich der Gesang der am Ende des ersten Tactes eintretenden Stimme (der Altviole):

as - as - g - fis - g

von der um einen Tact später eintretenden Oberstimme (der ersten Violine):

ā - ā - ḡ - f̃is - ḡ

um eine Octave (Doppeloctave) höher, von Note zu Note, nur mit der einzigen Ausnahme **nachgeahmt** wird, dass der ersten Ton der 1. Violine nicht, wie der der Mittelstimme, as, sondern ♮ā ist, so dass also in der Oberstimme der Schritt vom ersten Tone zum zweiten, von ās zu ḡ herab, ein grosser Secundenschritt ist, indess der der Altviole von as zu g herab ein kleiner gewesen war, wodurch also die Nachahmung nicht **ganz** treu ist. — (Die **Ursache warum** in der Oberstimme ā statt ās steht, ist leicht erklärbar: weil, wollte man der Oberstimme ās geben, im Augenblicke, wo in der Mittelstimme fis erklingt, der Zusammenklang [c fis ās], — man betrachte ihn aus dem Gesichtspuncte eines wirklichen, oder eines Scheinaccordes (Theor. §91 *B*, oder §407,

408) — gar wenig wohlklingend sein würde; — indess der Zusammenklang [c fis ä] auf einen ganz natürlichen Wechseldominantaccord (Theor. § 201) hinweiset.

§ XXIV.

Bei näherer Betrachtung des im vorigen § abgebildeten Satzes findet man aber, dass sich, zwischen den sich solchergestalt nachahmenden zwei Melodieen, auch noch eine dritte nachahmende Stimme einschieben lässt, welche nämlich, um eine Viertelnote später als das as der Altviole eintretend, die Melodie derselben.

as - as - g - fis - g,

um eine Quinte höher:

es - es - d - cis - d,

ganz getreu nachahmt:

nur hier mit dem Unterschiede, dass der Eintritt dieser* neuen Mittelstimme (der zweiten Violine) nicht wie der der beiden anderen, auf dem letzten Tacttheile anhebt und, synkopirend, auf dem schweren ersten Tacttheile des folgenden Tactes liegen bleibt, sondern umgekehrt auf dem schweren ersten Tacttheil anhebt und auf dem folgenden leichteren

---

*) Vergl. § XVII, Fig. i.

liegen bleibt, (eine Verschiedenheit, welche die Kunstsprache *imitatio per thesin et arsin* nennt, mit deren schwerfälliger Explication ich jedoch die Leser wenigstens hier nicht belasten will.)

§ XXV.

Dass durch das Einschalten dieser neuen nachahmenden Stimme, und zwar durch das in derselben vorkommende cis, im dritten Tacte die, bereits (§ XVIII, XIX) erwähnte Härte herbeigeführt wurde, muss dem Tonsetzer wohl unerheblich geschienen haben, weil er sonst leicht, durch eine geringe Veränderung der Melodieen, die ganze Härte hätte beseitigen können:

§ XXVI.

Auf die bis hierher erwähnte Weise waren also drei sich nachahmende Stimmen gewonnen; es blieb aber, ausser dem, dass die Nachahmungen, wie schon erwähnt (§ XXIII, XXIV), nicht gänzlich buchstäblich treu sind, noch die weitere Ungleichheit übrig, dass der Melodie der Altviole die der 2. Violine um **Eine** Viertelnote später nachfolgt; dieser Melodie der 2. Violine folgt aber die erste Violine erst um **zwei**

---

*) Vergl. § XVIII, Fig. *l.*
**) Vergl. § XIX, zweiter Absatz.

Viertelnoten später; oder mit anderen Worten: **die Eintritte der Altviole und der 2. Violine sind um Einen Tacttheil (um Ein Viertel) von einander entfernt, — die der 2. Violine und der ersten aber um zwei.**

Es konnte wünschenswerth erscheinen, eine grössere Gleichheit der Entfernung dieser Eintritte herbeizuführen, — die 1. Violine eben so bald nach der 2. Violine eintreten zu lassen, wie diese nach der Altviole eingetreten war.

Zu diesem Zwecke die ganze Melodie der 1. Violine um eine Viertelnote früher anfangen und so fortfahren zu lassen, ging freilich nicht an; — aber gewissermasen oder, wenn man so sagen will, gleichsam zum Schein, liess sich eine Gleichheit der Entfernungen der Eintritte dadurch erreichen, dass man blos den ersten Ton *ā* um die Dauer einer Viertelnote rückwärts verlängerte:

wo dann allerdings eine jede der imitirenden Stimmen ihren Gesang grade um eine Viertelnote später als die andere anfängt:

*) Vergl. § XVII, Seite 44.

nur dass freilich, durch diese Verlängerung des ersten Tones der Oberstimme, die buchstäbliche Treue der Nachahmung in einem anderen Stücke wieder vermindert wird, — und dass überdies, durch das frühere Eintreten des ā unmittelbar nach dem as der Altviole, die im § XVII erwähnte Härte hervortritt, — welche Zufälligkeiten aber der Tonsetzer lieber übersehen, als die Idee aufgeben wollte, das Eintreten einer jeden Stimme um eine Viertelnote später als die vorhergehende, möglichst durchzusetzen.*)

---

*) Hier wäre wohl der Ort, Etwas über die, von Herrn Prof. *Fétis* am oben angeführten Orte geltend gemachte Behauptung zu sagen, die Ursache der Herbheit der befraglichen Stelle liege in der Nichtbeobachtung der von ihm aufgestellten Maxime: dass bei Nachahmung in der Quinte und Quarto zwischen dem zweiten und der dritten Eintritte allemal eine, ja zwei, Zeiten oder gar Tacte mehr liegen müssten, als zwischen dem ersten und dem zweiten: („*que dans une imitation qui se fait alternativement à la quinte et à la quarte, il doit toujours y avoir un ou deux temps, et quelquefois une ou deux mesures de plus entre la seconde et la troisième entrée qu'entre la première et la seconde.*" *Revue mus.* Tom. V. Juillet 1829, pag. 603, — *Traité de contrepoint et de la fugue*, Liv. 1, p. 75, § 119,) — eine Maxime, gegen welche dem Hrn. *Fétis* bereits in der Leipz. allg. mus. Ztg. v. 1831, Nr. 6, S. 81 ziemlich gewichtige Einwendungen und noch viel gewichtigere Notenbeispiele vorgehalten worden sind.

Allein die ganze Maxime, (deren Erörterung ich für meine, nun hoffentlich bald beendigt werden könnende, Lehre vom doppelten Contrapuncte etc. etc. verspare, woselbst sie, so weit sie wahr ist, sich überaus einfach als eine sich von selbst verstehende Folge aus bekannten Dingen auflösen wird,) — die ganze Maxime, sag' ich, so wie die dagegen aufgebrachten Einwendungen, sind für die Stelle, auf welche sie hier angewendet werden sollten, gänzlich unpassend, welches man augenblicklich einsehen wird, sobald man sich nur erinnern will, dass ja hier, wie vorhin (§ XXVI) erwähnt, gar keine wirklich, sondern nur scheinbar gleiche Entfer-

§ XXVII.

Wollen wir übrigens fortfahren, den Fortgang der befraglichen Stelle noch weiter aus dem Gesichtspuncte der Imitation zu betrachten, — was jedoch von hier an nur noch in kürzeren Andeutungen geschehen mag; — so sieht man den weiteren Fortgang der Melodie der Altviole

a - h - c̄ - d̄

durch die, der Altviole fortwährend um eine Viertelnote auf dem Fusse nachfolgende, 2. Violine nachgeahmt, — jedoch von hier an nicht mehr in der Entfernung einer Quinte, sondern in der Octave:

ā - h̄ - c̄ - d̄

worauf dieselbe Melodie, zwei Viertelnoten später, auch in der Oberstimme wiederholt wird, nur aber

nicht a̿ - h̿ - c̿ - d̿

sondern a̿ - b̿ - c̿ - des̿

dieses aus dem Grunde, weil der Tonsetzer es nun einmal durchsetzen wollte, die Phrase der bisherigen vier Tacte gleich mit dem folgenden Tacte in der, um eine Stufe tieferen Tonart *b*-moll zu wiederholen. (§ XI am Ende.)

---

nung der Eintritte vorhanden ist und, der Wesenheit nach, die Imitation in der Oberstimme mit dem *dritten* Viertel des 3. Tactes anfängt!! und auch fortwährend der Altviolstimme keineswegs zwei, sondern durchweg drei Viertelnoten, (oder einen ganzen Tact) später nachfolgt! — also in der Wesenheit wirklich *un temps de plus entre la seconde et la troisième entrée qu'entre la première et la seconde.* —

VII.) *Schlusswort.*
§ XXVIII.

Nachdem wir durch die bisherigen Betrachtungen nun auch die rhetorischen, oder wie man es nennt contrapunctisch-imitatorischen, Intentionen zu erforschen gesucht, welche den Tonsetzer bei der vielbesprochenen Stelle geleitet haben, —. bleibe es dem Gehörsinne und Geschmack eines Jeden anheimgestellt, ob Mozart wohl, oder übel, daran gethan hatte oder hätte, die aus der Stelle uns entgegenklingenden Härten jenen Intentionen, oder diese jenen, zu opfern. Hierüber mit der apodictischen *Assurance* zu entscheiden, welche den, bisher über die Regelrechtheit oder Regelwidrigkeit der Stelle gestritten habenden Herren, zu Gebote und Gesichte steht, — ist mir, nach meinen Grundsätzen, wie bereits (S. 7) erwähnt, nicht gegeben. Das Urtheil hierüber zu fällen, bleibt dem gebildeten Gehöre eines jeden Hörers anheim gegeben.

Was nebenbei mein Gehör angeht, so bekenne ich offen, dass es bei Anklängen wie diese, sich nicht behaglich befinden kann; — ich kann auch dieses, den Dummen und Missgünstigen zum Trotz, unverholen aussprechen, weil ich glaube, auch das stolze Wort aussprechen zu dürfen: ich weiss Was ich an meinem Mozart liebe.

G W.

Bericht
über das
zweite grosse Musikfest des thüringisch-sächsischen Musikvereines,
gefeiert
in Erfurt.

Am 2ten bis 5ten August feierte der vielfach besprochene thüringisch - sächsische Musikverein sein zweites grosses Musikfest, welches sich in artistischer Hinsicht dem ersten grossen Musikfeste in Halle unter Hauptdirection des Ritter Dr. Spontini würdig zur Seite stellen darf. Die äussere Anordnung des Festes besorgte der Stifter des Vereines, Hr. Musikdirector Naue, in Verbindung mit den Herren von Berlepsch, Hädelich, Hertel, Holzhausen, Mirus, Müller, Pabst, Ziegler aus Erfurt. Die Hauptdirection der musikalischen Aufführungen war dem jetzigen ersten Vorsteher des Vereines, Hrn. Kapellmeister Hummel, und dem Ehrenmitgliede des Vereines, Herrn Kapellmeister Chelard aus München, übertragen. L. Spohr wurde leider durch unvorhergesehene Amtsverhältnisse gehindert, dem schönen Feste persönlich beyzuwohnen. Das Orchester, grösstentheils aus tüchtigen Virtuosen der benachbarten Kapellen zusammengesetzt, belief sich mit dem Gesangpersonale auf „500" Personen, welche sich aus den Vereinstädten Altenburg, Altstädt, Arnstadt, Coburg, Dresden, Eisenach, Erfurt, Frankenhausen, Gera, Gotha, Graiz, Halle, Heiligenstadt, Hildburghausen, Jena, Langensalza, Leipzig, Meiningen, Merseburg, Mühlhausen, (München,) Naumburg, Nordhausen, Ohrdruff, Quedlinburg, Rudolstadt, Sangerhausen, Schleiz,

Sömmerda, Sondershausen, Weimar, Weissenfels, Weissensee, Wittenberg, Zeiz und andern Orten eingefunden hatten.

Erster Tag des Festes,
(im Locale des Schauspielhauses.)

1.) Sinfonie von Mozart aus C-dur, dirigirt vom Grossherzogl. Sachsen-Weimarischen Hof-Kapellmeister Herrn Hummel. 2.) Volkslied von Naue. 3.) Duo für zwey Violinen von Wassermann, vorgetragen von den Grossherzogl. S. W. Musikdirectoren Herrn Eberwein und Götze. 4.) Duett aus Semiramis von Rossini, gesungen von den Grossherzogl. W. Hofsängerinnen Fräul. Schmidt und Frau M. D. Eberwein. 5.) Ouverture aus Macbeth von Chelárd, Königl. Baiersch. Hof-Kapellmeister; dirigirt vom Componisten. 6.) Rec. und Arie aus Faust von Spohr, gesungen vom Königl. Sächs. Hofsänger Herrn Hammermeister. 7.) Duett aus dem Bergmönch von Wolfram, gesungen von Mad. Streit, Grossherzogl. Weim. Hofsängerin und Herrn Moltke, Grossh. W. Kammersänger. 8.) Ouverture von J. J. Müller, dirigirt vom Componisten. 9.) Arie mit Chor aus „Graf Gleichen" von Eberwein, ges. von dem Grossh. Weim. Hofsänger Herrn. Genast. 10.) Violoncellsolo von Romberg, vorgetragen vom Herzogl. Meiningsch. Conzertmeister Herrn Knoop I. 11.) Rec. und Arie der Kunigunde aus Faust von Spohr, vorgetragen von Frl. Queck, Conzertsängerin aus Gotha. 12.) Ouverture von Götze. 13.) Scene und Arie für die Baritonstimme aus Mozarts Figaro, vorgetragen von Herrn Nauenburg, Privatgelehrten in Halle. 14.) Finale aus Mozarts Figaro — Hr. Genast; Graf Almaviva — Hr. Nauenburg; die Gräfin — Mad. Streit; Susanne — Fräul. Schmidt; Marzelline — Frl. Lägel, Conzertsängerin aus Gera.

Die Sinfonie von Mozart wurde vortrefflich executirt. Das Volkslied von Naue verfehlte seine patriotische Tendenz nicht und wurde mit Jubel aufgenommen; ebenso fand das Violinduo, von den Hrn. Eberwein und Götze sehr geschmackvoll vorgetragen, gerechte Anerkennung. Frl. Schmidt ist eine angenehme und routinirte Sängerin, die zu den schönsten Hoffnungen berechtigt; Mad. Eberwein bewährte ihre anerkannte Gesangvirtuosität. Chelárd's Ouverture zu Macbeth ist ein geist- und lebenvolles, wahrhaft geniales Nachtstück, welches auf vieles Verlangen am 4ten Festtage wiederholt werden musste. Die schöne Scene aus Spohrs Faust „Liebe ist die zarte Blüthe" sang Hr. Hammermeister mehr fertig, als zart und innig in G-dur. Bekanntlich schrieb Spohr diese Arie für den tiefen Tenor Schelble in Frankfurt, ursprünglich in As-dur, und versandte sie für die Baritonisten mit einigen Veränderungen in den Figuren in F-dur an die Bühnen. Wolframs Scene aus dem „Bergmönch" ist für die Sänger auch im Conzerte brillant. Mad. Streit hat sich seit ihrem Abgange von Leipzig sehr vervollkommnet; ihre klangreiche Stimme spricht zu Herzen; die Stimmgewandtheit ist bedeutend, obwol der Triller noch fehlt; an einer Sopranstimme vermisst Ref. ungern diese effectuirende Gesangmanier, welche durch keine andere Figur vollkommen ersetzt werden kann. Der angenehme Tenor des Hrn. Moltke scheint fast dem nagenden Zahne der Zeit widerstehen zu wollen; die Stimme ist bis ins hohe fis und g noch immer frisch; in den obersten Grenztönen benutzt Herr M. die Kopf- (nicht Falset-) Stimme mit einer Beymischung von Gaumenklang. Die Ouverture von J. J. Müller schien Ref. mehr das Werk der Reflexion als genialer Erfindung zu seyn; jedenfalls war das immer werthvolle Ganze bis zum fugirten Hauptgedanken wol etwas zu zerstückelt. Die Arie mit Chor von Eberwein ist eine characteristische Scene, welche der echt declamatorische Sänger Genast energisch vortrug. Knoops Leistungen auf dem Violoncell sind zu bekannt, als dass es nöthig wäre, hier etwas zu des Künstlers Lobe zu sagen. Die Arie der Kunigunde aus

Spohrs Faust sang Frl. Queck etwas befangen; die Stimme ist schön, der Vortrag zuweilen manierirt. Die Ouvertüre von Götze zeichnete sich ebensowol durch melodischen Gehalt, als durch interessante Instrumentation aus. Mozarts überaus schöne Baritonscene des Grafen Almaviva aus Figaro, von Herrn Nauenburg in italienischer Sprache gesungen, wurde, ebenso wie das Finale aus derselben Oper, mit rauschendem Beyfalle aufgenommen.

Zweiter Tag des Festes,
(in der Barfüsser-Kirche.)

1.) *Salvum fac regem*, Choral mit Figuralbegleitung und Chor aus einer grössern Kantate von Naue. 2.) Concert für die Bass-Posaune von Meyer, vorgetragen vom Königl. Sächs. Kammermusikus Herrn Queisser. 3.) *Missa* No 3. von Hummel, dirigirt vom Componisten. 4.) *Sinfonia eroica* von Beethoven, dirigirt von Grund. 5.) *Offertorium* von Hummel, gesungen von Mad. Streit. 6.) Solo für die Flöte, componirt und vorgetragen vom Königl. Sächs. Kammermusikus Herrn Fürstenau. 7.) Vaterunser von Mahlmann und L. Spohr, dirigirt von Chélard. — Das *Salv. f. r.* von Naue ist ein effectvolles Massenstück. Beym Posaunist Queisser bürgt der Name für die Leistung. Hummels Missa No. 3. dürfte die beyden früheren Arbeiten des würdigen Meisters vielleicht noch überbieten. Das Werk wurde sowol von Seiten der Sänger als auch des Orchesters zur vollen Zufriedenheit des Componisten ausgeführt. Die *Sinfonia eroica*, dieses Riesenwerk des unsterblichen Beethoven, liess aber in der Ausführung manches zu wünschen übrig. Das Offertorium von Hummel trug Mad. Streit mit religiöser Erhebung, in jeder Beziehung meisterhaft vor. Fürstenau hat als Flötist europäischen Ruf; auch diesmal bewährte er sich als ausgezeichneten Virtuosen, und was Ref. noch mehr gilt, als gemüthvollen Künstler. Spohrs Vaterunser bildet eigentlich den 3ten Theil zu seinem Oratorium „die letzten Dinge"; kann aber auch als selbstständiges Kunstwerk aufgeführt werden, welches sich durch echt religiöses Gefühl, wahrhaft christlichen Sinn, durch deutsche Kunst und Gründlichkeit höchst vortheilhaft auszeichnet. Hr. Chelárd leitete das würdevolle Meisterwerk mit grosser Umsicht und schien von Spohrs Genius beseelt und tief ergriffen zu seyn.

Dritter Tag des Festes,
(in der Barfüsser-Kirche.)

1.) *Salvum fac regem* von Chelárd, dirigirt vom Componisten. 2.) Die Schöpfung von Haydn, dirigirt von Hummel. Die Soloparticen wurden vorgetragen von den Hofsängerinnen Mad. Streit und Frl. Schmidt, Herrn Kammersänger Moltke, Herrn Hofsänger Genast und Hern Nauenburg, Privatgelehrten aus Halle. — Chelárds *S. f. r.* zeugte, ebenso wie die Ouverture zu Macbeth, von der hohen Genialität des trefflichen Künstlers. Haydns Schöpfung, das Hauptwerk des ganzen Festes, wurde vom ganzen Personale mit sichtbarer Vorliebe ausgeführt. Mad. Streit sang die Partie des Gabriel ausgezeichnet schön. Hr. Moltke trug die dankbare Partie des Uriel mit „Würd' und Hoheit" vor. Herr Genast repräsentirte den Raphael vollkommen genügend. Frl. Schmidt zeigte sich in jeder Beziehung als eine reizende Eva. Herr Nauenburg erwarb sich als Adam, sowol durch seine weiche und kräftige Baritonstimme, wie durch edlen und charactervollen Vortrag, den Beyfall des Dirigenten und des Publikums.

Vierter Tag des Festes,
(im Locale des Schauspielhauses.)

1.) Ouverture aus Macbeth. 2.) Tenorarie aus der Zauberflöte, vorgetragen vom Königl. Würtemberg. Hofsänger Herrn Hambuch. 3.) Concertino für 2 Flöten, componirt und vorgetragen von Fürstenau und dessen Schüler, Herrn Löwe. 4.) Grosse Scene und Arie von Mozart, ges. von Mad. Streit. 5.) *Rondo bril.*

lant von Romberg, vorgetragen von Knoopl. 6.) Lied: die Flasche, gesungen von Herrn Genast. 7.) 3 Männerquartette, gesungen von Otto I, Otto II, Schuster, Hammermeister. 8.) Grosses Conzert für die Violine, componirt und vorgetragen von Grund. 9.) Grosse Scene und Arie von Rossini, gesungen von Frl. Lägel. 10.) Concertino für Clarinette, comp. und vorgetragen von Herrn Mähnert, Mitgliede des Königl. Sächs. Theaterorchesters in Leipzig. 14.) Duett von Rossini, vorgetragen von Herrn Hambuch und Schuster. 12.) Solo für die Trompete, vorgetragen vom Fürstl. Schwarzb. Sondersh. Kammermusikus Herrn Zänker. 13.) Grosse Scene und Arie aus der Oper, „der Templer und die Jüdin" von Marschner, vorgetragen von Herrn Hammermeister. 14.) Variationen für die Bassposaune von Kummer, vorgetragen von Herrn Queisser. —

Herr Hambuch aus Stuttgart ist als Tenorist schon längst rühmlich bekannt. Der Flötist Löwe, welcher in Dresden privatisirt, macht Herrn Fürstenau alle Ehre; er würde als Kapellist seinen Platz vollkommen ausfüllen. Das Lied von der Flasche trug Genast mit patriotischem Soldatengeiste ebenso wahr als bieder vor. Die beyden ersten Männerquartette wollten nicht recht ansprechen, auch war die Intonation nicht immer rein. Der „gute Morgen" von Berner gehört sicherlich nicht in ein solches Conzert, so gelungen auch die Composition an sich ist, und so beyfällig sie auch aufgenommen wurde. Herrn Kapellmeister Grund zählen wir zu den grössten jetzt lebenden Violinspielern. Frl. Lägel ist eine gut beschulte Sängerin; ihre Leistungen würden gewinnen, wenn sie mehr darnach strebte, nicht blos richtig, sondern auch schön vorzutragen. Herr Mähnert verspricht Bedeutendes. Das Duett von Rossini verlor ungemein durch die dünne Pianofortebegleitung. Herrn Schusters angenehmer Bass scheint sich besonders für italienische Gesangweise zu eignen. Hr. Zänker mag ein fertiger Trompeter seyn. Trompetenvariationen über „schöne Minka" scheinen Ref. aber etwas geschmacklos. Die grosse Scene aus Marschners „Templer" ist in jeder Beziehung ein dramatisches Meisterstück. Die kräftigen Sätze trug Hr. Hammermeister trefflich vor; der Mittelsatz: „Meines Lebens Blüthezeit" hätte wohl zarter und tief gefühlter gesungen werden sollen. Der Posaunist Queisser schloss die sämmtlichen Musikaufführungen auf eine imposante Weise. —

Das Publikum hatte sich sehr zahlreich eingefunden und nahm viele Leistungen mit wahrem Enthusiasmus auf. Am 3ten August war grosser Ball im Locale des Schauspielhauses.

———

Nur einen Vorwurf erlaubt sich Ref. öffentlich auszusprechen: der Verein gab sowol in Halle als in Erfurt des Guten zu viel. Ein freyer Künstlerverein tritt nicht bloss des Publikums wegen zusammen, sondern auch seiner selbst willen; soll ein solches Fest den Ausführenden eine Freude seyn, so dürfen die physischen Kräfte, zumal der immer activen Orchestermitglieder, nicht übernommen werden.

Im Namen aller wahren und billigen Musikfreunde sagen wir den sämmtlichen Mitwirkenden freundlichen Dank; nur hämische Parteisucht wird das schöne Fest verunglimpfen können.

Möge das grosse Werk, zum Heile deutscher Kunst, noch lange bestehen!

Frankenhausen. *Carl St—z.*

Recensionen.

Spontini in Deutschland oder unparteiische Würdigung seiner Leistungen, während seines Aufenthaltes daselbst in den letzten zehn Jahren. Dem Verdienste seine Krone. Leipzig bei Steinacker und Hartknoch. 1830. Preis 16 Ggr.

Es ist jetzt so der Gebrauch, zu Ehr' und Preis lebender Künstler, Büchlein drucken zu lassen; und die Art sie anzufertigen besteht im Wesentlichen darin, dass man von all demjenigen, was zu Gunsten des Helden des Büchleins in dieser oder jener Zeitungsnachricht oder Recension etc. gedruckt worden ist, das Allergünstigste herauswählt, und diese gesammelten Baustücke, mit wenigem eigenem Mörtel zu einem Ehrentempel zusammengefügt, in das zu verfertigende Büchlein abdrucken lässt, *ut valeat quantum valere potest,* — das heisst hier: so viel wie möglich.

Nicht ganz so hat es der anonyme Verfasser des vorliegenden Büchleins gemacht. Zwar besteht es grossentheils, grade so wie seine ähnlichen Vorgänger, aus vielen, treulich mit Gänsefüssen abgedruckten Recensionen, Zeitungs-Correspondenznachrichten u. dgl. *), so dass Gänsefüsse schier den grössten Theil seines Inhaltes bezeichnen, — zum Theil auch bezeichnen sollten, z. B. 101 — 114; — doch hat der Verfasser auch Vieles und

---

*) Z. B. solche wie folgende, S. 101: »Mit dem Gefühl »der Begeisterung ergreift Referent die Feder, um, »soviel dies in Worten zu geschehen vermag, den »auswärtigen Freunden der Kunst anzudeuten, was »uns Spontini in diesem neuen Meisterwerke ge- »boten hat.«

Wahres und Gerechtes aus sich selber gesagt, was nicht *Spontini* allein ihm danken wird, sondern auch jeder seiner Verehrer, zu deren Anzahl auch wir uns bereits ausführlich genug bekannt haben *).

Der Verf. rühmt übrigens an seinem Helden A l l e s, und in a l l e r Hinsicht; er preiset ihn nicht allein in seiner Eigenschaft als Tondichter, sondern ganz besonders auch in der Eigenschaft als General-Musikdirector, und rühmt in dieser letzteren Eigenschaft vornehmlich seinen wohlthätigen Einfluss auf Oper und Ballet, auf Kammermusik, auf geistliche, und auch auf die Militärmusik, und namentlich wird die Bereitwilligkeit gepriesen, mit welcher er jederzeit deutsche Componisten nach Kräften unterstützt, und namentlich C. M. *Weber's* und *Riesens* Opern auf die Bühne gebracht habe, Trotz der Kabalen, welche sich seinem unablässigen Bestreben, die Werke deutscher Componisten auf die Bühne zu bringen, entgegengestellt hatten. — *Sic* pag. 92. —

Der Druck ist schön und correct, und das uns zugesendete Exemplar von vortrefflichem Papiere.

Bd.

---

*) Cäcilia II. Bd., S. 1 — 27.

I.) *Mehrstimmige Gesänge* für grosse Singvereine und kleinere Zirkel; von *Gfr. Weber.* Op. 41. Viertes Heft: *Hymne an Gott*, Partitur und Stimmen. Mainz, bei B. Schott's Söhnen, Pr. 2 fl.

II.) *Alexandrina*, Neujahrsgeschenk für Freunde des Gesanges, eine Sammlung von ein- und zweistimmigen Liedern und Gesängen, mit Beglcitung des Pianoforte oder der Guitarre; von *Gfr. Weber.* Op. 43. Darmstadt, bei Ed. Alisky. Pr. 1 fl. 24 kr.

III.) *Tafellieder* für zwei und drei Männerstimmen u. Chor, mit Guitarre oder Pianoforte; von *Gfr. Weber.* Op. 42. Mainz, bei B. Schott. Pr. 48 kr.

Angez. von ihm selbst.

Zu I.) Was die zuerst genannte Sammlung angeht, so darf ich mich der, mir von vielen Seiten bestätigten, Thatsache freuen, dass die vorhergehenden Hefte derselben in den grössern und kleinen Singvereinen des Vaterlandes verbreitet und lieb geworden sind. Abweichend von jenen früheren Heften, welche meist nur kürzere, theils pathetische, theils heitere, sentimentale und humoristische, seltener, religieuse, Gesänge brachten, enthält die gegenwärtige Lieferung eine grosse Motette: „Hymne an Gott", für zwei vollständige Singchöre, nebst zwischendurch hervortretenden Solostimmen, rein achtstimmig, ohne Instrumentalbegleitung, mit einer das Ganze durchflechtenden Fuge über *Alex. v. Dusch's* Worte:

> Schweigend, in des ew'gen Raum's Gefilde,
> Wandeln Sonnen, Mond und Sterne.
> Ach! In ihrem Strahlenbilde
> Liest der Mensch den Trost so gerne,
> Dass ein guter Vater waltet,
> Dessen Liebe nie erkaltet,
> Der uns zu sich aufwärts zieht,
> Wo ein schöneres Leben blüht.
>
> > Alle Himmel,
> > Alle Welten,
> > Alle Sonnen,
> > Alle Sterne
> > Preisen, Vater der Liebe, dich!

Aus der vorstehenden einfachen Beschreibung der Motette ergibt sich von selbst, dass sie sich vorzüglich für **grosse Singvereine** eignet, welche dieselbe übrigens immerhin nicht als eine eben **leichte** Aufgabe unternehmen mögen.

Nebst der Partitur sind auch die ausgesetzten Singstimmen schön, correct und in bequemem Formate, auf schönem Papiere gedruckt.

Zu II.) Die unter Nr. II. genannte Sammlung von Liedern und Gesängen besteht aus einigen einstimmigen Liedern, und einem Duettino, von Clavier oder Guitarre begleitet, und überhaupt auch an den Sänger keinen weitern Anspruch machend, als auf einfachen, ungekünstelten, nur aber wahr verstandenen Vortrag und Ausdruck.

Zu III.) In Ansehung der zuletzt genannten kleinen Sammlung von Tafelliedern glaube ich mir ganz ernstlich Etwas zu Gute thun zu dürfen auf die Auswahl der, überall die edleren Saiten des inneren Menschen anregenden, die Jovialität der Tafellust zur Begeisterung für Edles, Schönes und Gutes in die edleren Saiten hinaufstimmenden (zum Theil ursprünglich freimaurerischen) Texte. Werden die schönen ansprechenden Gedichte mit warmem Sinn und für des Lebens Ernst und höhere Schönheit, für Liebe, Freundschaft und Seelenadel erwärmtem Gemüthe gesungen, und die höchst einfachen Melodien der jedesmaligen Endverse in gleichem Sinne vom allgemeinen Chor aufgenommen und wiederholt, — dann will die Composition auf eigenes Verdienst durchaus keinen weiteren Anspruch machen.

Mögen alle drei Sammlungen würdig sein, Freunde zu finden.

Dass die darin enthaltenen Stücke zum. Theil schon in Zeiten des heranblühenden Mannesalters aufgefasst gewesene und jetzt mit festerer, durch Erfahrung geprüfter Hand ausgeführte und abgerundete Compositionen sind, welche dem *Nonum prematur in annum* ihren Tribut zum Theil zwiefach gezollt haben, wird ihnen, wie ich glauben darf, wenigstens nicht zum Nachtheile gereicht haben.

Gfr. Weber.

---

131 dreistimmige Choräle für Discant und zwei Alte, oder für Tenor und zwei Bässe, und 21 Festmelodien für Discant, Alt, Tenor und Bass, der fleissigen Schuljugend gewidmet von *Fr. Hr. Fl. Guhr,* **evangel. Cantor u. Schulcollegen in Miltisch.** Preis 7 1/2 Sgr. In Commission bei F. E. Bruckhardt in Breslau.

Dreistimmige Choräle für Kinderstimmen zu setzen, diess ist, wie jedem bekannt, der schon ähnliche Arbeiten geliefert hat, keine ganz leichte Aufgabe, und nicht selten findet sich der Tonsetzer in nicht geringer Verlegenheit, wenn er nur den Hauptanforderungen, welche man an Arbeiten der Art macht, Genüge leisten will. Bei Abfassung solcher Arbeiten muss man, wenigstens nach Ref. Ansicht, hauptsächlich dafür besorgt seyn, dass sämmtliche Tonstücke einfach und leicht fasslich ausgesetzt, und ungewöhnliche Harmonieen, namentlich am Anfange jeder neuen Choralzeile, so viel wie möglich auch chromatische Gänge, vermieden werden.

Die vorliegende Sammlung von Chorälen entspricht zwar nicht allen diesen Anforderungen, indem manche zu kunstvoll und harmoniereich gesetzt sind; aber demohngeachtet ist sie eine nützliche Gabe für Anfänger im Notentreffen, und daher bestens zu empfehlen. Die Melodien scheinen, wegen der vielen darin sich vorfindenden Abweichungen oder Varianten, aus dem, in des Verf. Gegend eingeführten Choralbuche entnommen zu seyn.

Wünschenswerth und der weiteren Verbreitung dieser Sammlung förderlich wäre es gewesen, wenn der werthe Verf. wenigstens den nicht allgemein bekannten, oder nur in einigen Choralbüchern aufgenommenen Chorälen, besonders den Festgesängen, Text beigefügt hätte.

Chr. H. Rinck.

Journal des Dames et des Modes etc. publié par *Ed. Alisky*. Cahier 13, 14, 15, 16, 17, 18, 19.
Darmstadt chez G. E. Alisky.

Verkündet vom *Dr. Zyx*.

Ein neues Licht ist aufgegangen dem teutschen Modepublikum, — neues Morgenroth stralt am Firmamente teutscher Eleganz, — ein neuer Herold ist erschienen, anzurufen in den teutonischen Gauen die neuesten Satzungen, Ordonnanzen und Coutumen, nach welchen die grössten Autoritäten *en fait de Modes* in Paris sich costümiren und decoriren, frisiren und parfümiren, chaussiren und laciren, die Stiefel wichsen oder schmieren. Dieses neue Modejournal . . . .

„Aber liebster, bester Herr Doctor! was schreiben Sie „da wieder für verrücktes Zeug! — Was geht denn uns „hoch- und tiefmusikalische Leser der hochherrlichen *Cä-* „*cilia* Ihr morgenrother Modenherold an?! — Wollen Sie „den loben, so thun Sie das nach Gelüsten in irgend „einer Zeitschrift für die elegante, nicht aber für die „musikalische Welt!"

Ruhig! Ruhig Kinder! Mein Herold ist ja auch musikalisch! Er bläst ja die — freilich nicht wie ein Herold barbarischer Race, die Trommete, — auch nicht die Flöte — wohl aber die allercharmantesten Liederchen, Romanzen, Duettchen, — ja die niedlichsten Hops- und anderweitigen Walzer und Galoppaden, die man sich nur wünschen mag; — und hiernach also, meine hochherrlichen Leserinnen und Leser, sehen Sie wohl ein: *nostri est farrago libelli*, und es muss, in Vollziehung der in der

---

*) Dieses Journal erscheint, seit dem ersten Juli 1831, den ersten, zehnten und zwanzigsten jeden Monates in Heften, deren jedes zwei kleine Musikstücke und eine illuminirte Abbildung der neuesten Pariser Trachten enthält. Der Abonnementspreis für Darmstadt beträgt mit Musik für das ganze Jahr 12 fl., halbjährig 6 fl., vierteljährig 3 fl.; ohne Musik: für das ganze Jahr 8 fl., halbjährig 4 fl., vierteljährig 2 fl. — Man abonnirt sich in Darmstadt bei dem Verleger. Im Auslande bei allen hochlöblichen Postämtern.

Ankündigung des Planes der *Cäcilia* proclamirten Meinungs- und Schreibfreiheit, mir allerdings erlaubt sein, meinen morgenrothen Herold in diesen Blättern nach Herzenslust zu mustern.

Scherz bei Seite, das vorliegende Journal ist eine, sich vor andern Blättern ihrer Art äusserst vortheilhaft auszeichnende Erscheinung. Der unternehmende junge Verleger liefert hier allmonatlich 3 Hefte, grossen Median-Octav-Formats, dreifachen Inhaltes. Als Titelblatt lacht uns, an der Stirne eines jeden Heftes, ein überaus schön gezeichnetes und überaus sorgfältig, ja beinahe künstlerisch-schön mit den feinsten Farben illuminirtes und vergoldetes allerneuestes Modekupfer entgegen. — Den Inhalt selbst bilden theils Modeberichte, theils auch noch sonstige Tagesneuigkeiten, Anekdoten u. dgl.; Alles in gespaltenen Columnen zugleich in französischer und teutscher Sprache. Endlich ist jedem Hefte ein Heftchen Musikalien von 8 Blattseiten beigefügt, gewöhnlich ein Vocalstück und ein Instrumentalstück enthaltend. Von letzten zeichnen sich vorzüglich schöne neue Walzer und ähnliche Tänze für Clavier, zu 4 und zu 2 Händen, von einem sonst noch unbekannten Componisten, *A. Herget*, vortheilhaft aus. Von Ebendemselben ist im 15. Hefte auch ein Lied an den Abendstern, aus F-dur, 6/8-Tact*), wegen seiner fliessenden Führung und unverkünstelten Ausdruckes der Empfindung, rühmenswerth, — vorzüglich aber eine allerliebste *Pastorale* von Capellmeister *Wilh. Mangold*.

Der Preis für die, auf ganz schönem weissem Schreibpapier gedruckten Hefte, scheint, so weit andere teutsche

---

*) Passender wäre das Stück im 12/8 Tact geschrieben worden; bei welcher Schreibweise alsdann auch der unrundzählige Rhythmus pag. 6 dem Componisten nicht hätte entschlüpfen können, und die beabsichtete Dehnung viel passender durch ein ⌢ auf ♩ hätte ausgedrückt werden können.

Z.

Journals ähnlicher Gattung, deren nur sehr mittelmässige Eleganz und doch ganz artigen Abonnementspreise mir bekannt sind, verhältnismässig sehr mässig und billig.

„Aber noch Eins, lieber Doctor! — Warum heben „Sie denn Ihre Anzeige grade nur erst mit dem Cahier „13 an, ohne der zwölf vorhergegangenen auch nur mit „Einer Sylbe zu erwähnen?"

Aufrichtig gestanden: darum, weil dieselben nur sehr unvollkommene, schier garstig zu scheltende Versuche des Zeichnungs- und Farbenkünstlers waren, und ich den Lesern nichts anrühmen will, was dessen nicht oder nur halb werth ist.

Zyx.

Correspondenz
aus Würzburg.

Während sich unser verehrter Landsmann, der Musikdirektor Röder, in der Fremde Kränze des Ruhms sammelt, findet sie unser verdienstvoller Küffner im Kreise seiner ihn hochfeiernden Landsleute. Seine auf allgemeines Verlangen hier mehrmals aufgeführte Operette „der Cornet" ist so ausgezeichnet in der Anlage als der Ausführung, und entfaltet allen melodischen Reichthum eines Rossini, ohne sich je im mindesten dessen harmonische Wichtigkeit zu Schulden kommen zu lassen. Mit Uebergehung alles Details über das ganze Werk sowohl, als dessen einzelne Nummern, deren jede für sich schon vortrefflich, — gedenke ich hier nur des einstimmigen Wunsches aller unsrer unparteischen Kunstfreunde: Möge doch Küffner diese neubetretene Bahn (auf welcher der erste Gang schon ein wahrer Triumphzug gewesen) als die einzige, sein Kunsttalent am glänzendsten entfaltende, für alle Zukunft fortwandeln. Der Cornet berechtigt uns, und mit uns alle auswärtigen Verehrer des wahrhaft Schönen, zu den frohesten Erwartungen!

Auch die Schott'sche Verlaghandlung hat sich durch die so correkte als elegante Austauschung des, vom Componisten selbst besorgten, trefflichen Klavierauszuges dieser Oper, neuerdings um die musikalische Welt verdient gemacht.

M. A. G. Gessert.

Ehrenauszeichnungen.

Es ist schon oftmal gesagt und geschrieben worden, zuletzt am schönsten von Maria Weber: dass grosse Herren, akademische Facultäten, gelehrte Gesellschaften u. dgl., indem sie verdienten Männern Ehrenauszeichnungen, Diplome, Bänder etc. verleihen, die grösste Ehre im Grunde sich selber erwerben. *)

Lange Jahre hatte unser *Fr. Rochlitz*, als Dichter wie als Schriftsteller über Musik, eigene Lorbeern auf eigenem Haupte gesammelt; und noch war es keinem Fürsten und keiner Universität etc. eingefallen, den vielverdienten Mann durch Verleihung eines Ritterordens, eines Diplomes etc. auch äusserlich auszuzeichnen.

Erst im Jahr 1831 hat ein Grosser der Erde die Schuld der Nation gelöset, indem er den vortrefflichen

---

*) .... dass die Herren den gescheuten Einfall gehabt haben, Dir das Doctordiplom, oder wie ihr Gelehrten es, glaub ich, zu nennen pflegt, den Doctorhut *cum annulo et baculo*, zuzusenden, das beweiset nur, dass solche gelehrte Herrn, neben ihrer Gelehrsamkeit, auch den guten Menschenverstand haben, einzusehen, dass Universitäten, gerade so wie grosse Herrn, durch Anerkennung ausgezeichneter Talente und Verdienste in Wissenschaft und Kunst, durch Diplome wie durch Ordensbänder, im Grunde sich selbst ehren, wesshalb auch wohl 25 andere Universitäten, schon längst vor dieser, auf denselben gescheuten Einfall hätten kommen können, Dir eben diese Aufmerksamkeit zu erweisen, so wie 25 grosse Herren ähnliche. — Gratulire Dir übrigens herzlich. Ist eben doch nichts Geringes! Brauch Dir natürlich nicht zu sagen, dass es mich freut als wärs mir selbst geschehen und, so wie ich Dich kenne, gewiss mehr als es oich selber freuen mag; nur thut's mir leid dass ich mich künftig nicht mehr mit Dir trösten kann, dass wir beide ohne äussere Ehrensignale unter den Leuten herumgehen. (Briefe von *C. M. v. Weber* an *Gfr. Weber*; Cäcilia VI. Bd. Hft. 25, S. 26.)

Mann mit dem Ritterkreuze Seines Hausordens schmückte. Rühmend nennen wir den edel- und kunstsinnigen Fürsten; es ist S. KÖN. HOHEIT DER GROSSHERZOG VON SACHSEN-WEIMAR-EISENACH.

Unser verdienstvoller Landsmann, *H. Zimmermann*, Professor an der grossen Musikschule in Paris, hat den Orden der Ehrenlegion erhalten.

Herr Hofcapellmeister *Strauss* in Carlsruhe ist von der regierenden Frau Grossherzogin von Baden, für die Widmung seiner Oper *Zelinde*, durch das Geschenk eines köstlichen Brillantringes beehrt worden.

Der Grossherzogl. Hoforganist und Hofcantor *Rinck* in Darmstadt ist von dem Holländischen Vereine zur Beförderung der Tonkunst (in Rotterdam) zum Ehrenmitgliede ernannt worden.

Die Red. der Zeitschr. Cäcilia.

Auch ich habe neue, unverdiente Ehren empfangen, indem ich vor Kurzem zu gleicher Zeit durch zwei Ernennungen, zum Ehrenmitgliede des Holländischen Vereines zur Beförderung der Tonkunst in Rotterdam, und des Thüringisch-Sächsischen Musikvereines, überrascht worden bin; wofür hiermit öffentlich zu danken ich nicht ermangle.

Gfr. Weber.

Mozart's Requiem.

Partitur des *Dies irae*, *Tuba mirum*, *Rex tremendae*, *Recordare*, *Confutatis*, *Lacrymosa*, *Domine Jesu* und *Hostias*, von Mozarts Requiem, so wie solche Mozart eigenhändig geschrieben und Abbé Stadler in genauer Uebereinstimmung mit dem Mozart'schen Original copirt hat. Nebst Vorbericht und Anhang herausgegeben von *A. André*. Original-Ausgabe.
Offenbach bei J. André. Pr. 4 fl. 30 kr.

Angezeigt von Prof. Dr. *Deyks*, und Director Dr. *Heinroth*. [*]

Erster Artikel.

„Die Wahrheit, sagt ein geistreicher Schriftsteller, besitzt unüberwindliche Kraft. Man stösst sie zurück, aber während des Widerspruchs fällt sie ins Auge und dringt durch." Tausendfältig bewährt diesen Satz die Geschichte des menschlichen Geistes; aber es möchte zu aller Zeit schwerlich ein glänzenderer Beleg dazu sich finden, als die neueren und neuesten Forschungen über die Aechtheit des Mozart'schen Requiems.

Welche Kämpfe, welch allgemeines Entsetzen, als vor etwa sechs Jahren prüfender Scharfsinn zu-

---

[*] Von der Redaction absichtlich einige Jahre zurückgehalten und verspätet.

erst die Frage aufwarf: was denn eigentlich von dem, dreissig Jahre blind angestaunten Werke Mozart selber angehören möge! Man stritt in und ausser Deutschland, mit und ohne Gründe wurde das Ganze und seine Theile verfochten und angegriffen, Leidenschaft und Persönlichkeit *) mischten sich hinein, um den Zweifelsknoten noch fester zu schürzen, und wenig fehlte, dass selbst die wahrhaft gutmeinenden Verehrer des grossen Meisters, die echten Freunde der Kunst und Wahrheit, Zeter schrien über den Mann, der aus der reinsten Absicht die kühne Frage erhoben.

Aber die gute Sache musste endlich siegen, die ernste Forschung, die ungestört durch Dunkel und Licht den schmalen Pfad verfolgte, zuletzt gerechtfertigt dastehen. Neue Documente traten ans Licht. Es machte im J. 1827 Hr. Hofrath André die mit allgemein verständlichen Kennzeichen von Mozart's und Süssmayer's Arbeit versehene Partitur des Requiems bekannt, und bereitete dadurch die völlige Entscheidung des Streites auf eine, alle Parteien befriedigende Weise vor. **) Seitdem verstummten wenigstens die blinden Widersacher ehrlicher Forschung, denn wer kann gegen beglaubigte Documente?

Nur der Eine Wunsch blieb übrig, Dasjenige, was wirklich Mozarts Arbeit ist, rein und mit Fremdem unvermischt in Händen zu haben.

---

*) Caecilia VIII. Bd. S. 60.
**) Caecilia VI. Bd. (Hft. 23,) S. 193—230.

Dieses Verlangen ist nun erfüllt. Wir erhalten jetzt eine getreue Ausgabe, ja eine Art *Facsimile* der Originalpartitur des Mozart'schen Requiems, welche sich im Besitze der HHrn. **Abbé Stadler** und **Hofkapellmeister Eybler** in Wien befindet, und zwar so, dass Hr. St. das ganze *Dies irae* bis zum *Lacrymosa*, Hr. E. *Lacrimosa, Domine Jesu* und *Hostias* hat. Von sämmtlichen Stücken nahm Hr. St. genaue Abschrift, und überliess dieselbe Hrn. Hofrath **André** bei dessen Anwesenheit zu Wien im Sommer 1828 zum freundschaftlichen Andenken und mit dem Wunsch ihrer Bekanntmachung. Letzterem ist durch gegenwärtige Ausgabe der erwähnten Abschrift entsprochen, welche Blatt um Blatt genau dasselbe, was **Mozarts Original** selbst, enthält, sogar die von Mozart unbeschrieben hinterlassenen Notenblätter, da solche in den fortlaufenden Zahlen von 11 bis 45 mit paginirt erscheinen.*)

Jetzt erst dürfen wir behaupten, **Mozart's Requiem zu besitzen, wie er es hinterlassen;** zwar ein **unvollendetes,** aber jetzt auch **unverfälschtes** Werk des unsterblichen Genius. Und wenn in Zukunft von Streitigkeiten über Echtheit oder Unechtheit des Ganzen oder seiner Theile nie mehr die Rede seyn kann, so gebührt dafür sowohl dem ersten Anreger der Nachfrage, als auch Hrn. Hofrath André, in vollem Maasc der aufrichtigste Dank aller wahren Verehrer Mozart's.

---

*) Von wem die Paginirung herrührt, ist unbestimmt

Und wie erscheint das Werk nun in Mozart's Original?

Hierüber hat der verdiente Herausgeber in dem, »Offenbach, May 1829« unterzeichneten, Vorberichte sich so bündig erklärt, dass es rathsam scheint, die Hauptpunkte zuerst mit seinen Worten anzuführen.

»So notenleer auch das Mozart'sche Manuscript seines Requiems hin und wieder erscheint, sagt Hr. A., so ist solches doch als eine förmliche Partitur zu betrachten, da es die vier Singstimmen und den Grundbass, nebst den Hauptsätzen der Instrumente vollständig, und die nothwendigen Andeutungen der weiteren Instrumentation enthält. Allein eben dieser Vollständigkeit wegen ist es auch einzusehen, warum sich Mozart über eine solche Nebensache, wie die Fortsetzung bereits angedeuteter Instrumental-Begleitungs-Sätze ist, so umständlich mit Süssmayern unterhalten haben soll, wie uns dieser in seinem bekannten Briefe an Breitkopf und Härtel in Leipzig *) glauben machen

---

*) Dieser, von der B. Verlagshandlung selbst in der ersten Ankündigung der Erscheinung des Requiem in der Leipz. Mus. Ztg. IV. Jahrg. Nr. 1, vom 1. Oct. 1801, S. 2, bekannt gemachte Brief lautet folgendermasen:

„Mozarts Komposition ist so einzig, und ich getraue „mir zu behaupten, für den grössten Theil der le„benden Tonsetzer so unerreichbar, dass jeder Nach„ahmer, besonders mit untergeschobener Arbeit, „noch schlimmer wegkommen würde, als jener Rabe, „der sich mit Pfauenfedern schmückte. Dass die „Endigung des Requiem, welches unsern Briefwech-

will. (Nur das Zeitmass hat Mozart nicht überall angegeben.) Eine solche Unterhaltung könnte allenfalls nur die Fortsetzung des mit dem 8. Takte unvollendet hinterlassenen *Lacrymosa* betroffen haben; allein auch dieses scheint nicht der Fall gewesen zu

---

„sel veranlasste, mir anvertraut wurde, kam auf
„folgende Weise. Die Wittwe Mozart konnte wohl
„voraussehen, die hinterlassenen Werke ihres Man-
„nes würden gesucht werden; der Tod überraschte
„ihn, während er an diesem Requiem arbeitete. Die
„Endigung dieses Werks wurde also mehrern Mei-
„stern übertragen; einige davon konnten wegen Ge-
„schäfte sich dieser Arbeit nicht unterziehen, andere
„aber wollten ihr Talent nicht mit dem Talente M.s.
„kompromittiren. Endlich kam dieses Geschäfte an
„mich, weil man wusste, dass ich noch bei Lebzei-
„ten M.s die schon in Musik gesetzte Stücke öfters
„mit ihm durchgespielt und gesungen, dass er sich
„mit mir über die Ausarbeitung dieses Werkes sehr
„oft besprochen und mir den Gang und die Gründe
„seiner Instrumentirung mitgetheilt hatte. Ich kann
„nur wünschen, dass es mir geglückt haben möge,
„wenigstens so gearbeitet zu haben, dass Kenner
„noch hin und wieder einige Spuren sei-
„ner unvergesslichen Lehren darin finden können.
„Zu dem *Requiem* sammt *Kyrie* — *Dies irae* — *Do-
„mine Jesu Christe* — hat M. die 4 Singstimmen und
„den Grundbass sammt der Bezifferung ganz vollen-
„det; zu der Instrumentirung aber nur hin und
„wieder das *Motivum* angezeigt. Im *Dies irae* war
„sein letzter Vers — *qua resurget ex favilla*, und
„seine Arbeit war die nämliche, wie in den ersten
„Stücken. Von dem Verse an — *judicandus homo
„reus* etc., ist das *Dies irae*, das *Sanctus*, *Benedictus*
„und *Agnus Dei* ganz neu von mir verfertiget; nur
„habe ich mir erlaubt, um dem Werke mehr Ein-
„förmigkeit zu geben, die Fuge des *Kyrie* bei dem
„Verse — *cum sanctis* etc. zu wiederholen."

seyn, da, nach Süssmayers eigenen Worten, die Beendigung des Requiems, nachdem solche zuvor mehreren andern Meistern übertragen worden, endlich auch an ihn gekommen sei. Doch sei dem, wie ihm wolle, wir haben nur zu beklagen, dass uns der viel zu früh verewigte Tondichter nicht auch dieses *Lacrymosa* vollständig, — und von den übrigen Sätzen des Requiems leider gar Nichts, hinterlassen hat.« —

So weit Hr. André.

Werfen wir demnach selbst einen Blick auf vorliegende Original-Partitur, und die, jede Requiems-Messe bildenden, fünf Haupttheile:

I.) *REQUIEM.*
   1. »Requiem.«
   2. »Kyrie« und »Christe.«

II.) *DIES IRAE.*
   1. »Dies irae.«
   2. »Tuba mirum.«
   3. »Rex tremendae.«
   4. »Recordare.«
   5. »Confutatis« u. a. m.

III.) *DOMINE.*
   1. »Domine.«
   2. »Hostias.«

IV.) *SANCTUS.*
   1. »Sanctus.«
   2. »Benedictus.«
   3. »Osanna.«

V.) *AGNUS DEI.*
   1. »Agnus.«
   2. »Lux aeterna.«
   3. »Cum sanctis«.

so zeigt sich Folgendes:

I.)

Vom »*REQUIEM*« findet sich in der Partitur Nichts.

Vom »Kyrie« und »Christe« Nichts.

II.)

Vom »*DIES IRAE*« einzelne Stücke, und zwar:

Nr. 1. »Dies irae«, Singstimmen und Grundbass vollständig, letztern bei diesem Stücke durchgängig beziffert,*) wie es bei den übrigen nur stellenweise der Fall ist, sonst mit der bei Breitkopf und Härtel erschienenen Partitur gleichlautend. Die Instrumentalsätze der ersten Violine finden sich bis zum Schluss, jedoch nicht ohne Un-

---

*) *Aus Gfr. Webers Erstem Aufsatze über das Requiem*, Caecilia III. Bd. 11. Heft. S. 214): „Schon bei der „Bekanntmachung des Süssmayer'schen Briefes in „der Leipz. M. Z. äussert der Mittheiler dieses letz„teren sein Befremden darüber, dass, dem Süss„mayerschen Briefe zufolge, in den darin erwähnten „Mozart'schen Brouillons der Bass generalbass„mässig beziffert sei, da er, Referent, doch unter „der sehr bedeutenden Anzahl Mozart'scher Hand„schriften, welche ihm zu Gesichte kamen, keine „einzige mit einem bezifferten Basse fand."

terbrechungen, vollständig angedeutet, dagegen die 2. Violine nur bis Takt 6, und die Viola bis Takt 5 ausgeführt. *Corni di Bassetto, Fagotti, Clarini* in *D*, *Timpani* in *D*, *A* haben durchaus leere Zeilen, nicht einmal diese Namen sind vorgezeichnet.

Dass der Ergänzer in diesen Stimmen auch nicht das mindeste **neue Motiv** hinzugethan, lehrt der Augenschein. Ueberall zeigt er sich nur ängstlich bemüht, das vorhandene möglichst zu benutzen. Wer möchte bei einem Mozart'schen Werke einem **Süssmayer** daraus einen Vorwurf machen? —

Aber ob der Meister selbst nicht auch hier Licht und Schatten **noch ganz anders** angebracht, ob er nicht auch den Instrumenten **Eigenthümliches** zugetheilt haben würde,*) das ist wohl keine Frage. —

---

*) *Aus Gfr. Webers erstem Aufsatze über das Requiem*, Caecilia III. Bd. 11. Hft. S. 221): „Wie, und in wiefern er es anders beabsichtete, „lässt sich freilich nicht errathen, und wird unaus- „gemacht bleiben müssen, bis dereinst einmal das „echte Manuscript an's Tageslicht kommt. Denn wer „mag es einem bekritzelten Brouillonblättchen an- „sehen, was und wie der Meister es damit gemeint, „wie, und wie vielleicht ganz anders er es auszu- „führen gedachte, als es hier auf dem Brouillon „aussieht, in welches er natürlicherweise gar vieles „Wesentliche, welches für ihn sich von selbst ver- „steht, sich gar nicht einzeichnete, — oder was er bei „der Ausführung auch wohl ziemlich anders zu ma- „chen gedachte, als er es im ersten Augenblicke „niedergekritzelt. — Ja, wer weiss es nicht, wie „unendlich viel oft schon von einem blosen *Piano*, „einem *Forte*, von der Wahl der Instrumentation,

Nr. 2. »Tuba Mirum«, Blatt 16, Singstimme und Grundbass nebst der Posaune bis zum Anfange von Takt 18.

Merkwürdig ist, dass das Fagottsolo (Takt 5 der Leipziger Partitur) hier als Posaunensolo sich darstellt, ganz wie es die Bedeutung der Stelle erfordert. Wieder eine Bestätigung eines, schon in der ersten Abhandlung über diese Sache ausgeprochenen Zweifels.[*]) Die Zeilen der *Violini* und *Viola* sind vorgeschrieben, jedoch bis auf einen Takt der 1. Violine (T. 29 die nachschlagenden *d*) und den letzten Takt vor Eintritt der vier Stimmen nach den Worten: *quem patronum rogaturus* leer geblieben.

„und tausend Dingen abhängt, die der Tondichter „oft erst ganz am Ende seiner Arbeit hinzufügt. — „Wer weiss es nicht, wie unendlich, durch Ver- „nachlässigung oder gar Veränderung solcher Dinge, „ein Tonwerk oft, und, selbst sinnentstellend, ver- „ändert und zu Grunde gerichtet, oder doch unver- „antwortlich verunstaltet werden kann? — Wer er- „innert sich nicht der Anekdote von Mozarts laut „auffahrendem Unwillen, als man ihm einmal, bei „Pedrillos Ariette: — Nur ein feiger Tropf ver- „zagt, — dis statt d (doch weder Harmonie- noch „sinnwidrig) geschrieben hatte: — was aber mögte „er wohl zu der vorliegenden Ausführung seiner „Croquis sagen? — und was vollends dazu, dass „man sogar gemeinüblich solche Ausführung ihm „selber zuschreibt."

[*]) Aus *Gfr. Webers erstem Aufsatze über das Requiem*, Caecilia III. Bd. 11. Hft. S. 218.: „Eben so mögte „ich bei Weitem lieber dem Hrn. Süssmayer als un- „serm Mozart die Ehre gönnen, im *Tuba mirum*, „nach dem Posaunensolo, die furchtbar schauerliche

Hier ist unter andern auch ein der *Viola* vorgeschriebener Gang, (Blatt 18, zweite Seite letzter Takt, vergl. S. 34, T. 11 der vorigen André'schen Partituraugabe oder die entsprechenden Takte jeder anderen Ausgabe) vom Ergänzer durchaus unbeachtet geblieben, und an seiner Statt gibt die Leipziger Ausgabe nur Pausen.

So unterscheidet sich ein echtes Werk von einer Ueberarbeitung fremder Hand! —

„Betrachtung des Rufes zum Gerichte der Lebenden „und der Todten mit Melodien folgender Gattung „ausgedrückt zu haben, Partit. 1. Aufl. S. 44. T. 1. „ff. 2. Aufl. S. 51. T. 8 ff. Clav. Ausz. André S. 14. „Nr. 3. T. 8 ff. Simrock S. 14. T. 8. und überhaupt das „ganze, in seinen Grundzügen so grossartig ernste Ton„stück, mitunter durch so versüsslichende Anklänge „entmannt. —

Aus H. Stadlers Vertheidigung, Nachtrag. S. 15: „Seite 341 (Cäcilia Heft 16, Seite 341. — Ergebnisse Seite 85.) behauptet Herr Weber, dass der Fagott„gesang im *Tuba mirum* nicht echt sey. Hierin hat er „vollkommen recht. Mozart hat laut Urschrift die „Begleitung' des Bassolo der Posaune allein zuge„theilt, welche auch zugleich mit der Bassstimme bey „eintretendem Tenorsolo schweigt. Auch Süssmayer „hatte in seiner Partitur keinen Fagott, sondern nur „die Posaune im *Tuba mirum*. Wie sich also dieser „in den Abdruck eingeschlichen, ist mir unbekannt."

Aus Gfr. Weber's zweitem Aufsatze in Cäcilia IV. Bd. 16. Heft. S. 341: „Die Süss„lichkeit des Fagottgesanges im 8. 9. 10. Tacte des „*Tuba mirum* sey, sagt man, ja ganz passend, in„dem der Posaunenschall ja auch Gerechte wecken „werde, deren süsse Freude hier, (in drei süssen „Tacten,) geschildert werde. — Auch sei es Mozarts „Individualität gemäss, und auch, künstlerischer Er-

„So geht es fort bis zu den vier Stimmen, wo sowohl Violine 1, als in den neun Schlusstakten auch die übrigen beiden Instrumente, ausgeführt sind, dagegen zwei Notenzeilen auch hier ganz brach liegen.

„fahrung nach, gut gewesen, zwischen zwei starken,
„heftig erschütternden Sätzen, — drei süsse Tacte,
„(— mit allem nächst Vorhergehenden und Nächst-
„folgenden, und mit der ganzen sonstigen erschüt-
„ternden Haltung des ganzen Tonstückes contrasti-
„rend!) einzuschalten. — So, wahrlich, liesse sich
„auch das Disparateste entschuldigen, zumal sobald
„es heisst, Mozart habe es gethan.
  „Allein glücklicherweise bedarf auch hier Mozart
„solcher Vertheidigung nicht, indem wir vielmehr
„durch obigen Brief des H. Miksch, Nr. XXIX, mit
„ihm übereinstimmend durch das Zeugniss unsers
„C. M. v. Weber, Nr. XXII, wie auch von Herrn
„Marx (1825, S. 382,) nunmehr wissen, dass diese
„Stelle **wirklich nicht echt ist**, und dieser
„süsse Fagottgesang **nicht auf Mozarts** Rechnung
„kommt, indem dieser uns hier keineswegs ein Fagott
„in seinen schmelzenden höheren Tenortönen singen
„lassen wollte, sondern fortwährend **eine Posaune**,
„dass aber Süssmayer sich erlaubte, der Welt, statt
„dieses grossartig bedeutungsvollen Instrumentes, ein
„fein geschlachtes Fagott unterzuschieben, aus wel-
„chem denn freilich die, jedenfalls äusserst cantable
„Melodie, mit einer höchst anpassend süsslichen Gra-
„zie hervortritt und, statt der Weltgerichtsposaune,
„uns schmelzenden Hirtengesang hören lässt.
  „In solchem Grade hat also der Herr Bearbeiter
„Süssmayer, oder sonst wer, bei der Herausgabe zu
„variiren sich erlaubt! Ja, nicht allein in diesen drei
„Tacten, sondern **volle vier und dreissig** Tacte
„lang, also vor und während des ganzen Bass-Solo,
„und während des ganzen Tenorsolo, hatte, dem
„Zeugnisse der vorstehend genannten Herren zufolge,
„Mozart eine concertirende Posaune gewollt: um

Nr. 3. »REX TREMENDAE«, wie die früheren in Bezug auf Singstimmen und Grundbass (Takt 2 mit Ziffern), die Violinen bis auf die beiden vorletzten Takte, vollständig, von den übrigen Instrumenten, ausser den beiden ersten Achteln der Viola gar nichts, nicht einmal die Schlüssel. — Auch das Tempo »*Grave*« fehlt.

Nr. 4. »RECORDARE.« Zehn Takte Pausen der vier Singstimmen zu Anfange sind nicht bezeichnet, sondern nur die folgenden drei vor dem Alt-Solo, ein Umstand, auf welchen jedoch keine Vermuthung zu gründen ist, indem Violinen und Viola bis Takt 14, und Bassethörner bis Takt 7, vollständig angegeben erscheinen. Ausserdem findet sich aber nichts.

„aber die Sache leichter, practikabler, und zu rech-
„tem Kaufmannsgut zu machen, hat — Herr Süss-
„mayer, oder sonst wer, in Stuppach, Neustadt,
„Wien, Leipzig, oder sonstwo, sich kein Gewissen
„daraus gemacht, das ganze, 34 Tacte lange, gross-
„artige Posaunensolo, in ein modernes Fagottsolo in
„Tenortönen umzuschmelzen; — und diese und ähn-
„liche Umgestaltungen und Verunstaltungen, soll
„man anbeten als Mozart'sche Götterformen, — und
„hat sie angebetet.
„Ich wüsste nicht, wie meine ursprüngliche Aeus-
„serung, die Süsslichkeit des befraglichen Fagottso-
„lo's lieber dem Herrn Süssmayer als unserm Mozart
„zu Last legen zu wollen, auffallender gerechtfertigt
„werden konnte, als durch die nun vorliegende Ent-
„deckung der Thatsache von der Verwandlung gran-
„diösen Posaunenschalles in süssliche Tenortöne eines
„modernen Fagottes.

Wieder begegnet uns, Blatt 24, ein Bruchstück der Violine (vier Takte), desgleichen Blatt 25 zwei Takte, wo auch Viola angegeben ist, und eben so Blatt 26; bei »*ingemisco tamquam reus*« die synkopirte Bewegung der Violinen; — erst fünf Takte vor dem Schluss sind alle drei Zeilen vollständig.

Nr. 5. »C O N F U T A T I S.« Ausser der Violine ist keine Note der Instrumente angegeben; also kommen auch die ehemals gerügten »süsslichen Fagotte«*) und Bassethörner vor dem gedämpften »*Voca me cum benedictis*« keineswegs auf Mozart's, sondern auf des Ergänzers Rechnung. Blatt 30a und 31a zeigen davon keine Spur.

Blatt 32 am Ende, steht *Segue* nach dem Doppelhalt hinter »*mei finis*«, und alsdann folgt — eine leere Seite.

Nr. 6. Vom »L A C R Y M O S A«, 8 Takte.

Das Tempo »*Larghetto*« fehlt. Violinen und Viola sind die beiden ersten Takte ausgeführt, sonst ist so wenig für sie, als vier leere Notenzeilen ausserdem, etwas angegeben, sondern drei Seiten sind ganz unbeschrieben, jedoch liniirt.

---

*) Hier scheint eine Vrewechslung (der auf S. 219 und 220 des ersten Aufsatzes erwähnten süssen Fagotttöne im 9. und folgenden Takte des „*Tuba*" und eben solcher Klänge der Bassetthörner und Fagotte in den letzten Takten desselben Stückes, mit den ebendaselbst auf S. 221 erwähnten süssen *Flötentönen der weiblichen Singstimmen* beim „*Voca me*") obzuwalten.
            d. Rd.

III.)

Vom »*DOMINE*« folgende Stücke:

Nr. 1. Vom »Domine«, Blatt 35, Singstimmen und Grundbass. Das Tempo »*Andante*« fehlt. Von der Instrumentirung findet sich nichts, ausser Blatt 38 b 3¼ Takte der 1. Violine, und beide Violinen 12 Takte vor dem Schlusse der Fuge »*Quam olim Abrahae.*«

Darauf folgen drei leere Seiten, vielleicht zu einer Wiederholung, vielleicht auch zu einem neuen Satze bestimmt, der nicht zur Ausführung kam. Letztere Vermuthung hat gewiss, da es einer Wiederholung nicht bedurfte, bei Mozarts unvergleichlicher Ideenfülle, sehr viel für sich, indess dem Ergänzer freilich nichts übrig blieb, als durch Wiederholungen die leeren Räume auszufüllen.*)

Nr. 2. »Hostias«, Blatt 43, Stimmen und Grundbass, und zwei Takte Violinen und Viola zu Anfange, das Tempo »*Larghetto*« fehlt. Von Takt 44 bis zum Schlusse wiederum die Violine 1 und zwei Takte der zweiten Violine, dann Halt, und die Worte: *Quam olim da Capo.*

Dazu sind drei Seiten leer gelassen, und hier ist das Manuscript zu Ende.

---

*) Auch hier scheint einige Verwechslung zu liegen. S. Gfr. Webers ersten Aufsatz, Cäcilia IV. Bd., (Hft. 11,) S. 222 u. flg.

Rd.

IV.)

Vom »*SANCTUS*«, Nichts.
Vom »B ENEDICTUS« Nichts.
Vom »OSANNA« Nichts.

V.)

Vom »*AGNUS DEI*« Nichts.
Von »LUX AETERNA« Nichts.
Vom »CUM SANCTIS« Nichts.

Dies ist, was sich von Mozarts Originalhandschrift vorfindet.

Als Anhang gibt Hr. Hofrath André noch die zehn ersten Blätter des Requiem's (»*Requiem* und *Kyrie*«), welche sich in der Mozart'schen Handschrift nicht aufgefunden haben, von ihm selbst in einer der Mozartschen ähnlichen Art, für die vier Singstimmen mit Grundbass und den wesentlichen Instrumentalsätzen, als Partitur entworfen. Da er in einigen Stellen von der Schreibart derjenigen Partitur abwich, welche er im J. 1800 von Mozarts Wittwe erhielt, so rechtfertigt er sich deshalb im Vorbericht. So stellt er, gewiss mit Recht, im »*Requiem*« den $\frac{4}{4}$ Takt aus älteren Handschriften, statt des gewöhnlich vorgeschriebenen ₵ her, verbessert die Bassfortschreitung im 13. Takt auf einleuchtende Art, und macht über die Unterlegung der Worte »*Kyrie Eleison*« und »*Christe Eleison*« eine triftige Bemerkung. Für diese Zugabe muss man Hrn. A. wesentlich danken, und sie wird gegenwärtige Ausgabe des Requiems so lange erwünscht vervollständigen, bis ein günstiges Geschick uns einmal mit einer Originalhandschrift auch zu diesen Stücken beschenkt. —

So liegt denn die Wahrheit sonnenklar zu Tage und was auch immer Süssmayer oder Andere behauptet haben mögen, kein Mensch kann nun noch zweifeln, **wie viel und was Mozart selbst gemacht an dem Requiem.** Und gewiss haben seine wahren Freunde sich dieser Entdeckung nur zu freuen. Denn sie sind nun gesichert, nicht Kohlen für den Schatz, Schlacken für geläutertes Gold anzusehen und **die Missgriffe eines zusammenstoppelnden Nachahmers** können nie mehr der hohen Meisterhand zur Last gelegt werden. Fest und bestimmt wissen wir nun, dass Vieles, **sehr Vieles in dem Requiem nicht von Mozart herrührt,** dass namentlich die Instrumentation durchgängig nachgearbeitet ist; aber eben so bestimmt dürfen wir auch behaupten, **sehr Vieles, die herrlichsten Ideen, die Grundgestalt des Werkes,** sind aus seinem Geiste entsprungen.

Kommen nun auch »*Requiem*« und »*Kyrie*« in der That von **Mozarts Hand,** wie (auch ohne die Originalhandschrift) bis jetzt ja noch keine Kritik geläugnet, ungeachtet der freilich evident nachgewiesenen Nachahmung Händel's im Requiem und des Figurenprunkes im Kyrie, so stammt allerdings der Kern des Werkes von Mozart **her,** und die

Ansprüche Süssmayer's an wirkliche Mitarbeit verschwinden in Nichts. Hat er auch nur Eine Idee von dem Seinigen dazugethan? Hat er in der Instrumentirung sich von dem Vorgeschriebenen auch nur um Einen Schritt zu entfernen gewagt? Was bleibt ihm nun, als das kümmerliche Verdienst des fleissigen Ausnotirens gegebener Motive, sammt allen Ausstellungen, welche man etwa dagegen zu erheben findet. Schade freilich, ewig Schade, dass Mozart nicht diesen höchst wesentlichen Theil seines Werkes selbst durchgeführt! Denn wie gross und eigenthümlich tritt er gerade in der Instrumentirung überall in seinen Schöpfungen hervor! Wie frei von Dürftigkeit und Uebermass würden auch die ewigen Sätze des Requiems, umkleidet von einem unvergänglichen Lichtgewande, gewebt aus den zartesten und kraftvollsten Tonverbindungen, hervorgegangen seyn, gleich dem Don Juan und Figaro! — Jetzt aber besitzen wir Mozart's Requiem freilich nur in dem Sinne, wie Raphael's göttliche Cartone in Hamptoncourt uns ahnen lassen, was bei der Ausführung sein Pinsel für ein Wunderwerk erschaffen haben würde, — oder wie Müller's vortrefflichen Kupferstich die Herrlichkeit der Sixtinischen Madonna zu Dresden, demjenigen, welcher das Gemälde niemals sah, — anzudeuten vermag. —

Auch dies ist noch viel, sehr viel, und mit Entzükken müssen wir uns gestehen, immer neu hingerissen zu seyn von dem Geiste der Kraft und des Ernstes, welcher das *Dies irae* von der ersten bis zur letzten Note durchweht, um dann wieder auf den

Schwingen heiliger Andacht und unsterblicher Liebe über Tod und Verwesung himmelan zu steigen. Und grüsst nicht auch aus dem *Requiem* und *Kyrie* uns derselbe selige Anhauch, wie ein Ruf aus besseren Welten? — So stark und mächtig wirkt der Geist des Schöpfers auch in einem **halbvollendeten, ja verstümmelten Werke**, und mit Recht erklärte Winkelmann den **Torso des ruhenden Herkules** für das Höchste, was die Griechische Kunst hervorgebracht.

Was sollen wir sagen zu dem würdevollen *Sanctus*, dem zarten *Benedictus*, dem liebend ernsten *Agnus Dei*? — Ist es denkbar, dass Süssmayer sie aus eigner Kraft gedichtet? Es ist nicht möglich, so in die Seele Mozart's hinein, und wieder aus ihr hervor zu schreiben, wie dieser, sonst so mittelmässige, Mann gethan haben würde, wenn diese Stücke wirklich ihm allein angehörten. Er muss Mittheilungen, wohl gar Skizzen früherer Jahre, vielleicht irgend ein vergessenes Blättchen, bei der Arbeit benutzt haben; denn Mozart's Genius spricht aus diesen Stücken ebenfalls.*) Aber

---

**) *Aus Gfr. Webers erstem Aufsatze über das Requiem,* (Cäcilia III. Bd., 11. Heft, S. 225 flg.): „Das Vor-
„stehend bemerklich Gemachte enthält wohl Belege
„genug zur Bestätigung der Wahrheit des Süss-
„mayerischen Briefes: noch mehre Belege aufzu-
„suchen und aufzuzählen, mögte am Ende gar für
„Tadellust gedeutet werden! — (Mögen die hier aus-
„gesprochenen Ansichten und historischen Nachwei-
„sungen vielmehr als Vermittlerinnen eintreten zwi-
„schen Mozarts Künstlerruhm, und den harten Ur-

(gestehen wir es) dennoch lebt ein **ganz anderer Geist** in ihnen, als in den früheren. Wärme und

---

„theilen, welche mitunter auch von den geistreich-
„sten Kunstfreunden gegen seine Kirchencompositio-
„nen überhaupt und insbesondere gegen dieses Re-
„quiem gefällt werden, wie z. B. neuerlichst von
„dem Verfasser der Schrift: **Ueber Reinheit
„der Tonkunst**, nach dessen Urtheile **Mozarts
„Kirchensachen, in ein rein verliebtes
„leidenschaftliches Wesen ausartend,
„ganz und gar das Gepräge der weltlichen,
„der gesuchtesten und also der recht ge-
„meinen Oper tragen,** (vergl. Cäcil. III Bd.,
„Heft 9, S. 74) — und von **Tieck** in s. Phanta-
„sus, I Bd. S. 468: Ich müsste ohne Gefühl seyn,
„wenn ich den wundersamen, reichen und tiefen
„Geist dieses Künstlers nicht ehren und lieben sollte,
„wenn ich mich nicht von seinen Werken hingerissen
„fühlte. **Nur muss man mich kein *Requiem*
„von ihm hören lassen**").

„Nur dieses sei mir erlaubt noch zu erwäh-
„nen: Die, durch die Menge von Entstellungen und
„Verunstaltungen der Mozart'schen Ideen, immer
„noch und überall siegreich hindurchleuchtende,
„Tiefe eines grossen, herrlichen Gemüthes, welche
„uns nicht allein alle dem Mozart'schen Ideale ge-
„schlagenen Wunden und angehängte heterogene
„Embleme übersehen, sondern auch unsere ganze
„Generation die ganze Sache vergessen machte, als
„wäre sie gar nicht geschehen, und nie urkundlich
„bekannt geworden, — diese grosse Mozart'sche Con-
„ception scheint mir sogar **nicht allein in de-
„nen Stücken** noch unverkennbar hervorzuleuchten,
„von denen Süssmayer, seinem Briefe zufolge, Mo-
„zartsche Skizzen vorfand, sondern mitunter wohl
„auch noch in andern Nummern, welche, dem ge-
„dachten Briefe zufolge, Süssmayern **ganz angehö-
„ren,** von denen man aber kaum glauben kann,

weiche Rührung vertreten die Stelle der übermenschlichen Hoheit und Erhabenheit, und wir schweben

---

„dass so Etwas ganz in Süssmayers Garten gewachsen seyn könne. Ich erinnere nur an den, man mögte sagen, des Allerhöchsten ganz würdigen, Anfang des *Sanctus*, — nur an den Eintritt der Bässe mit dem unbeschreiblich wirkenden ♮c̄ bei „*Pleni*" — dann an das wunderherrliche, kindlich fromme und doch so edel erhabene *Benedictus!* — Sollte man da nicht in Versuchung gerathen, zu muthmasen, es möge sich unter den Brouillons hier und da immer doch noch ein Schnittselchen mehr gefunden haben, als in dem Briefe angegeben, etwa auch noch ein ganz kleines Blättchen zum *Sanctus*, — eines zum *Benedictus*, — vielleicht auch noch ein bekritzeltes Papierstreifchen als Anfang zum *Agnus* u. dgl. . . . . .

„Ich glaube, sie" (die Prüfung, ob der Antheil Süssmayers an der Ausarbeitung des Requiem denn wirklich so gross sei, wie bis dahin behauptet gewesen war) „vorstehend augenfällig genug geliefert, und auch urkundlich die Wahrheit bestätigt zu haben, welche die Beschaffenheit des Werkes selbst, wie wir es jetzo besitzen, schon sprechend genug anzeigt, nämlich dass wir an demselben etwa ein Raphael'sches Gemälde haben, jedoch nur von Raphael untermalt, aber von einem seiner Schüler ausgeführt, — oder ein Bild, an dem ein späterer Maler die Augen, Nase, Ohren, Drapperie und noch vieles Andere, nach seiner Manier ausgemalt, — ein Göthe'sches Gedicht, jedoch von Göthe nur halb im Plan entworfen, von einem Anderen aber versificirt, ein Trauerspiel, wozu der grosse Meister nur die Fabel und das Scenarium zum Theil entworfen, ein Anderer aber hernach erst Beides ergänzt und das Ganze ausgeführt und dialogisirt hat, — einen herkulischen *Torso*, mit unecht angesetztem Kopf, Armen und Beinen; wie

gleichsam aus blauen Fernen zur Erde zurück. Und ergäbe sich auch in der Folge vielleicht, dass diese Num-

---

„himmelweit also entfernt, von dem was Mozart uns
„hatte geben wollen, — ja, was das Aergste ist —
„uns bereits gegeben hatte, und nur nicht, — oder
„wenigstens bisjetzt noch nicht, in unsere Hände ge-
„kommen ist, und vielleicht in irgend einem Win-
„kel — wer weiss bei welchem misantropischen oder
„hypochondrischen Sonderlinge, oder gar verscharrt
„und verloren unter den Papieren seiner Hinterlas-
„senschaft, in den Händen unwissender Erben, ver-
„graben liegt, so dass unsere Hoffnung, es jemal
„an's Tageslicht treten zu sehen, wahrscheinlich eine
„vergebliche Hoffnung ist!
„Werde sie aber auch nie erfüllt, — oder will
„man die ganze Thatsache, dass das dem Unbekann-
„ten übergebene fertige Manuscript existirt habe, auch
„für unwahr halten, und also annehmen, Mozart
„habe nie etwas mehr hinterlassen als die Brouil-
„lons, welche von Süssmayer zu seiner Arbeit zu
„Grunde gelegt worden; nun, so ist es auch dann,
„und also in jedem Falle höchst traurig, dass wir
„von Mazarts Original-Arbeit nicht einmal so viel,
„wie vom Appolonius'schen Herkules, besitzen, nicht
„allein dem Torso, nicht dasjenige rein, echt und
„ohne fremde Zuthat, was wir, der factischen Mög-
„lichkeit zufolge, wenigstens besitzen könnten und
„sollten, nicht einmal das, was von Mozarts Arbeit
„uns geblieben, nämlich seine Skizzen rein so, wie
„sie aus des Meisters Händen hervorgingen! — Was
„würden wir sagen, wenn uns Einer den zum *Torso*
„verstümmelten Herkules nehmen, und dafür einen,
„nach Anleitung des *Torso* ausgeführten so betitel-
„ten Apollonius'schen Herkules geben wollte? Wohl
„würden wir, ist er selbst ein guter Bildner, eine
„solche Ausführung des Fragmentes zu einem der
„Idee des grossen griechischen Meisters möglichst
„nahe kommenden Ganzen, mit Dank von ihm anneh-
„men, und gerne würden wir wohl die unschätzbare

mern wirklich ganz oder zum Theile Mozart's Arbeit seien, (was man nach Süssmayers Zeugniss freilich niemals erwarten darf,) dennoch würde dieser Hauptunterschied feststehen, und immer müssten wir

---

„Original-Reliquie auf einige Zeit seinen Händen an„vertrauen, um sein Standbild danach zu arbeiten: „wie aber, wenn er dann uns nur diese seine Ar„beit geben, den echten *Torso* aber uns vorenthal„ten wollte, wie Süssmayer mit Mozarts Original„Skizzen gethan?!

„Ob dieses zu thun grade Süssmayers Absicht „gewesen, ist freilich unbekannt: soviel aber ist „gewiss, dass die fraglichen Skizzen jedenfalls noch „nicht bekannt gemacht worden sind, wir also den „Mozartischen Original-Torso nicht, sondern nur die „von Süssmayer versuchte Ausführung desselben be„sitzen; und dass es daher theure Pflicht jedes „Kunstfreundes ist, zur unverbrüchlich treuen Be„kanntmachung jener Original-Manuscripte auf jede „ihm mögliche Art beizutragen."

Aus Gfr. Weber's zweitem Aufsatze, Cäcilia 4. Bd. Hft. 16. S. 280: „Ueber Verhoffen schön, finde „ich die hier ausgesprochene, mir so theure Ahnung, „ebenfalls von Herrn Stadler mit folgenden Wor„ten (Seite 16) bestätigt:

„Von Süssmayr ist im *Lacrymosa* der letzte Vers: „*Huic ergo parce Deus*, dann das *Sanctus*, das *Bene„dictus* und das *Agnus Dei*, componirt. Ob aber „Süssmayr dazu einige Mozartische Ideen benutzt „habe, oder nicht, kann nicht erwiesen werden. „Die Wittwe sagte mir, es hätten sich auf „Mozart's Schreibpulte nach seinem Tode „einige wenige Zettelchen mit Musik vor„gefunden, die sie Hrn. Süssmayr über„geben habe. Was dieselben enthielten, „und welchen Gebrauch Süssmayr davon „gemacht hatte, wusste sie nicht."

uns wundernd fragen, wie es zugegangen, dass unter der Hand des Meisters der Geist des Werkes sich unvermerkt umgewandelt und ein anderer geworden. So wenig wir hoffen dürfen, die Zweifel und Räthsel, welche die Geschichte der Entstehung dieses wundersamen Requiems verhüllen, jemals völlig gelöset zu sehen, so gewiss ist es, dass sein hoher und ernster Geist für alle Zukunft auf jedes edle und reine Gemüth immer mächtig und dauernd fortwirken werde. *D.*

Ueber André's Original-Partitur des *Mozart'schen Requiem.*

Da liegt nun aufgeschlagen vor den Augen der Welt die Originalpartitur von dem vielbesprochenen, „tiefgefühlten und höchstbewunderten" Mozartischen Requiem, für deren Abdruck wir dem Herrn André nicht genug danken können; denn jeder, den der Streit über die Echtheit dieses Werkes interessirt hat, und noch interessirt, kann für 4 fl. 30 kr. mit eigenen Augen sehen, was der grosse Meister oder **wieviel** er selbst geschrieben hat.

Im Allgemeinen sey bemerkt, dass es in dem hier ausgegebenen Partitur-Manuscripte der leeren

Räume mehr giebt, als der ausgefüllten, indem in der Regel blos die vier Singstimmen nebst dem hin und wieder bezifferten Grundbasse vollkommen so, wie wir sie in der längst erschienenen Partitur sehen, angegeben sind. Hier mag ganz kurz folgen, was diese Originalpartitur enthält.

I.)

Vom *REQUIEM* mit „Kyrie" gar nichts, weil die Originalpartitur nicht aufzufinden gewesen ist; (jedoch hat uns Hr. André, als Anhang, jene beiden Piècen so mitgetheilt, wie sie in der Partitur stehen, welche ihm die Wittwe Mozarts 1800 zuschickte. Er hat aber in demselben manche Veränderuug angebracht, wozu er sich durch Vergleichung mit ältern Abschriften berechtigt glaubte.) *)

II.)

Vom *DIES IRAE* folgende Stücke:

1) „*Dies irae*" mit Angabe des Zeitmaasses und vorgeschriebenem „*Canto, Alto, Tenore, Basso, Organo et Basso*" mit Bezifferung, ohne jedoch die Saiten- und Blaseinstrumente anzuzeigen. Die Violinen und Bratschen sind indessen nicht zu verkennen, weil sie Mozart die ersten fünf Tacte vollkommen hingesetzt hat, die Blaseinstrumente aber kann man allenfalls nur aus dem Schlüssel errathen. Vom 7ten Tacte ist die erste Geige allein angedeutet, aber durch das ganze Stück an drei Stellen unterbrochen.

---

*) Siehe vorstehend Seite 161. *Rd.*

2) „*Tuba mirum*" mit Angabe des Zeitmaasses, *Violini, Viola, Trombone solo, Basso solo, Bassi* ohne Bezifferung. Sonstige Blaseinstrumente für zwei vorhandene Liniensysteme sind auch nicht einmal durch einen Schlüssel angedeutet. — Bis zum 29ten Tacte ist **keine Note** für Geigen und Bratschen vorhanden; — dann folgt ein einziger Tact für die erste Violine.

Nach diesem sehen wir wieder 14 Tacte ganz unbeschrieben und den 15ten für alle Saiteninstrumente angegeben.

Von hier ab finden sich 9 Tacte Noten blos in der ersten Geige, dann aber bis zum Schluss Geigen und Bratschen ausgeführt. Die Tenor-Posaune spielt bis in den 18ten Tact und ist dann ganz abgebrochen.

3) „*Rex tremendae*", ohne Zeitmaass, mit Angabe der Geige und Viole nebst *Canto, Alto, Tenore, Basso, Organo e Bassi*, wo jedoch nur der zweite Tact beziffert ist. Die Blaseinstrumente sind weder dem Namen nach, noch durch Schlüssel angedeutet. — Für die erste Geige finden sich ununterbrochene Noten, die zweite ist zu Anfange mit *col Primo* bezeichnet, welche schwerlich für das ganze Stück gelten kann, eben so wenig, als die zwei ersten Noten der Bratsche sagen sollen, dass diese **fortwährend** mit den Bässen spiele. —

4) „*Recordare*", ohne Angabe des Zeitmaasses. Die Saiteninstrumente sind bloss durch den

Schlüssel angedeutet. Dann folgen *Corni di Bassetto*, hierauf zwei ganz leere Liniensysteme, und unter diesen *Canto solo, Alto solo, Tenore solo, Basso solo, Organo et Basso* ohne Bezifferung. Nach 6 Tacten Pause treten die Saiteninstrumente ein.

Dann kommt ein *Vacuum* von neunzehn Tacten und hierauf vier Tacte bloss für die erste Geige angedeutet.

Nach diesen 4 Tacten erscheint ein leerer Raum von 14 Tacten, an welchen sich zwei beschriebene Tacte für die erste Geige und die Bratsche reihen.

Nach abermals unbeschriebenen 14 Tacten, sind 12 Tacte bloss für die erste Geige mit Noten deutlich angedeutet.

Dann folgen aber wieder sieben und zwanzig unbeschriebene Tacte, an welche sich 4 Tacte schliessen, deren erste beide für die erste Geige Noten und deren andere beide auch Noten für die zweite Geige enthalten.

Nach 15 leeren Tacten tritt der Schluss von 5 Tacten ein, welche für alle Saiteninstrumente vollkommen bezeichnet ist.

Die Bassetthörner eröffnen das *Recordare*, brechen aber im 7ten Tacte ab und erscheinen nie wieder.

5) „*Confutatis*" mit Angabe des Zeitmaasses, aber ohne alle Bezeichnung der Instrumente und Singstimmen, welche sämmtlich aus dem Schlüssel zu errathen sind.

Rechnen wir die ersten 6 Tacte ab, so ist die erste Geige ganz durchgeführt; für alle übrige Instrumente findet sich aber nicht eine Note und nicht die geringste Andeutung. Die Bezifferung des Grundbasses beginnt erst mit dem 26ten Tacte.

6) „*Lacrimosa*" ohne Zeitmaass, mit Angabe der Saiteninstrumente, der Singstimmen und des Grundbasses ohne Bezifferung. Für die Blaseinstrumente sehen wir bloss 4 leere Liniensysteme.

Den Geigen und der Bratsche sind die ersten beiden Tacte vollkommen notirt, dann ist aber völlig abgebrochen, so wie überhaupt mit dem 8ten Tacte die Singstimmen schweigen und das Ganze als ein Fragment erscheint.

III.)

Vom *DOMINE* folgende Stücke:

1) „*Domine*" ganz so bezeichnet, wie das *Lacrimosa*. Rechnen wir in der Mitte 4 Tacte für die erste Violine, und 12 Schlusstacte ab, unter welchen sich 4 Tacte für die zweite Geige befinden; so ist das ganze Stück gar nicht instrumentirt. Im Grundbasse sind bloss 8 Tacte, vom 21ten an, beziffert.

2) „*Hostias*" ebenfalls wie das *Lacrimosa* bezeichnet. Im Grundbasse fehlt die Bezifferung ganz, und die Instrumentation aller Instrumente desgleichen. Bloss 11 Tacte am Schlusse sind für die erste Geige ausgeschrieben und zwei davon für die zweite Violine. So endet hier die Mozartische Hand mit den Worten: „*Quam olim Da capo.*"

IV.) und V.)
Von allem Uebrigen Nichts.

Herr André schliesst seinen Vorbericht mit den Worten: »Ich wünsche, dass durch die Mittheilung gegenwärtiger Actenstücke zugleich allem bisherigen Streite, über diese Mozartische Composition ein Ende gemacht seyn möge!« — Dem Streite ist ein Ende gemacht und das Resultat dahin ausgefallen, dass Gfr. Weber über dieses Werk sehr richtig geurtheilt habe, indem er dasselbe eine unvollkommene und mangelhafte Composition nannte. Unvollkommen und mangelhaft ist sie, weil oft das Tempo, die Vorzeichnung, ja die Instrumente selbst anzugeben vergessen sind. Von Trompeten und Pauken, von Fagotts und von Posaunen, mit welcher letzten Süssmayer die einzelnen Piecen bisweilen überladen hat, sehen wir durch Mozart selbst nichts vorgeschrieben, ausser dem Solo, welches die Tenor-Posaune in dem *Tuba mirum* vorträgt, und miserabel genug, nach den ersten drei Tacten, von Johann Balhorn, dem Fagotte übertragen ist. Da, wo aber die Instrumentation hin und wieder von Mozart bemerkt wurde, bleibt sie doch nur eine blosse Andeutung, für den Meister selbst eine Ideen-Erinnerung. Erwägen wir endlich, dass das *Lacrimosa* schon beim achten Tacte abgebrochen ist, und dass die übrigen zu einem Requiem gehörige Piecen in dieser Originalpartitur ganz fehlen, so verdient Gfr. Webers Ausspruch nicht den geringsten Tadel und man muss sich wundern, wie ungehobelte anonyme Rezensenten über einen Mann herfallen konnten, der grade durch seine Kritik des Mozartischen Requiem den grossen Tondichter recht hoch gestellt hat.

Von verschiedenen Männern ist in verschiedenen öffentlichen Blättern über diesen Gegenstand geschrieben worden, es möge mir daher erlaubt seyn, bei dieser Gelegenheit sagen zu dürfen, was ich von der Sache halte, und wie ich darüber denke. —

Mozart hatte sich in allen Stylen der Composition und in allen Musikformen, wie bekannt, mit dem ausgezeichnetsten Glücke und Geschicke versucht und Meisterwerke geliefert; er wollte auch in dieser Gattung einen Versuch machen und ein Requiem componiren. Bekanntlich schrieb Mozart in den Stunden der Inspiration seine Ideen schnell nieder und verschob dann nicht selten die Ausführung. Wahrscheinlich hat er alle Sätze, welche zu einem Requiem gehören, skizzirt,*) ist aber durch andere Arbeiten an der fernern Ausführung verhindert worden, oder hat diese Umrisse, nach dem Grundsatze des Horaz: *Nonum prematur in annum*, ruhen las-

---

*) Vgl. vorstehend S. 165.

sen, um dann mit neuen Kräften und grössern Ideen-Reichthum das Werk durchzuführen. Sei es nun, dass ihn der Tod überraschte, — oder dass ihm die, früher in Brouillons hingeworfenen Ideen, später nicht mehr zusagten, und er dies Requiem ganz unbearbeitet liess, — kurz, man fand nach seinem Tode unter seinen Musikalien und Papieren die Skizzen, so wie wir sie in der André'schen Originalpartitur abgedruckt sehen. Seine Freunde, welche nichts von dem grossen Meister verloren gehen lassen wollten, und selbst die kleinsten Trümmer in dessen Werkstatt als ein Heiligthum betrachteten, *) auch hin und wieder wohl als ein theures Angedenken mit sich nahmen, beschlossen, nebenbei einen mildthätigen Zweck vor Augen habend, dieses in blossen Umrissen vorhandene Requiem herauszugeben, und dasselbe dem Publico als Mozarts Schwanengesang mitzutheilen, wozu man dem Süssmayer die Ausführung der vorhandenen Skizzen übertragen hatte,

---

*) Dass in den Werkstätten grosser Männer oft Kleinigkeiten, als Kleinodien betrachtet werden, davon bin ich Augenzeuge gewesen, als Forkels litterärischer Nachlass zur Auction geordnet wurde. Papierstückchen, worauf ein Titel von einem Buche, ein Tintenrecept etc. stand, wurden in ein Convolut gebunden und theuer verkauft, als vermeintliche Materialien zum dritten Theile der Forkelschen Geschichte der Musik. Mich wunderts, dass dieser dritte Theil nach Forkels Tode, als in dessen Nachlasse gefunden, noch nicht erschienen ist. Etwas Wesentliches war doch dazu vorhanden: Ein Tintenrecept! — und Tinte muss man doch in der Regel zur Schriftstellerei haben. Hatte doch Töffel einst das Längste zum neuen Rocke: — den Zwirn! *Anmerk. d. Vf.*

weil dieser, als sein Schüler, am besten in die Ideen seines Lehrers eingehen konnte, und weil er überhaupt in den Mozartischen Papieren gewiss den besten Bescheid wusste.

Wenn nun aber in denjenigen Stücken, welche, nach Süssmayer's Versicherung, ganz von ihm herrühren sollen, dem *Sanctus*, *Agnus*, *Benedictus*, ein Mozartischer Geist wehet, so lassen sich über diese Erscheinung bloss Hypothesen aufstellen; diese bleiben aber ein Räthsel, welches erst am jüngsten Tage gelöset werden wird.

Sobald dann aber der erste Auferstehungslärm vorüber seyn wird, wollen wir alle, die an der Sache Interesse genommen haben, den Süssmayer coramiren, und er soll uns dann gestehen, ob er ganz aus eigener Kraft und Macht das *Sanctus*, *Agnus* etc. componirt, oder ob ihm vielleicht Mozart in traulichen Stunden vorgesungen und gespielt habe wie ein *Sanctus* und *Benedictus* etwa klingen müsste; gestehen soll er, ob unter Mozarts Papieren keine niedergeschriebenen Motive vorhanden gewesen sind, die er benutzt habe [*]).

Dann wollen wir aber auch den verklärten grossen Meister selbst fragen, ob er dieses Requiem, wozu er bloss die Umrisse gemacht hat, dem Publico nach vollendeter Ausführung habe mittheilen wollen.

Es ist doch herrlich, dass wir einen jüngsten Tag zu erwarten haben, wo alles, was im Dunkel lag, an das Licht geführt werden wird. Als Musiker denke ich mir denselben als ein grosses Mu-

---

[*]) Vgl. S. 165. d. Rd.

sikfest, an welchem das Beste ist, dass man eine
Menge Menschen aus allerlei Volk sieht, manchen
alten Bekannten wiederfindet, und grosse Männer
persönlich kennen lernt. — Schmausereyen werden
dort zwar nicht stattfinden, weil wir keine Leiber
haben, die zu Hunger und Durst incliniren. Sollte
aber wider Erwarten eine Tafel stattfinden, (was
für die meisten Musiker bei Musikfesten das Aller-
beste ist), so sehe ich schon im Geiste, wie Mozart und Gfr. Weber recht freundlich mit
einander anstossen, und wie der grosse Meister die
groben und ungehobelten anonymen Rezensenten links
liegen lässt, welche gegen Weber in diesem Leben angestossen haben; ja ich höre schon im Geiste,
wie Mozart hinsichtlich jener unsaubern Gesellen
und ungewaschenen Bären seinen Canon anstimmen
wird, welcher auf der Rückseite von: „*Lectu mihi
Mars*" etc. etc. steht*). — Also, meine Herren, lassen
Sie uns Geduld haben bis zum jüngsten Tage, dann
wird sich auch die Originalpartitur von dem ersten
Satze mit dem Originaltexte u. A. m. entdeckt haben,
und überhaupt manches Motivchen seinen rechten
Herrn wiederfinden. **)   *Heinroth.*

---

*) *Facsimile* des Mozart'schen Originalmanuscriptes
der zwei Canons „*Difficile lectu*" und „O du
eselhafter" etc. Beilage zu Cäcilia 1. Bd 2. Hft. S. 180.

**) Sämmtliche Componisten werden ersucht, folgende
Frage zu beantworten: „Gesetzt Sie hätten, vor
Kurz oder Lang, von einer Composition, z. B. von
einer Oper in fünf Akten, grade so viel vom zweiten
und dritten Acte niedergeschrieben als in dem hier
vorliegenden Manuscripte Mozart niedergeschrieben
hatte, oder meinethalben auch noch einen guten Theil
mehr; Sie hätten diese Manuscriptbögen in ihrer
Schreibstube liegen, und ein anderer Compositeur,
welcher so tief unter ihnen stünde als Süssmayer
unter Mozart steht, ergriffe das Manuscript, machte
daraus eine Oper in fünf Acten fertig und gäbe sie so
unter Ihrem Namen heraus: — was Sie dazu sagen
würden? — Und was dazu, wenn Einer, um zu beweisen, dass die Oper »ein wahres echtes Werk« von
Ihnen sei, — jene Manuscriptbögen vorzeigen wollte?

Recensionen.

Sechs Gesänge für vier Männerstimmen; componirt von *Gfr. Wilh. Fink.* Op. 19.
Leipzig bei Peters. Preis 20 Gr.

Nicht die Töne allein, sondern auch die durchgängig schönen Texte, manchfaltigsten und anziehendsten Inhaltes, Trinklieder, Minnelieder u. a. m., sind vom Componisten gedichtet. Die musicalische Behandlung ist derjenigen gleich, welche wir bereits in unserer früheren Anzeige der einstimmigen Gesänge desselben Meisters gerühmt haben, und wir empfehlen daher den Freunden der hier vorliegenden Gesanggattung, auch auf dieses Werkchen diejenige Achtung und Liebe zu übertragen, welche Hr. Fink schon durch seine allerfrühesten wunderlieblichen, ganz einfachen Lieder, Gedichte und Compositionen, so wie durch spätere schriftstellerische Leistungen, und erst allerneuerlichst wieder durch das nachstehend angezeigte Büchlein, sich erworben und wahrhaft verdient hat.

d. Rd.

Erste Wanderung der ältesten Tonkunst, als Vorgeschichte der Musik oder als erste Periode derselben; dargestellt von *Gfr. Wilh. Fink.* Mit 8 Kupfertafeln. VIII u. 272 Seiten kl. 8.
Essen, bei G. D. Bädeker. 1831.

Nicht leicht ist uns noch ein interessanteres Buch, um nicht zu sagen im Gebiete der gesammten Tonkunde, doch wenigstens im Fache der Tonkunstgeschichte vorgekommen, als das vorliegende, dem äusseren Umlange nach so kleine Büchlein, in welchem unser trefflicher G. W. Fink das bis jetzt noch von Keinem gewagte Abentheuer ruhmvoll besteht, die entschwundenen Geister der allerältesten Tonklänge aus den eingesunkenen Urzeiten wieder herauf zu beschwören, um uns die Richtungen und Wege ihres Strebens und die Geschichte ihrer Wanderungen aus dem tiefsten Asien, aus Indien oder aus China, oder vielleicht aus Tibet, über Aegypten nach Hochschottland hin u. s. w. in geordnetem Zusammenhange zu offenbaren.

Allerdings hat es etwas höchst Anlockendes, in den Geschichten der Menschheit bis in die Zeiten zurückzugehen, wo die ersten Stralen eines freundlichen Lichtes das tiefe Dunkel der klanglosen Nacht wundersam zu erhellen begannen. „Wie — wir entlehnen hier des Verfassers eigene Worte — „wie das erste Lächeln des Kindes die pflegende Mutter erfreut, so erfreuen den sorgsamen Forscher die ersten Aeusserungen angestammter Empfindung aus dem Morgentraume erwachender Völker. — Läge nicht ein grossartiger Zauber in der Menschheit erstem Dämmerscheine, wer sollte sich wohl in die riesenhaften Labyrinthe jener Urzeit wagen, aus deren vielfach verschlungenen Gängen sich herauszufinden nicht geringe Anstrengung und eine Geduld erfordert wird, die der Anerkennung von aussen her gewöhnlich um so mehr entbehren, je mehr sie durch Ausdauer den Lohn ihrer Bestrebungen in sich selbst tragen? Dazu die Liebe zum Geheimnissvollen, die tief in des Menschen Brust gesenkte. Im Bewusstsein manches Verlornen bleibt sie ein Sporn, der bald vor — bald rückwärts treibt, selbst wenn nicht immer ergötzliche Bereicherung des Lebens durch den Werth des Gefundenen nothwendige Folge des redlichen Suchens wäre. Mit jedem Schritte vorwärts wächst, wie unser Verf. richtig bemerkt, der Reiz, von ungewissem Scheine magisch erhöht; seltsame Gruppen tauchen aus dem Dunkel auf und bewegen sich, spielen, den Schatten gleich, in immer wechselnden Verschlingungen flüchtig auf und nieder; einzelne Töne erklingen, wie ein Freudengeschrei, das die steigende, erst geahnete Sonne unbestimmt begrüsst; Memnonssäulen werden lebendig und Dädalus Steingebilde sieht man wandeln, und aus dem Stammeln der Enackskinder tönen schaurig und lieblich tausend Märchen auf. Freundlich und wild zugleich rauscht aus allen Zweigen ungeheurer Riesenbäume, getränkt von noachischen Fluthen, eine Sage nach der andern orakelmässig in die erstaunte Seele, die sich fremd und doch auch einheimisch in jenen unwegsam üppigen Gefilden fühlt, wo auf jeder Pflanze, noch rein und ungetrübt, der erste Thau des jungen Morgens sich spiegelt. Freilich verlockt uns nicht selten Geräusch korybantischer Schilde in die Nähe des kretischen Ida, und das Girren dodonischer Tauben verführt uns, die Spuren des Lichts am fabelreichen Nil zu suchen. Ein neckender Geist, frischer Jugend eigen, durchfliegt alle Fluren des Aufgangs und des Niedergangs. Von ihm getäuscht, scheuen wir keine Gefahr, seinem Rufe in halbverfallene unterirdische Tempel zu folgen. Aus dem Innern des mächtigen Granits besteigen wir seine in Wolken getauchten Gipfel, und hier wie dort lacht er nicht selten aus unerforschten Hieroglyphen uns an und labt sich an unserm Staunen. Aber die Wundertrümmer, die stumm erhabenen Zeugen entschlafener Kräfte der Urwelt, entschädigen uns überschwenglich für allen Spott des neckenden Rufers. Von den Rücken der mühevoll erklimmten Gebirge überschauen wir ausgebreitete, reich geschmückte Flächen, und dankbar ergötzen sich Geist und Sinn im gewünschten Vereine."

Allerdings, sagen wir, hat nicht nur der Gegenstand, den unser Verf. sich erwählt, und welchem grade er in so eminentem Sinne gewachsen ist, schon an sich selber etwas höchst Anlockendes, sondern das Buch hat, — und das ist es, was uns dasselbe so ausgezeichnet interessant und schätzenswerth macht, — das grade in diesem Fache so durchaus seltene Verdienst, seinem Gegenstande wirklich auf den Grund zu geben, statt dass so ganz überaus Viele unserer Autoren über exotische Tonkunst entweder ihre Leser mit musicalisch-geschichtlichen Phantasien oder, um das Kind beim rechten Namen zu nennen, mit leidigen Kunst-Faseleien abspeisen, ohne uns über das Was und Wie der Sache selbst etwas zu sagen, oder, wenn sie ja in die Sache selbst einzugehen wagen, bald auf jeder Blattseite entweder baare Nichtkenntnis musikalischer Dinge überhaupt, — oder aber gänzliche Unfähigkeit philosophischer Auffassung darlegen; in dessen Widerspiele es Einem ordentlich fremd vorkommt, das Alles im vorliegenden Buche ganz anders, den höchst anziehenden Gegenstand mit philosophischem Geschichtforschers-Geiste und zugleich mit Kenntnis der Kunst selbst behandelt und zu so interessanten Resultaten hingeführt zu sehen; und wie sehr auch Schreiber dieses sich öffentlich als Ignoranten, als Ungläubigen, Zweifler, ja Gottesleugner in Betreff der Göttlichkeit der Musik verklungener Aeonen, bekannt hat[*]) und als Gegner der Faseleien und Lügen nicht allein neuerer, sondern selbst antiker Geschichtschreiber[**]) — so weis er doch das Verdienst historischer Forschungen solchen Geistes und Gehaltes wie die vorliegenden, zu achten und zu verehren, und hat es sich nicht versagen können auch in seiner Theorie.

---

[*]) Theor. 1. Aufl. § 308-318; — 2. und 3. Aufl. §. 580 und flgg.

[**]) Dass den Lügen der Schriftsteller des Alterthumes auch selbst unsere Neuesten brüderlich die Hand bieten, zeigt auch eine in Nr. 43 der Berliner Mus. Ztg. v. 1824 ganz ernstlich als authentisch historisch ausgebotene Urkunde, welche höchst wichtige und gradezu entscheidende Aufschlüsse über diesen antiquarischen Gegenstand enthielt, späteren Aeusserungen zufolge aber eine — spasshafte Erfindung war. — (Cäcilia II. Bd. S. 156.) Uebrigens vergl. F. A. Wolf Darstellung der Alterthumswissensch., Museum der Alt. Bd. I, S. 65; — Serapionsbrüder, II, 371; — E T. A. Hofmanns Leben, 1, S. 281. Cäcilia, Bd. II, S. 113; — IV, 213; V, 279. u. a. m.

Möge der verdienstvolle und für Gegenstände dieser nächstverwandten Gattung so ganz wie eigens geborne und überreichlich ausgestattete Verfasser, muthig fortfahren, dem, freilich mühseligen und so vielen Fleiss, so grosse Ausdauer erfodernden Fache fortzuarbeiten. Nur durch solche klare geschichtliche Forschungen werden Vorurtheile beseitigt; nur auf solchem Wege können wir dahin gelangen, dass Zeiten und Dinge weder zu hoch noch zu nieder geschätzt werden; nur so lernt man den Gang der Menschenbildung, das mehr und minder Schwierige, Richtige und Unrichtige der Ansichten kennen und würdigen; die einzelnen Gegenstände selbst werden durch die Geschichte uns theuer, und aus der Gesammtmasse eines hellen Ueberblicks endlich geht allein Allseitigkeit, und aus dieser Wahrheit hervor, nach welcher des Menschen Geist in Allem streben soll, was ihm lieb und theuer ist. —

Geschichte kann aber nur nach Abschnitten gegeben werden, und dieses Buch bringt die erste, noch nicht behandelte Periode, den allerersten Anfang unserer Kunst, der die ganze griechische, so viel beschwärmte und so wenig dargestellte Musik aufhellen helfen wird. Diese hat den bestimmtesten Einfluss auf die christlichen Zeiten der Tonkunst — und so fort bis auf uns. — Auf solche und nur auf solche Weise, kann Zusammenhang und Nutzen in einen Hauptgegenstand der Tonkunst gebracht werden, welchen mit allen Kräften fördern zu helfen, um so verdienstlicher ist, da uns grade hier noch so unsäglich Viel bis jetzt mangelt.

D. Red. d. Cäcilia.

Nachschrift.

Gelegenheitlich des vorstehend besprochenen Gegenstandes sowohl überhaupt, als insbesondere auch Desjenigen, was im besprochenen Buche über das Trügerische der corsirenden Ansichten und Lehren über älteste Musik so wahr, als schön gesagt ist, wird es vielleicht nicht uninteressant sein, nachstehend einige, von der antiken Musik handelnde §§ meiner Theorie (§§ 579 bis 587 des 4. Bandes der 2. u. 3. Auflage) abgedruckt zu lesen, deren Inhalt vielleicht hier noch mehr an seinem rechten Orte stehen wird*), als er in der Theorie selber steht, woselbst er nur als ein, in die Theorie gar nicht wirklich eingreifender Anhang erscheint, und eben darum dort auf vorzügliche Beachtung in der That gar keinen Anspruch macht, und hier es vielleicht eher darf.

Gfr. *Weber*.

Ueber
antike Musik; insbesondere alte, griechische, oder Kirchentonarten.

Aus Gfr. Webers Theorie d. Tonsetzkunst, IV. Bd.

§. 579.

Ich habe, im ganzen Verlaufe meiner Theorie, einen Gegenstand gänzlich unberührt gelassen, aus welchem in anderen Lehrbüchern des Tonsatzes gar grosses Wesen gemacht wird, ja mit welchem Manche sogar ihren Unterricht anzufangen und ihn

---

*) Jedenfalls werden die verehrlichen Abonnenten der *Cäcilia* Sich aus dem, die versprochene Bogenzahl wieder weit überschreitenden Volumen des gegenwärtigen Heftes überzeugen, dass es gewiss nicht in der leidigen Absicht geschieht, die schuldige Bogenzahl mit Auszügen aus gedruckten Büchern zu füllen.
d. Rd.

darauf — zu gründen pflegen. Es ist dies die Lehre von den sogenannten griechischen, oder Kirchentonarten.

Ich vermag nicht, mich von der Richtigkeit dieser Verfahrensart zu überzeugen, halte vielmehr diesen Gegenstand für etwas der Theorie der Tonsetzkunst ganz Fremdes: und dass ich ihn hier noch nachträglich berühre, geschieht blos erzählend, um meine Leser nicht in Unbekanntschaft mit einem Gegenstande zu lassen, auf dessen Kenntnis, in den Augen Mancher, so grosser Werth gelegt wird.

§. 580.

Wir haben bei unsern bisherigen Betrachtungen überall nur von zwei verschiedenen Tonarten gewusst: nämlich von harten, und weichen. — Eigentlich sind auch, wenigstens für unsere heutigen Ohren, nur diese zwei geniesbar. — Indessen versichern uns musicalische Alterthumsforscher, die Alten hätten, nicht wie wir blos zwei, sondern weit mehre, und ganz andere Tonarten gehabt, und in solchen Tonarten seien z. B. die Tonstücke 61 bis 64 nebenstehender Tabelle gesetzt. — (Man spiele oder singe sie vorläufig einmal durch und urtheile selbst.)

Wenn es wahr ist, dass griechische Musik so geklungen, wie diese Probestücke klingen; — wenn es wahr ist, dass in Griechenland solche, wenigstens für unsere heutigen Ohren grösstentheils höchst befremdlichen Tonstücke, als Producte schöner Kunst der Töne gegolten, — dann muss, um das Wenigste zu sagen, der Tonsinn der Griechen ziemlich anders organisirt, und ihre Musik gleichsam etwas ganz Anderes gewesen sein, als die unsere ist.

In der That aber ist es erst noch eine sehr unausgemachte Frage, ob es auch recht wahr ist, dass die Musik der Vorzeit also geklungen.

Denn über wenige Gegenstände der Alterthumskunde herrscht so schwer-durchdringliches Dunkel, und so grosse Verschiedenheit der Ansichten und Behauptungen der Gelehrten, als über die Lehre von der Musik und insbesondere den Tonarten der Griechen, und Römer.

Die Ursache der Dunkelheit liegt in dem Umstande, dass der Geschichtforscher in diesem Fache sich, mehr als kaum in irgend einem anderen, gleichsam ganz ohne Spur, und von den Quellen verlassen findet. Indess plastische Werke der Alten noch jezt leibhaftig vor unsern Augen stehen, klingt von ihren Tonwerken kein Ton mehr in unsere Ohren herüber. Einige dürftige Bruchstücke geschriebener griechischer Tonstücke, — nur todte Tonzeichen — sind Alles, was auf uns gekommen. Und selbst dieser dürftigen Bruchstüke sind nicht nur äusserst wenige, sondern, was das Schlimmste ist, sie sind für uns eigentlich unlesbar, und wir wissen nicht mit Zuverlässigkeit, wie sie geklungen; welches Letztere deutlich genug daraus zu entnehmen ist, dass die besagten Manuscripte von verschiedenen Tongelehrten nicht selten ganz verschieden dechiffrirt werden, — ja, dass solche dechiffrirte Tonstücke, wie z. B. die vorstehend erwähnten, jedenfalls so gar wunderlich klingen, dass man sich kaum der Vermuthung enthalten kann, die Ausleger, die da meinen, die in jenen alten Tonschriften aufgezeichneten Tonstücke hätten so wunderlich geklungen, wie sie hier in moderne Noten übersetzt stehen, — mögten sich wohl gar im Dechiffriren der alten Tonschrift geirrt, unrichtig dechiffrirt, und unrichtig in Noten übersetzt haben, so dass, wenn heute ein alter Grieche wieder auferstünde, er sich vielleicht ungemein darüber entsetzen würde, zu hören, was diese Herren als Proben der Musik seines so hochgebildeten Zeitalters ausbieten.

Könnte freilich ein solcher Wiedererstandener uns heute ein Paar Tonstücke seiner Zeit vorsingen oder vorspielen — ja dann wären wir wohl auf Einmal aus dem Traume. Wir hätten dann wenigstens Einmal mit eigenen Ohren gehört, so wie wir Werke alter bildender Kunst mit eigenen Augen täglich sehen. — So aber, wo wir nie, weder so unmittelbar, noch auch nur mittelbar, mit eigenen

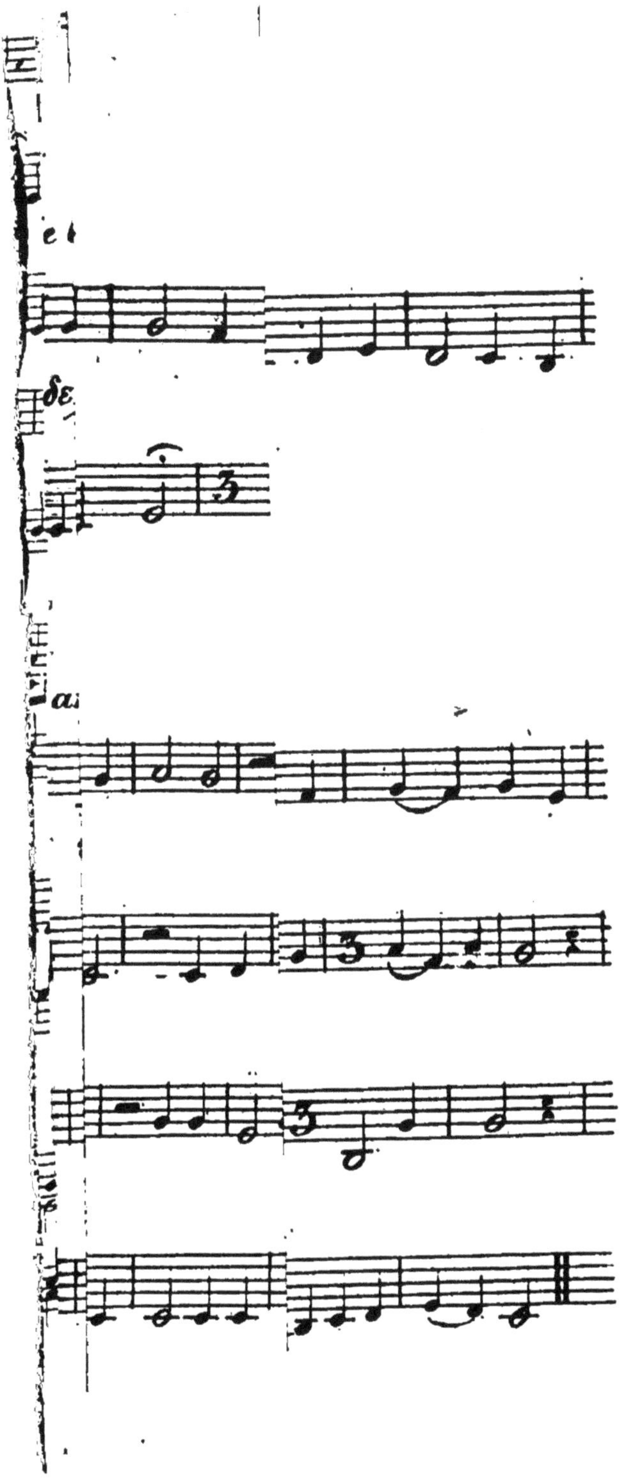

Sinnen vernommen, wie ein griechisches Musikstück geklungen — so, sage ich, ist unser Reden und Schreiben über diesen Gegenstand nicht viel besser, als Abhandlungen Taubgeborner über Töne, oder Blindgeborner über den Reiz der Farben.

Aber, nicht genug, dass kein Grieche wiedererstebt, um uns über das Wesen jener Kunst zu verständigen! Nein, man sollte sogar meinen, selbst die tausendjährigen Todten legen es ordentlich darauf an, den Schleier noch mehr zu verdichten. Denn auch die historischen Nachrichten, welche die alten Schriftsteller uns über die Musik ihres Zeitalters hinterlassen, sind fast durchgängig höchst unverständlich, oft ganz widersprechend, ja, auch wohl gar erweislich irrig, unwahr und naturwidrig, wo nicht gar gradezu lügenhaft, *) wie z. B. das,

---

*) Dieselben Klagen über die Dunkelheit und Unzuverlässigkeit dieses Gegenstandes, haben schon vor mir mehre andere Schriftsteller geführt, wie z. B. unter manchen Anderen auch folgende:
Fuxius, in seinem *Gradu ad Parnassum, Exercitii V. Lectione VII, De Modis*, pag. 221. „*Ad Modorum mate-„riem tractandam adniti, perinde est, ac antiquum chaos „in ordinem redigere. Tanta enim opinionum diversitas „inter Auctores, cum antiquos, tum recentiores reperitur, „ut ferme quot capita tot sententiae fuisse videantur. Nec „me tenet tanta admiratio Graecorum Auctorum: etenim „extra controversiam est, Musicam illorum principio pau-„perem admodum intervallis fuisse, teste Platone in Ti-„maeum. . . . . Postquam autem vix „umbra de Musica Graeca nobis amplius super-„est, non satis mirari possum, existere etiamnum aliquos, „qui hodiernae Musicae nostrae Modis peregrina haec „vocabula attribuere, et rem ex se satis intricatam, vanis „nominibus obscurare audeant.*" Zu teutsch: „Die „Materie von den (alten) Tonarten abhandeln wollen, „heisst gleichsam ein altes Chaos in Ordnung bringen. „Denn es herrscht unter den älteren sowohl als neueren „Schriftstellern so grosse Verschiedenheit von Ansichten, „dass man sagen könnte, so viel Köpfe so viel Meinun-„gen. Auch ich bin nicht von so grosser Bewunderung „der griechischen Autoren befangen; denn nach Plato „*in Timaeum* ist es ja ausser Zweifel, dass ihre Musik „anfänglich sehr arm an Intervallen war. . . . . . Nach-„dem uns aber kaum noch ein Schatten griechischer

erst von Galiläi, so wie auch von Chladni (Akustik §. 86, u. Leipz. Mus. Ztg. 1826 Nro 40), entlarvte

„Musik übrig geblieben, kann ich mich nicht genug wun-
„dern, dass es auch jetzt noch Leute giebt, die es wa-
„gen, den Tonarten unserer heutigen Musik jene fremden
„Namen beizulegen, und eine schon an sich genugsam
„dunkle Sache durch leere Namen noch mehr zu ver-
„wirren."
 D. *Antonio Eximeno*, *Dell' origine e delle regole
della Musica*, Roma 1774, P. 2, Lib. 1, Cap. 1, §. 1,
Pag. 321. „*Gli Europei sono tenuti a rispettare ne' Greci
„i Maestri delle moderne, arti, riti, e costumi; ma questo
„rispetto non deve impedire il tenerli per la nazione più
„menzognera che sia stata mai al mondo, ed ambiziosa di
„farsi stimare più di quello ch'era.*" D. h. „Die Europäer
„müssen in den Griechen die Meister unserer Künste,
„Gebräuche und Sitten verehren; aber diese Verehrung
„darf uns nicht hindern, sie für die lügenhafteste Nation
„zu halten, welche je die Welt gesehen, und welche
„jederzeit darauf ausging, für mehr zu gelten als sie
„war," — und weiterhin, Pag. 339: „*Non pretendo per
„questo che la Musica greca sia stata onninamente come la
„nostra, che per decidere questo punto, v'abbisognerebbe
„sentire quella, e paragonarla con questa.*" D. h. „Ich
„behaupte darum nicht, dass die griechische Musik gänz-
„lich wie die unsere gewesen; denn um hierüber zu
„entscheiden, wäre es erfoderlich, jene hören und mit
„dieser vergleichen zu können." Und wieder Pag. 342:
„*Vero è che da' testimonj degli Antichi non si può chiara-
„mente rilevare il significato delle parole, massimamente in
„materia di Musica, sulla quale nulla quasi si comprende
„senza esempj, che mancano affato sulla Musica greca.*"
D. h. „Es ist wahr, dass aus den Zeugnissen der Alten
„die wahre Bedeutung ihrer Worte nicht klar zu entneh-
„men ist, zumal im Fache der Musik, worin man ohne-
„hin ohne Beispiele fast Nichts verstehen kann, welche
„letztere aber hier ganz und gar mangeln."
 Rousseau im *Diction. de Musique*, art. *Mode*:
„*Les Anciens diffèrent prodigieusement entr'eux sur les dé-
„finitions, les divisions, et les noms de leurs Tons ou
„Modes. Obscurs sur toutes les parties de leur Musique,
„ils sont presque inintelligibles sur celles-ci.*" D. h. „Die
„Alten weichen in Ansehung der Begriffbestimmungen,
„Eintheilungen und Namen ihrer Töne und Tonarten er-
„staunlich von einander ab. Dunkel über alle Theile
„ihrer Musik, sind sie über diese fast ganz unerklärbar."
 Auf ähnliche Weise äussert sich G. *Jones*, in seiner
Geschichte der Tonkunst, (welche mir in diesem Augen-

Mährchen von den Hämmern und Saiten des Pythagoras, welches Nicomachus Gerosenus, Jamblichius

---

blicke nicht in der Ursprache, sondern nur nach v. Mosel's Uebersetzung zur Hand ist:) „Wie sehr muss der „Kunstfreund es bedauren, dass uns keine Spur von „dem geblieben ist, was die Musik der Alten wirklich „gewesen, und dass alle Urkunden, die über einen so „anziehenden Gegenstand hätten Licht verbreiten können, „im reissenden Strome der Zeiten untergegangen sind. „Wir haben zwar Abhandlungen und Werke der Grie„chen über die alte Musik, aber sie nützen uns nicht; „denn selbst die gelehrtesten Professoren der neueren „Harmonicen vermögen nicht, sie zu verstehen. Die lang„weiligen Spitzfindigkeiten der ewigen Gewinde durch „das Labyrinth eines zergliederten Diapason; der beson„dere Charakter ihrer Tetrachorde, und das undurch„dringliche Dunkel, welches über der Kenntniss ihrer „Tonzeichen liegt, sind wesentliche Ursachen zur Betrüb„niss für das Gefühl des Tonkünstlers, wie für die Neu„gierde des Alterthumsforschers."

Der gelehrte und berühmte Dr. Burney sagt in seiner Einleitung zur Geschichte der Musik der Alten eben so unbefangen als wahr: „Was die Musik der Alten wirk„lich war, ist jetzt nicht leicht zu bestimmen; . . . . . . „der Gegenstand der alten Musik ist so dunkel, und die „Schriftsteller, welche davon handelten, sind in ihren „Meinungen so uneins, dass ich lieber alle Erörterung „hierüber unterlasse; denn, die Wahrheit zu sagen: „das Studium der alten Musik ist gegenwärtig mehr die „Sache des Antiquars, als des Tonkünstlers geworden."

Auch Forkel's Aeusserungen, an mehren Orten seiner Geschichte der Musik, stimmen hiermit überein. So sagt er, z. B. unter Anderem im 1. Bande S. VIII und IX: „Wer daher je die wahre Beschaffenheit der „alten Musik ergründen will, darf gewiss (so sonderbar „diese Folgerung auch manchem meiner Leser scheinen „mag) nur selten den Nachrichten so folgen, wie sie uns „auch selbst von den glaubwürdigsten Geschichtschrei„bern des Alterthums gegeben worden sind." . . . . . . „Es kann jemand ein sehr ehrlicher, redlicher und sogar „gelehrter Mann seyn, und dennoch in einzelnen Thei„len der Wissenschaften, oder in den Künsten so wenig „wahre Kenntniss besitzen, dass er darin durchaus keinen „Glauben verdient, und im Stande ist, uns durch Nach„richten nicht weniger zu hintergehen, als wenn er der „ehrliche und gelehrte Mann bei weitem nicht wäre, für „welchen wir ihn um anderer Verdienste willen zu hal„ten verbunden sind. Was die Schwierigkeit, unsere

und Gaudantius, Macrobius und Boetius uns als historische Thatsache hinterbringen, — von dem

„Begriffe von der Beschaffenheit der alten Musik aufs
„Reine zu bringen, ausser der angeführten Unzuverläs-
„sigkeit historischer Quellen, noch ungemein vergrössert,
„ist die gänzliche Verschiedenheit der Intervallenverhält-
„nisse in der neuern und ältern Tonleiter, und die daher
„entstehende Unmöglichkeit, die ältere für unser, an
„ganz andere Tongrössen gewöhntes, Ohr versinnlichen
„zu können. Wäre uns aus dem Alterthum eine Maschine
„der Art übrig geblieben, wie die Erfindung des mecha-
„nischen Flötenspielers von *Vaucanson* ist, oder wie
„einige unserer Spieluhren sind, so würden auch zugleich
„einige Melodien auf uns gekommen seyn. Wir würden
„die Beschaffenheit der alten Musik, die Intervallengrös-
„sen ihrer Tonleitern, ihren Takt u. s. f. aus einem ein-
„zigen auf diese Art gleichsam lebendig erhaltenen Ton-
„stücke besser begreifen können, als aus tausend Be-
„schreibungen, und selbst aus den wenigen Melodien,
„von welchen am Ende doch nur die leblosen Zeichen
„auf uns gekommen sind. Allein die Alten hatten ent-
„weder solche Erfindungen noch nicht gemacht, oder sie
„sind verloren gegangen, und wir sind nun mit dem
„wahren Ton der alten Musik nicht besser daran, als
„mit der wahren Aussprache der alten ausgestorbenen
„Sprachen."

Es wäre leicht, noch eine grosse Menge anderer Schriftsteller anzuführen, welche sämmtlich in dieselbe Klage einstimmen. Ich habe vorstehend nur aus dem mir eben zunächst zur Hand stehenden abgeschrieben, indess die übrigen, fast ohne Ausnahme dasselbe Klagelied eben so stark und, meines Erinnerns, grösstentheils noch viel stärker, erheben.

Mismuthig über all' diese Schwierigkeiten, und über den Mangel an festem Boden zu Begründung bündiger Fortschreitungen, wollen daher Manche diesen wichtigen Zweig der Ton- und Alterthumskunde gleichsam ein für allemal aufgeben. — Fast möchte man ihnen darin Beifall geben; denn bei der so geringen Anzahl, bei der Armuth und Unzuverlässigkeit der Spuren, welche uns als Basis und Stützpunkt der Forschung dienen könnten, kann die Hoffnung, irgend befriedigende Ergebnisse auf diesem Felde zu ernten, nur sehr gering sein. — Allein dessen ungeachtet möchte doch nicht alle Hoffnung aufzugeben sein. Ist es uns ja doch bekanntlich gelungen, den genuinen Klang einiger griechischen Sprachlaute aus dem Blöcken der Schaafe, dem Bellen der Hunde u. dgl. abzunehmen: warum sollten wir nicht hoffen dürfen,

Jüngling aus *Tauromenos*, welcher, durch den Klang einer phrygischen Flötenmelodie in Wuth

---

auch darüber vielleicht noch Aufschlüsse zu entdecken, wie eine griechische Musik einst geklungen haben möge, und ob es denn wirklich wahr sei, dass bei den Griechen solche Dinge wie die in den obigen Figuren 61-64 dargestellten, Musik geheissen? — ob ihre Tonarten und Tonleitern also beschaffen gewesen, dass solche Gesänge daraus hervorgegangen? — oder ob sie nicht vielleicht gar dieselben Tonleitern und Tonarten gehabt, wie sie dem Gehörsinne von uns heutigen Menschen entsprechen.

Sollen wir aber hoffen dürfen, über diese Zweifel einst noch Licht aufgehen zu sehen, so müssten freilich die Forschungen in mehrfacher Hinsicht auf andere Weise angegriffen werden, als bisher geschehen.

Vor Allem müssten die Forschlustigen sich mehr aufs Studium der Quellen, der urkundlichen Ueberreste alter Tonkunst selber, verlegen, statt, wie bisher meist der Fall war, immer Einer sich auf die Autorität des Anderen zu verlassen, und durch die, gewöhnlich nicht mit Unbefangenheit, und nicht selten auch selbst ohne Sachkenntnis geschliffene Brille Anderer zu sehen. — Denn wie gefährlich es vorzüglich in diesem Fache ist, auf die Autorität unserer Schriftsteller zu bauen, erhellet nicht allein daraus, dass diese selbst unter sich nichts weniger als übereinstimmend sind, und der Eine ein und dasselbe griechische Musikstück ganz anders versteht, singt und in Noten übersetzt, als der Andere, wie z. B. gleich die Vergleichung von Fig. 61 *i*, 63 *i*, 64 *i* mit *k* beweiset — sondern insbesondere auch daraus, dass die Autoren, welche über Musik, und insbesondere über die fremden Tonarten und Scalen schreiben, in der Regel entweder nur Musiker ohne eigentliche gelehrte Bildung — oder aber Gelehrte mit geringer Musikkenntnis, — wo nicht gar wirkliche Nichtmusiker, sind. Denn es ist ja z. B. nichts Neues, dass W. Jones, wie er uns, recht naiv, selbst erzählt, nachdem er sich erst lange mit einer gelehrten Vergleichung der Tonart und Tonleiter eines indischen Liedes mit unseren Tonleitern und Tonarten beschäftigt, sich endlich bei einem Musiker Raths erholte, und erst von diesem erfuhr, dass die Scale besagten Liedes ja gar nichts Besonderes war, sondern grade wie die unsere — ! — (Die Stelle wird noch in der gegenwärtigen Anmerkung selbst, weiter unten, buchstäblich abgedruckt vorkommen.) Also ein Gelehrter, der nicht einmal unsere Tonleiter kennt, sondern erst einen Musiker darum fragen muss, ob ein Lied, welches er hört, in dieser Tonleiter liege oder nicht — ein sol-

versetzt, eben das Haus seines Nebenbuhlers in
Brand stecken wollte, wovon ihn aber Pythagoras

---

cher Gelehrter beschäftigt sich mit Vergleichung dieser
Tonleiter mit der Indischen, und lässt seine Betrachtungen über Musik drucken — und andere eben so Gelehrte berufen sich auf ihn, und schreiben wieder andere gelehrte Abhandlungen! — Da vertraue mir nun einer noch auf die Brille der Gelehrten! —

Je unumgänglich nöthiger es hiernach erscheint, bei Forschungen über antike Musik, aus den Quellen zu schöpfen, mit eignen Augen zu sehen, und den eignen Verstand zu brauchen, desto übler ist es, dass diese Quellen dem Forscher so wenig zugänglich sind. — Denn wo findet er die alten Manuscripte griechischer Notenschrift? wo die alten Schriftsteller, welche über die Musik ihrer Zeit Nachrichten enthalten? wo die Ueberbleibsel und Abbildungen uralter Musikinstrumente u. dgl.: Wo findet er dies Alles? und namentlich wo findet er Alles beisammen, um es, nach zusammenhängender Uebersicht, bequem durchforschen, vergleichen und allseitig betrachten zu können? —

Es ist augenfällig, wie sehr durch diesen Umstand die Schwierigkeit der Forschung sich erhöht, und die Hoffnung eines jemal befriedigenden Erfolges sich mindert. Wenigstens muss man, soll Letztere jemal in Erfüllung gehen, damit anfangen, uns die Urkunden selbst vorzuzeigen. Unsere Schriftsteller müssten uns daher, statt, wie bisher höchst unzweckmässig geschehen, die griechische Musik in moderne Noten, nach ihrer Idee gleichlautend, übersetzt, vielmehr treue Nachzeichnungen, (*copies figuratives* oder *facsimiles*) der alten Manuscripte selbst geben, so wie auch der Stellen in den Schriften der Alten, welche von Musik, sei es ex professo, sei es beiläufig, sprechen, mit sorgfältiger Erwähnung etwaiger Varianten; treue Copieen alter Abbildungen; und dies alles mit umständlich erläuternden Beschreibungen, mit bestimmter Angabe des Ortes, woselbst die Originale zu den gelieferten Abdrücken, Abbildungen und Nachbildungen sich befinden, u. s. w. Nur auf diese Weise, indem man uns die Materie der Forschung vor Augen legte — nur allein auf diesem Wege wäre Hoffnung, am Ende doch noch Licht über einen Gegenstand zu erhalten, von dem wir Alle, sollen wir's recht gestehen, bis jetzo noch gar Nichts wissen, wie sehr wir uns auch gewöhnlich bemühen, überall wenigstens eine Gelahrtheit *in puncto* der Tonarten der Alten an Tag zu legen, und uns zu gebehrden als wären wir völlig in den Geist der alten unaussprechlichen Musik

leicht durch ein musikalisches Kunststückchen abhielt, indem er dem Flötenspieler zurief, nur geschwinde

---

der Priester von On eingedrungen, und hätten die schöne Asnath, Josephs des Keuschen Gemahlin, als Mumie singen gehört. (S. Fink's vortreffliche Schrift: *Erste Wanderung der ältesten Tonkunst als Vorgeschichte der Musik*, ein Werk, welches, ohne Vorgänger in seiner Art, zu allererst die Uranfänge der Kunst mit zugleich philosophischem und musicalischem Forscherblicke, aus geschichtlichem Gesichtspuncte erfolgreich entwickelt.

Ich darf übrigens meinen Lesern nicht verschweigen, dass es doch wenigstens Einen Schriftsteller giebt, welcher, der Unzuverlässigkeit unseres bisjetzigen Wissens im Fache der antiken Musik zum Trotze, keinen Anstand nimmt, über die Musik der Griechen mit grosser Zuversicht ein förmliches, ausführliches System zu schreiben. Es ist dies ein Hr. Baron von Drieberg, Verfasser einer lesenswerthen Abhandlung, betitelt: Die practische Musik der Griechen, welcher, namentlich Seite 101 - 104, mich ausnehmend hart darüber mitgenommen hat, dass ich den Unglauben der erwähnten vielen Schriftsteller zu theilen, und dies Bekenntnis auch in meinem Vorworte zu Dr. Stöpels Geschichte der modernen Musik auszusprechen gewagt.

Um meine Leser nicht meine und aller vorgenannten Tonlehrer Ansicht allein, sondern auch die Gründe und Beweise für den entgegengesetzten Glauben kennen zu lehren, lasse ich die betreffende Stelle der, von Herrn von Drieberg, ich weiss nicht warum nun grade gegen mich gerichteten Demonstration, nachstehend wörtlich abdrucken.

„Durch die Kenntniss der Grundsätze und Regeln einer „Kunst", heisst es am angef. O. „können wir uns einen „Begriff von der Ausübung derselben machen. Wie also „die griechische Musik geklungen hat, ist zu ergründen, „der Geist aber, welcher sie beseelte, lässt sich nur „ahnen. Herr Weber bestreitet jedoch auch das erstere, „und zwar — wie wir eben gelesen haben — weil es keine „haltende Note von tausendjähriger Dauer gebe, die im„mer noch fortklinge, und an welcher wir mit eigenen „Ohren abnehmen könnten, wie etwa eine griechische „— Darmsaite geklungen habe. Dies scheint freilich etwas „Unerreichbares, allein Herr Weber nimmt sich der „Sache an, und theilt uns weiterhin ein Recept mit, wie „man die griechische Musik studiren müsse, um jenes „Jahrtausend-Problem zu lösen. Dass wir aber den „*in* „*Puncto* der alten Musik so gelahrten" „Herrn Weber

spondäisch zu flöten, welches spondäische Blasen den Mordbrenner alsbald dermasen bekehrte, dass

„keineswegs missverstanden haben, beweisen seine Gleich-
„nisse von den Taubgebornen, vom Schöps als grie-
„chischen Sprachmeister u. d. m. Eine Widerlegung ist
„also überflüssig. — Schon dass Herr Weber die Mög-
„lichkeit annimmt, die Musik der Griechen könne etwas
„ganz Anderes als die der Neuern gewesen sein, ist nicht
„folgerecht. Denn er wird doch zugeben, dass sowohl
„die Harmonie d. h. alle Beziehungen der Klänge im
„Raum, wie auch der Rhythmus, d. h. alle Beziehungen
„der Klänge in der Zeit, auf unabänderlichen Natur-
„gesetzen beruhen, und dass dies von den Griechen er-
„kannt wurde. Da nun die Vereinigung von Harmonie
„und Rhythmus Musik ist, so kann ja unmöglich die Mu-
„sik der Griechen etwas ganz Anderes als die der Neuern
„gewesen sein. Doch am Ende läugnet Herr Weber
„wohl gar das Dasein von unabänderlichen Naturgesetzen
„in der Musik, und meint vielleicht, es gründe sich
„alles nur auf willkührliche Uebereinkunft, wie etwa
„die Regeln des Ballspiels. Wenn das ist, müssen wir
„ihn zu belehren suchen. Der berühmte William Jones
„sagt: „„Nachdem ich mich lange umsonst bemüht hatte,
„„den Unterschied der Indischen Scala von der Unsrigen
„„aufzufinden, so ersuchte ich einen deutschen Tonkünst-
„„ler von vieler Fähigkeit, einen indischen Lautenspieler,
„„der ein aufnotirtes Volkslied auf die Liebe Crisna's und
„„Radha's spielte, mit der Violine zu begleiten. Der
„„deutsche Virtuos versicherte mich, dass die Scala völlig
„„die unsrige sei. Auch erfuhr ich späterhin durch Herrn
„„Shore, dass, wenn man einem indischen Sänger den
„„Clavierton angiebt, und er sich in denselben versetzt,
„„die indische aufsteigende Tonreihe von sieben Noten
„„eine Grösse oder Major-Terz wie die unsrige habe.„„ —
„Wunderbar! man hat also in Indien und in Darmstadt
„dieselbe Klangleiter, und doch ist hier an keine Ueber-
„einkunft zu denken. Wäre Jones mehr Musiker gewe-
„sen, so würde er ohne Zweifel der Ursache nachge-
„spürt haben. Die Ursache aber ist die Symphonie
„der Klänge. Denn, indem die Symphonie nicht
„allein die Lage der sieben dynamischen Klänge des
„Grundsystems, sondern auch die Lage der fünf chroma-
„tischen Klänge, auf das genaueste bestimmt wird, die
„Griechen aber ihre Instrumente ebenfalls durch die
„Symphonie, wie die Indier und Darmstädter, stimmten;
„so folgt daraus nothwendig, dass die Klangräume,
„Systeme und Tonarten der Griechen im diatonischen
„Geschlecht, von denen der Neuern nicht verschie-

er ohne Weiteres reuig nach Hause schlich; — oder
von den Musikaufführungen im Salomonischen Tempel durch ein Hofkapellpersonal von mehr nicht als
viermalhundert und achtzig tausend Musikern, worunter allein zwanzig tausend Trompeter — — —
u. dgl. m.

So wie von allen diesen Sachen kein vernünftiger Mensch etwas glauben kann, eben so werde
ich es auch unseren Alterthumforschern nie glauben
können, die griechische Musik sei etwas, demjenigen
was die heutigen Entzifferer jener Hymnen uns un-

„den gewesen sein können. Die Behauptung des Herrn
„Weber, dass wir gar nichts von der griechischen Mu-
„sik wissen, würde also selbst dann noch unwahr sein,
„wenn sich auch keine Nachrichten darüber erhalten
„hätten; sie ist folglich um so grundloser, da wir noch
„gegen zwanzig musikalische Werke alter Schriftsteller
„besitzen. Wenn aber Hr. Weber in seinem Vorwort
„auch behauptet, alles" (Erlauben Sie: das habe ich
nie gesagt. *GW.*) „was jene Schriftsteller über ihre
„Musik sagten, sei unverständlich, widersprechend,
„irrig, unwahr, naturwidrig und lügenhaft: so wollen
„wir das so lange unberücksichtigt lassen, bis er uns
„versichern wird, einen einzigen davon gelesen zu ha-
„ben." — „Der Ausdruck Symphonie wird von den
„Griechen auf zweierlei Art gebraucht; erstlich, verste-
„hen sie darunter die ganz vollendete Vermischung zweier
„Klänge von verschiedener Höhe; dann nennen sie auch
„das Intervall, dessen Klänge sich so vermischen, eine
„Symphonie, die Klänge selbst aber heissen alsdann
„symphonische Klänge. Eine ganz vollendete Vermi-
„schung aber ist diejenige, wenn zwei verschiedene Gegen-
„stände sich so mit einander vereinigen, dass keiner vor
„dem andern voraus bemerkbar ist, und also das Ge-
„mischte dem Sinn wie ein Einfaches erscheint. Es giebt
„daher nicht blos eine Symphonie der Klänge, sondern
„auch eine Symphonie der Farben, eine Symphonie
„der Geschmäcke" . . . . ! — Und so geht
es fort, — und gegen mich zum Theil noch viel ärger.
Dicht nebendran wird, (S. 95. und 96,) die Ouverture zu
Don Juan der niedrigsten Gattung von Schnurrantenmusik
bei Bauernhochzeiten gleichgestellt und eine „unerhörte
„Kakophonie" genannt, (vergl. §. 465,) und Seite 94
auf ähnliche Weise mit Sebastian Bach umgesprungen. — Ei nun! solche Freuden kann man solchen
Herren ja gerne gönnen. *GW.*

ter Fig. 61 bis 64 zum Besten geben, Aehnliches, und also etwas von dem, was wir heute unter Musik verstehen, so ganz verschiedenes, ein Geklöhne ohne allen melodischen Sinn, und (wie eben diese Beispiele,) sogar ohne irgend eine rhythmische Symmetrie, gewesen; und grade der Umstand, dass die Alterthumforscher uns diese Hymnen nicht anders, als so, zu entziffern vermögen, scheint doch ein evidenter Beweis, dass sie sie ganz unrecht entziffern, und es ihnen also noch gar nicht gelungen ist, die griechische Tonschrift zu verstehen.

Bei dieser Lage der Sache, in deren Folge unsere Schriftsteller und Kunstgelehrten in ihren Ansichten und Darstellungen der griechischen Tonarten in so hohem Grade von einander abweichen, und über die Sache selbst noch nichts weniger als einig sind, will ich, statt mir die Miene zu geben, mehr zu wissen, als ich und andere wirklich wissen, lieber offen darauf verzichten, meinen Lesern mit Bestimmtheit zu sagen, wie die Musik, und insbesondere die Tonarten der Alten beschaffen gewesen, und wie sie in der That, und ob sie wesentlich anders als die unsere geklungen; sondern mich darauf beschränken, ihnen die Vorstellung, welche unsere heutigen Tonkunstgelehrten sich gewöhnlich von den griechischen Tonarten machen, so treu und so verständlich wie möglich vorzutragen: eine Aufgabe, welche schon für sich allein nicht unter die leichten gehört, indem sich dieser Gegenstand in unseren Theorieen in ausnehmend gelehrte Dunkelheit und dunkle Gelehrtheit gehüllt findet.

§ 581.

Die Tongelehrten sagen uns, wiewohl mit unvergleichlich mehr gelehrter Unverständlichkeit, als ich hier wiederzugeben vermag, Folgendes:

'Die Nationen, welche Jahrtausende vor uns gelebt, hätten, nicht wie wir blos harte und weiche Tonart, sondern sechs, oder gewissermasen zwölf, wo nicht gar noch mehre(!), wesentlich verschiedene Tonarten oder Tonleitern gehabt. Diese, ursprünglich von den Egyptern und Israeliten herstammend, dann in Griechenland eingeführt, hätten hier, je nach den Provinzen wo die eine oder andere derselben vorzüglich üblich geworden, die Namen Dorische Tonart, Phrygische, Lydische Tonart, u. s. w. erhalten. Von den Griechen seien sie auf die Römer gekommen, und von dort in die ältesten christlichen Kirchengesänge übergegangen, welche ursprünglich alle in diesen Tonarten gesetzt gewesen. In eben diesen altchristlichen Liederweisen finden sie denn auch wirklich deutliche Spuren der Vortrefflichkeit jener alten Tonarten, und eine Erhabenheit, eine Kraft und Würde, welche in unseren heutigen leidigen Dur- und Molltonarten durchaus unerreichbar sei, u. s. w. Die Figuren 49 bis 54 enthalten einige als vorzüglich ächt anerkannte Melodieen dieser letzteren Gattung.

§ 582.

Die verschiedenen griechischen Tonarten oder Leitern waren nun, so wird gelehrt, Folgende:

1.) Eine, welche wie unsere harte Tonleiter klang, worin also die grossen, und kleinen Stufen eben so vertheilt waren, wie in unsern Durtonleitern. Z. B.

c d e f g a h c̄ u. s. w.

oder

d e fis g a h cis d̄ u. s. w.

und in dieser Tonart war also, grade wie in unserer heutigen Durtonleiter, der Stufenschritt

vom ersten zum zweiten Tone gross,
— 2ten — 3ten — gross,
— 3 — 4 — klein,
— 4 — 5 — gross,
— 5 — 6 — gross,
— 6 — 7 — gross,
— 7 — 8 — klein.

Dieses hiess die Jonische Tonart, *modus jonius*.

Ueber antike Musik.

2.) Eine andere Tonart hiess die **Dorische**, *modus dorius:* in dieser war die Stufe

vom ersten zum zweiten Tone gross,
— 2ten — 3ten — klein,
— 3 - — 4 - — gross,
— 4 - — 5 - — gross,
— 5 - — 6 - — gross,
— 6 - — 7 - — klein,
— 7 - — 8 - — gross,

etwa wie

d e f g a h c̄ d̄, u. s. w.

oder

e fis g a h · cis d ē, u. s. w.

Die Dorische Tonleiter war demnach von der ersten Stufe bis zur fünften wie eine Molltonleiter, von da an aber anders: nämlich die Stufe vom fünften zum 6ten Tone gross, vom 6. zum 7ten klein, vom 7. zum 8ten gross; — oder, kürzer ausgedrückt: sie war eine Tonreihe wie eine Durtonleiter, wenn man diese von der zweiten Leiterstufe anfängt.

3.) Wieder eine andere Tonart, die **Phrygische**, *modus phrygius* genannt, sah folgendermasen aus:

e f g a h c̄ d̄ ē.

klein, gross, gross, gross, klein, gross, gross.

oder

c des es f g as b c ....

u. s. w., also wie unsere Durtonleiter, wenn man sie von der dritten Leiterstufe anfienge.

4.) Die **Lydische** Tonart, *modus lydius*, war wie unsere Durtonleiter von der vierten Stufe angefangen, z. B.

f g a h c̄ d̄ ē f̄ ......

oder:

c d e fis g a h c̄ ......

u. s. w. —

5.) Die Mixolydische, *modus mixolydius*, war wie unsere Durtonleiter, wenn man sie von der fünften Stufe anfienge, z. B.

g a h c̄ d ē f̄ ḡ ......

oder

c d e f g a b c̄ ......

u. s. w. —

6.) Die Aeolische oder Aiolische, *modus aeolius*, wie z. B.

a h c̄ d ē f̄ ḡ ā ......

oder

c d es f g as b c̄ ......

u. s. w. — und

7.) Nach Vogler, die Mixophrygische, *modus mixophrygius*, wie

h c̄ d ē f̄ ḡ ā h̄ ......

oder

c des es f ges as b c̄ ......

u. s. w.

Um nun zu erkennen, aus welcher Tonart eine griechische Weise geht, muss man wissen, dass allemal die letzte Note der Melodie als Tonika, als erste Stufe angesehen wird. Je nachdem daher die sämmtlichen in einer Weise vorkommenden Töne, wenn man sich dieselben in eine Reihe gestellt vorstellt, eine Tonreihe bilden, worin die grossen und kleinen Stufen so vertheilt sind, wie in der jonischen, oder wie in der dorischen Tonart, u. s. w., so sagt man, die Weise geht aus der jonischen, aus der dorischen Tonart, u. s. w. — Z. B. die Weise Fig. 51 endet mit dem Tone d; dieser ist also, auf Griechisch, als Tonika derselben anzusehen. — Nun darf man nur zusehen, welche Art von Tonreihe die übrigen in dieser Weise vorkommenden Töne gegen den Ton d bilden? Stellt man zu dem Ende die darin vorkommenden Töne in eine Reihe, und betrachtet den Ton d als ersten Ton, so kommt eine Tonreihe heraus wie die *C*-Dur-tonleiter von der zweiten Leiterstufe angefangen, und man erkennt daran, dass diese Weise **dorisch** ist. — Auf gleiche Art findet man die Weise Fig. 52 **phrygisch**; denn wenn man die Töne, aus denen sie besteht, in eine Reihe stellt, und von e, als dem Tone mit welchem sie schliesst, zu zählen anfängt, so zeigt sich eine Tonreihe wie eine in *C*-dur, vom dritten Tone e angefangen. — Fig. 53 ist wie in *C* vom Ton f angefangen, also **lydisch**, — und Fig. 54 wie in *D*-dur von a angefangen, (oder, was dasselbe ist, wie in *C*-dur von g angefangen,) also **mixolydisch** (nur transponirt); — und auf nämliche Art wird man eine **aeolische**, eine **mixophrygische**, und eine **jonische** Weise erkennen.

Dabei ist aber auch noch weiter zu unterscheiden, ob die Töne, aus welchen die Weise besteht, mehr im Umfange vom Haupttone bis zu dessen Octave liegen, — oder mehr vom fünften Tone bis zu dessen Octave. Im ersten Falle nennt man die Weise **authentisch**; im andern aber **plagalisch**, und es wird dem Namen der Tonart der Beisatz ὑπό- (Hypo-) angehängt. Z. B. die Töne der obigen Fig. 51, worin der Ton d Haupton ist, liegen, wenn auch nicht alle, doch bei weitem grösstentheils, zwischen d̄ und d̿, also zwischen dem Haupton und seiner Octave; die Weise ist also **authentisch-dorisch**. — Eben so ist der phrygische Gesang Fig. 52 authentisch, weil er sich hauptsächlich zwischen c̄ und c̿ aufhält. — Hingegen die Weise Fig. 53, deren Haupton f ist, besteht aus Tönen welche alle nicht zwischen f und f̄, sondern zwischen c̄ und c̿ liegen; sie ist demnach **plagalisch-lydisch**, oder **hypolidisch**. — Eben so ist Fig. 54 **plagalisch-mixolydisch**, oder **hypomixolydisch**. — Und auf gleiche Art wird man finden, was eine hypojonische, — eine hypophrygische, — hypoaeolische, — oder eine hypomixophrygische Weise ist.

Ferner, wenn die Töne, aus denen der Gesang besteht, im Umfange von der Unterquinte der tonischen Note bis zur Oberquarte liegen, so erhält die Tonart den Beisatz ὑπερ (Hyper-, Ober-) daher die hyperdorische, die hyperaeolische Tonart, u. s. w.

§ 583.

So waren, wenigstens nach dem Zeugnisse des grössten Theiles unserer Schriftsteller, die sogenannten griechischen Tonarten beschaffen; wiewohl einige andere Schriftsteller sie auch wieder ganz anders beschreiben. Man sehe Forkel's Geschichte der Musik, 1. Bd. §. 99 - 177. So wird z. B. die jonische Tonart auch jastische Tonart, *modus jastius* genannt, — die hypomixolidische auch hyperjastisch, *modus hyperjastius*, — die hypoaeolische auch hyperdorisch, *modus hyperdorius*, u. s. w.; — wie denn überhaupt über alle näheren Begrenzungen dieser Gattungen augenscheinlich noch gar Vieles schwankend und unbestimmt bleibt.

§ 584.

Das Erste, was, bei der obigen Beschreibung der griechischen sogenannten Tonarten und Tonleitern, wohl Jedem schon aufgefallen, ist wohl, dass dieselben im Grunde ganz und gar Das nicht sind, was wir heut zu Tage Tonart und Tonleiter nennen. — Eine Tonart besteht in der Zusammengehörigkeit einer gewissen Anzahl von Harmonieen, welche sich insgesammt auf eine Hauptharmonie beziehen, um welche sie sich, als um ihren Mittelpunkt, wie Glieder Einer Familie um das Haupt derselben, drehen; und Tonleiter nennen wir die Gesammtheit der Töne aus welchen die, zur Familie einer tonischen Harmonie gehörenden, einer Tonart eigenen, Harmonieen bestehen; — eine griechische Tonleiter aber sind die Töne, welche in einer Weise vorkommen; — jene ist das Resultat der Analyse der Grundharmonieen; — diese der Melodie.

§ 585.

Was aber den vielgerühmten **erstaunlichen und unerreichbaren Werth und Vorzug dieser Tonarten**, vor unseren Dur-, und Molltonarten angeht, so klingen, wenn wir unsere Ohren fragen, solche Tonstücke wie die bisher angeführten, nun freilich etwas wunderlich, und es ist in der That kaum zu stark ausgedrückt, wenn der oben erwähnte *Eximeno*, pag. 337, von den angeführten Proben griechischer Hymnen ausruft: »*le canzoni de' Selvaggj di Cannadá hanno la modulazione più vaga di quei Inni*« (»Die Gesänge der Kanadischen Wilden haben lieblichere Modulation als diese Hymnen.«) — Und wenn die Gesänge der Griechen wirklich so klangen, wie unsere Gelehrten sie uns hier geben, so mögte ein Ungelehrter, der es nicht besser gelernt hat, sie dann leicht nicht anders zu erklären wissen, als eben für Erzeugnisse eines Zeitalters, wo die Tonkunst noch in der Wiege lag, und ihre ersten rohesten Versuche wagte, welche denn auch nur ein, musikalisch noch ganz ungebildetes, Volk (ein Volk, bei welchem z. B. die Musikdirektoren ihre Füsse mit eisernen Sohlen bewaffneten, um nur den Takt laut genug stampfen zu können, und dazu noch beide Hände mit Austerschalen oder hohlen Becken, um sie nach dem Tacte schallend zusammenzuklappen, — bei welchem die Trompetenvirtuosen sich sehr gewöhnlich vor Anstrengung die Wangen zerrissen oder Blutgefässe zersprengten, und Flötenbläser sich an einem Solo wirklich zu Tode bliesen, u. dgl. —) vielleicht befriedigen, vergnügen und, bei seiner nationellen Reizbarkeit und Beweglichkeit, wohl gar begeistern konnten. Denn wer weis, welchen Eindruck auch auf uns selbst die roheste Musik machen würde, wären wir noch nichts Besseres gewohnt.

Dagegen versichern uns aber hoch- und tiefgelehrte musicalische Alterthümler, und zum Theil auch gelehrte und treffliche Tonsetzer unserer Zeit: wenn unsere Ohren die Vortrefflichkeit solcher Weisen nicht zu fassen vermögten, so liege die Ursache davon einzig in der Verwöhnung und Verderbtheit unsers Gehöres durch unsere elenden modernen Dur- und Molltonarten. Die Griechen, so wie überhaupt die lieben Alten, seien ja doch ganz andere Leute gewesen, als wir Junge, und was jene ehmal begeistert habe, müsse doch wohl nothwendig ganz ausnehmend vortrefflich sein, und sei eben nur höchstens gar zu sublim für unsere profanen Ohren.

Ich will es nur bekennen, dass ich zu den Ungelehrten und Ungelehrigen gehöre, welche den blinden Glauben an die Herrlichkeit und Vorzüglichkeit solcher Musik, vor Allem, was heut zu Tage wir Musik nennen, noch nicht haben erlernen können. Uebrigens gedenke ich über diesen Gegenstand hier keine Controverse zu schreiben; um so weniger, da Forkel (am angef. O. und besonders § 174, flgg.) diesen Gegenstand so durch Beispiele beleuchtet hat, dass kaum mehr viel Weiteres zu sagen übrig bleibt. Nur mit Wenigem wollen wir die Wahrheit, welche Forkel von der historischen Seite beurkundet, hier auch von der artistischen noch etwas näher, unbefangen betrachten, — wollen uns keinen Zwang anthun, und nicht unser Gehör gefangen nehmen unter den Gehorsam des Glaubens, um Tonstücke, wie die oben angeführten Hymnen und Kirchengesänge, unseren Ohren zum Trotze, geniesbar, ja, herrlich und köstlich zu finden und für unerreichbar anzuerkennen, sondern wollen das Herz haben, es zu gestehen, dass sie uns, wenigstens so wie sie hier stehen, ungeniesbar und unmusikalisch klingen.

Ich sage, so, wie sie da stehen, also ohne harmonische Begleitung abgesungen, wie sie, (der Versicherung unserer Autoren zufolge) gesungen zu werden ursprünglich bestimmt waren, und von ihren Urhebern gesungen wurden; also ohne Zuthat von unserer heutigen Musik. Man wende uns daher nicht ein, dass solche Gesänge, mit kunstreicher harmonischer Begleitung, z. B. von einem Vogler, oder Bach, auf der Orgel vorgetragen, wie z. B. obige Fig. 50, — oder etwa nach solcher

Bearbeitung von einem guten Sängerchore gesungen, in der That ganz herrlich und ganz und gar nicht mehr ungeniesbar klingen: denn da jede solche Weise eben dadurch, dass man sie zur Theilnehmerin an einem harmonischen Gewebe macht, aufhört, griechische Musik zu sein, so braucht es ja, um unser obiges Urtheil zu bestätigen, nichts weiter, als eben die Bemerkung, dass grade nur die Harmonie, also eine, der griechischen Musik ganz fremde Zuthat, durch deren Beitritt das sogenannte griechische Tonstück eben aufhört antike Musik zu sein, dasselbe geniesbar macht.

Denn, bei aller Achtung gegen berühmte Gelehrten und trefflicbe Tonsetzer, muss es einem denn doch ganz wunderlich vorkommen, wenn man sie behaupten hört, sie begleiteten diese Gesänge mit Harmonieen auf griechische Manier; indess ja doch fast niemand mehr zweifelt, dass die Griechen das, was wir Harmonie nennen, gar nicht kannten, und daher solche Gesänge ja gar nicht harmonisch begleiteten. *)

---

*) Wenigstens ist Alles, was uns von Musicalien jener Zeit übrig ist (vorstehende Fig. 61-64) nur einstimmig. —

Aber wie? Wenn die Alten vielleicht doch harmonisch-mehrstimmige Musik gehabt hätten? — Wie wenn die erwähnten Figuren 61-64 vielleicht gar nur Nebenstimmen, und keineswegs die eigentliche Melodie wären? — — Man denke sich einmal, etliche Jahrtausende nach heute wäre von Musicalien unserer Zeit nichts Anderes mehr übrig, als etwa die Altstimme einiger Chöre des *Don Juan*; und ein Gelehrter jener fernen Zeit wollte dann die Altstimme, diesen — so glücklich conservirten köstlichen Schatz, diese heilige Reliquie des grossen Mozart, als eine Probe der Musik unserer Zeit, betrachten, und seine Zeitgenossen belehren: also habe ein Stück aus einer gewissen Oper *Don Juan* geklungen. — Um das Scandal voll zu machen, denken wir uns, jener Gelehrte kenne auch unsere Notenschlüssel nicht: was wird er erst dann für Zeug heraus demonstriren! — Man sage mir nicht, letztere Annahme passe nicht, indem wir die griechische Tonschrift ja kennten. —

Und wenn man es untersucht, worin denn das „auf griechische Manier« besteht, und die harmoni-

---

Wir kennen sie, ja! aber wie? — so, dass Jeder sie anders versteht und anders liest; wie wir ja an den mehr angeführten Beispielen sehen. — Aber noch mehr! Wer sagt uns, wie Viel oder Wenig der, nach solcher Tonschrift singende, Grieche beim Absingen, als sich von selbst verstehend, dazu oder davon zu thun hatte? Wissen wir ja doch z. B. aus Vogler's Choralsystem, dass man noch jetzt in Grossgriechenland in den Musicalien überall weder ♯ noch ♭ hinschreibt, sondern sich darauf verlässt, dass der Sänger z. B. in einem Satze aus *D*-dur überall von selber fis singe, ungeachtet nur f geschrieben steht. „Ich habe," (schreibt Vogler am angef. O. S. 45) „in Grossgriechenland, auch in alten Städten an der „Adriatischen See, ... Kirchenmusiken ... gehört, „... die ... in den Griechischen Tonarten geschrie„ben waren, wo der ganze Chor, ohne Vorschrift, „an gewissen Stellen Kreuze beifügte. ... Je nach„dem es der Schlussfall erheischte, brachte der Dis„kant oder der Alt u. s. w. ein Kreuz vor, dies aber „so einhellig, dass, obschon bei jeder Stimme sich „wenigstens 4 Personen befanden, ich nie einen zwei„deutigen Ton habe bemerken können. Ich liess mir „die Partitur und die ausgeschriebenen Stimmen vor„zeigen, fand aber nie ein Kreuz, und da ich ihnen „hierüber mein Befremden äusserte: so sagten sie „mir, das Gefühl von dem Bedürfniss, da und dort „einen Ton erhöhen zu müssen, sei ihnen zu einer „anderen Natur geworden. Daher kam der Ausdruck „*modus chori*, der noch in Italien durchgehends bei„behalten worden."

Wer bürgt uns nun, dass nicht auch jene altgriechischen Hymnen vermög eines ähnlichen *modus chori* vielleicht ganz anders gesungen wurden, als wir sie ohne solchen *modus* lesen! — Müssen wir dies nicht sogar für sehr wahrscheinlich halten, um nicht glauben zu müssen, die hochgebildeten Griechen hätten so ganz abscheulich kauderwälsches Zeug gesungen? woran wir ihnen wahrscheinlich eben so Unrecht thun, als wir den von Vogler erwähnten Neugriechen thun würden, wenn wir aus einer jener grossgriechenländischen Chorstimmen, wo wirklich f steht, schliessen wollten, jene Sänger hätten da überall f und nicht fis gesungen, was freilich ohne

schen Bearbeitungen solcher Gesänge von den anerkanntesten Kennern der alten Tonarten, Seb. Bach, Vogler, u. A. durchsucht, so läuft es am Ende darauf hinaus, dass man ein solches Stück wo möglich mit dem Dreiklange auf dem Tone, der der letzte Ton der Weise ist, anfängt, und wo möglich auch mit eben diesem Dreiklange endet, dass man also z. B. die Weise Fig. 51 so schliesst, als ob sie aus *D*-dur oder *d*-moll ginge, wie bei Fig. 49 *i* oder *k*, — und Fig. 52 so, als ginge sie aus *E*, wie bei Fig. 55 bis 57, oder die ebendaselbst mit Fig. 54 bezeichnete wenigstens mit dem A-Accorde, Fig. 59 u. 60; (wiewohl auch dies nicht **allemal**, wie Fig. 50 u. 58 beweisen) indess man übrigens, wie man sieht, sowohl dabei, als auch im Verlaufe des ganzen Stückes, keineswegs nur solche Accorde gebraucht, deren Töne in der dorischen, in der phrygischen, oder mixolydischen sogenannten Tonleiter liegen. —

Nun aber ist es wenigstens noch keinem Menschen eingefallen, solche Gesänge seien bei den **Griechen auf solche Art** harmonisch begleitet worden. — Was hat es aber alsdann für einen Sinn, wenn man solcher Ausstattung einer sogenannten griechischen Weise durch heutige Harmonieen, den Namen einer griechischen Behandlung beilegt? — Eine solchergestalt behandelte griechische Weise ist nichts anderes als ein Stück **heutiger Musik**, ein **heutiges, ein modernes** Tonstück, in dessen Harmonieengewebe die Töne einer angeblich griechischen Weise als einer der Fäden mit eingewirkt sind, dessen Ganzes aber darum eben so wenig mehr antik ist, als ein moderner Kopfputz, in welchen etwa eine griechische Haarlocke eingeflochten würde, eine griechische Frisur wäre.

Uebrigens ist dieses musivische Einsetzen, dieses Einflechten so ungeberdiger Weisen in ein Gewebe

---

Zweifel eben so abgeschmackt klingen würde, als das, was unsere Gelehrten uns als Proben altgriechischer Hymnen auftischen.

GW.

heutiger Harmonieen, nicht immer ein ganz einfaches
Geschäft. Denn einestheils widerstreben solche Melodieen, wie wir gefunden haben, nicht selten schon
an und für sich einigermasen unserm natürlichen
Gehöre, und wollen daher auch in eine Harmonieen-
reihe heutiger Art nicht recht passen, z. B. Fig, 51.
Und um daher solche störrige und ungeschlachte
Fäden in ein harmonisches Gewebe zu verflechten,
sieht man sich sehr häufig genöthigt, dem Harmonieengewebe bald diese, bald jene ungewöhnliche
Wendung zu geben, und überhaupt tausenderlei harmonische Künste anzubringen, um die harte und
herbe Kost unseren Ohren doch geniesbar zu machen.
— Anderentheils aber wird eben solcher Aufwand
von ungewöhnlichen harmonischen Wendungen auch
oft nur angewendet, um einer solchen Weise, welche
sonst, an und für sich betrachtet, unseren Ohren
nicht befremdend und also nicht apartig genug erscheinen mögte, einen weniger alltäglichen Charakter,
und somit Etwas zu verleihen, was man griechische
Behandlung nennen könne. Ein Beispiel liefert eben
wieder die oben unter Fig. 52 angeführte Weise,
welche, wenn man ihr erlauben will, aus *C*-dur zu
gehen, und auch mit der ℭ-Harmonie zu enden,
ganz alltäglich einherzieht und Niemanden auffallend
ist, welcher man aber eine ganz befremdliche Miene
aufnöthigt, indem man sie, um sie, wie sie's nennen,
griechisch und phrygisch zu behandeln, mit dem ℭ-
Dreiklange schliesst, wie bei Fig. 55, 56 u. 57; —
und auf gleiche Art lehrt Vogler, im Choralsystem:
um die Melodie Fig. 48 *i* griechisch oder choralmäs-
sig zu behandeln, müsse man sie nicht so begleiten,
wie bei 46, sondern wie 47; dann sei's griechisch. —

§. 586.

Eben diese öfter vorkommenden ungewöhnlichen
Harmonieenwendungen sind übrigens hauptsächlich das,
was, in Verbindung mit der feierlich langsamen Bewegung des Choralgesanges an sich, mit der Ein-
fachheit des Vortrages, mit dem daran geknüpften
religiösen Gefühle, mit dem frommen Respecte

vor dem grauen Alterthume und so mancher anderen ehrwürdigen Nebenidee und Reminiscenz, Musikstücken dieser Art einen eigenen Reiz und einen anziehenden, gleichsam mystischen Anstrich von Feierlichkeit und Heiligkeit verleiht. Und wenn man daher findet, dass ein, nach einer (sogenannten oder angeblich) antiken Weise, aber mit harmonischer Begleitung gesungener Choral eine ganz eigene, zuweilen in der That hinreisende Wirkung thut, welche man bei Gesängen anderer Art gewöhnlich nicht findet, so liegt, wie man sieht, der Grund davon keineswegs in dem selbständigen überwiegenden Werthe der antiken Weise, sondern im Gegentheile grade nur in dem, was an dem Tonstücke nicht antik ist, in der harmonischen Ausstattung und Begleitung, welche insbesondere in dem, sich freiwillig aufgelegten, Zwange Veranlassung findet, ihre ungewöhnlichen Seiten hervorzukehren, und tiefer liegende Züge zu entfalten. (Vergl. §. 576., Fig. 46, 47, und Taf. 60.)

§. 587.

Unsere Kunst also ist es, welche die sogenannten antiken Weisen geniesbar macht; unsere Tonkunst ist es, welche in solchen Choralbearbeitungen gefällt. Nicht mehr ist z. B. eine wie obige Fig. 50 oder 55 bearbeitete Choralmelodie ein phrygisches Tonstück, — dieser Schluss nicht ein griechischer, phrygischer, sondern einer in E-dur, der, gleichwohl ungünstigen Melodie, durch künstliche Harmonieenwendung abgewonnen. (Bei der Lehre von der modulatorischen Anlage der Tonstücke im Ganzen, insbesondere von Stückendungen, 2. Bd. §. 303 - 312 haben wir mehre derartige Schlüsse angeführt, und nach den Grundsätzen unserer Tonkunst erklärt.) — All dies ist also das Werk unserer Kunst, all dies lehrt die Theorie unserer Musik machen, und wir brauchen, um solche Weisen durch Harmonie ausschmücken zu können, keineswegs eigene griechische Tonarten anzunehmen, welche dadurch ja vielmehr eben ausgelöscht werden. Vielmehr bietet die Theorie unserer Musik uns die Mittel dar, jede, sowohl moderne, als auch mehr oder weniger ungewöhnliche, sei es nun Griechische, oder wär es auch Chinesische, Kamtschatkalische, Hottentottische, und wer weis, was sonst noch für eine kannibalische Weisen, harmonisch zu begleiten; und wir brauchen also eben so wenig an die sogenannten griechischen Tonarten zu glauben, als etwa an Chinesische, Karaibische, u. s. w. und haben eben darum auch in unserer Theorie der Tonsetzkunst keine eigene Theorie der gelehrtdunkeln griechischen Tonarten aufzustellen.

Wohl ist die Kenntnis dieser alten sogenannten Tonarten für die Kunstgeschichte von Interesse; — und auch einem practischen Musiker mag es gut zu Geschichte stehn, wenn er von so hohen und geheimen Dingen auch Eins mitzusprechen weis. Ja einem, der darauf nicht achtet, kann sogar leicht das Unglück begegnen, dass er einmal einen sogenannten echt griechischen Tonschluss macht, ohne zu wissen, wie die Alterthumskenner einen solchen Schluss auf Griechisch nennen; — oder dass er, eben so unbewusst, einmal zufällig ein ganzes Tonstück auf eine Art behandelt, welche ein musikalischer Antiquitätenkenner hernach für ächt griechisch erkennt. (Ich selbst, z. B. habe wenigstens in dem Augenblicke, als ich die Melodie zu Th. Körner's „Morgenlied der Freien" schrieb, wahrhaftig auch nicht von Weitem daran gedacht, dass man dieselbe, bis auf den plagalischen Nachruf „*Amen*," für ächt lydisch erkennen werde! — Man nenne sie lydisch, oder wie man sonst will; wenn sie nur gut ist!—)

Eben darum gehört aber die Lehre von den antiken sogenannten Tonarten auch in die Kunstgeschichte, nicht aber als integrirender Theil in eine Theorie der Tonsetzkunst; und es ist Pedanterei, wenn die meisten Theoristen meinen, es gehöre ordentlich zum *decorum*, in einem Lehrbuche der Tonsetzkunst, ja sogar in blossen leidigen Generalbassschulen — ! — *eruditionis gratia* auch so

Etwas von den Tonarten der Griechen, von griechischen Klanggeschlechtern, wie sie's nennen, von *Hypo* und *Mixo*, von *Proslambanomenos* und *Hypoproslambanomenos*, von *Peripàte hypaton, Hypate hypaton*, etc. etc. etc., zu predigen, wo nicht gar (was freilich geradezu unvernünftig zu nennen ist!) unsere Theorie der Tonsetzkunst auf sogenannte griechische Tonarten, als Grundlage, bauen zu wollen, und die griechischen Klanggeschlechter als Fundament und Urquell aller musicalischen Weisheit anzupreisen!! Es gilt hiervon ungefähr dasselbe, was wir in der Anmerk. zum §. X. des 1. Bandes von der harmonischen Akustik gesagt, — und dass wir überhaupt von Dingen, von denen wir, wie von der griechischen Musik, eigentlich so gar Nichts recht wissen, nicht so viel Aufhebens machen, und damit nicht vornehm und gelehrt thun sollten.   *G W.*

Zu vorstehender Seite 192.

»Die altgriechischen Schafe, Ziegen, Hunde und »Schweine.... sind die einzigen noch fortlebenden Zeu»gen für die wahre Aussprache des η, $\alpha\upsilon$ und $o\iota$, »ob wir sie gleich nicht zu unsern Sprachmeistern »bestellen wollen. — Das Schaf schreit *ble, ble*, nicht »*bli, bli*, daher ihr Laut durch $\beta\lambda\eta\chi\tilde{\alpha}\nu$ (*blechán*, blö»cken) ausgedrückt wird. Man erinnert sich ja noch an »Lichtenbergs böotische Schöpse! Die griechische Zie»ge meckerte wie die unsere $\mu\eta\varkappa\acute{\alpha}\varsigma\varepsilon\iota$. Wenn in »den Wespen des Aristophanes der Hund mit Prü»geln weggejagt wird, so heult er wau, wau, $\alpha\tilde{\upsilon}$, »$\alpha\tilde{\upsilon}$, aber nicht *af, af!* (S. Aristophanes von J. G. »Voss, Theil 1, S. 381) und wenn der Acharn'sche »Landmann in den Acharnen desselben Dichters, seine ».... Töchter als Schweinchen grunzen lässt, so schrei»en sie *koi, koi*, $\varkappa o\iota$, $\varkappa o\iota$, aber nicht *ki, ki!* (Th. 1, »S. 57 f.) Das sind hundertmal wiederholte Bemer»kungen!«.... (*Böttiger* im Wegweiser im Gebiete der Künste und Wissensch. Nr. 37, 8. May 1824, zur Abendzeitung.)

Chorgesangschule für Schul- und Theaterchöre und angehende Singvereine. (Méthode pour apprendre à chanter en choeur, à l'usage des écoles, des théatres, et des academies de chant); von *Aug. Ferd. Häser.* (Traduit par *J. J. Jelensperger.*)

Mainz in der Hofmusikhandlung von B. Schotts Söhnen, (Paris et Anvers chez B. Schott.)

Betrachten wir, Was bis jetzt, bei den meisten Schul- und Theaterchören und in angehenden Singvereinen, für den Chorgesang geleistet ward, so finden wir, dass man nur selten einen gründlichen methodischen Weg einschlägt, auf dem, ohne grössere Anstrengung von Seiten des Lehrers oder der Schüler, Höheres in kürzerer Zeit erreicht werden könnte, als dies durch Einübung von Chorgesängen ohne vorhergegangene Elementarübungen, ohne eigentliche Schule, möglich ist. Solche Elementarübungen für den Chorgesang aber, die für ein ganzes Chorpersonal Ebendas sind, was eine Singschule mit Solfeggien u. s. w. für den Solosänger ist, ein Compendium nämlich alles dessen, was dem angehenden Sänger für den eigentlichen Gesang im Chor als Vorbereitung nötbig ist, waren bisher, so viel mir bekannt, nicht im Druck vorhanden. (*Nägely's* und *Pfeiffer's* u. a. ähnliche Werke beabsichtigen bekanntlich Anderes.) — Daher müsste jeder Director eines Chors oder eines Singvereines sich selbst dergleichen schreiben, wenn er methodisch verfahren wollte. Nicht jeder aber hat dazu Zeit und Beruf, und es wird gewiss vielen ein Werk, wie das vorliegende, in dem sich das Nöthige vorfindet, willkommen sein.

Ich habe hier des Hrn. Verf. eigene Worte abgeschrieben, unterschreibe sie aber gerne als mein eigenes Bekenntnis. Denn wahr ist es allerdings, dass die Art und Weise, wie man Singvereine und sonstige Singchöre zusammenzubringen und mit ihnen zu operiren, pflegt, nichts weniger als methodisch ist. Man bringt so viele und so gute Subjecte (theils Dilettanten theils Musiker und Musikanten) zusammen, als eben aufzutreiben und zu vereinigen sind, um werthvolle Vocalcompositionen, Oratorien, Hymnen, Motetten, u. d. gl. möglichst gut zur Aufführung zu bringen, übt mit den solchergestalt vereinigten Subjecten ein Tonwerk nach dem andern möglichst gut ein, und bringt auf solche Weise Eines nach dem Andern zu Gehör, so gut es eben gehen will.

Diese Methode, die zu einem Chore vereinigten Subjecte, so wie man sie eben vorfindet, alsbald möglichst gut zur Bezweckung eines Ganzen zu verwenden, wie dankens- und rühmenswerthe Resultate sie auch schon oft geliefert hat, verdient doch immer den Vorwurf blosser Empirie, in deren Gegensatze es freilich weit fruchtbringender wäre, die zusammengebrachten Subjecte vordersamst einer gemeinsamen Beschulung zu unterwerfen, um sie erst zu einem kunstgerechten Ganzen zu bilden, kurz also: vor — oder wenigstens neben der Einübung vorzutragender Compositionen, eigene Unterrichtsstunden mit dem Chorpersonale zu halten — (so wie auch mit der im Gesange zu unterrichtenden Schuljugend, u. a. m.) — damit die Individuen zuerst das Singen überhaupt, und das Chorsingen insbesondere, lernen, bevor sie aufzuführende Chöre einlernen.

Dieses ist es, was der Herr Verf. des vorliegenden Werkes beabsichtigt, und wozu er den Chordirectoren, Chorgesanglehrern und selbst Schullehrern hier theils eine kurze Anleitung, theils auch eine methodisch geordnete Sammlung von Uebungstücken, darbieten will.

Als ausgezeichneter Schriftsteller und Meister in diesem Fache der Tonkunstlehre längst bewährt und allgemein anerkannt, und insbesondere auch den Lesern der Cäcilienblätter durch gediegene, lehrreiche

Aufsätze*), rühmlich bekannt, war sicherlich grade er der Mann, welcher zu einem Buche wie dieses sich berufen fühlen durfte und musste; — und er hat es rühmlich ausgeführt, jedem nach Aufschwung strebenden Chore und Chorlehrer sicherlich zu Danke.

Des theoretisirenden Textes ist im Ganzen wenig; den bei weitem grösseren Theil des Werkes füllen die Uebungsbeispiele, — welche sämmtlich der ganzen Reihenfolge nach durchzuüben zwar ohne Zweifel die Geduld der Meisten erschöpfen würde, unter welchen aber die den Bedürfnissen des Chors am meisten zusagenden auswählen zu können, dem Dirigenten nicht anders als angenehm sein kann, — so wie es diesem denn auch anheim gestellt bleibt, ob er in seinem, dem Chorpersonal zu gebenden Unterrichte auch so, wie unser Herr Verf. gethan, die Lehre vom Notentreffen auf die Kenntnis der Grundharmonien (deren Hr. *Häser* zumal ziemlich viele (54) annimmt, z. B. noch einen übermässigen Dreiklang, einen hartverminderten und einen weichverminderten, und noch weit mehre Vierklänge, — sodann Nonaccorde u. dgl. — ohne jedoch die Eigenschaft dieser Accorde der wirklichen Grundharmonieen, grade dogmatisch behaupten zu wollen; vergl. S. 33 am Ende, — auf die Lehre von Modulationen und Ausweichungen, (mit welchem Ausdrucke der Hr. Verf. einen mir nicht verständlichen Begriff verbindet, S. 28, Nr. V; und S. 29 Nr. VI) — und ähnliche harmonische Kenntnisse gründen, — oder ob er seine Sänger davon dispensiren will. — Das alles mag der Lehrer halten, wie er will; immer wird er an dem vorliegenden Buche zum Behufe seines Geschäftes eine nicht genug zu rühmende Anleitung und Vorrathskammer finden.

Besonders dankenswerth erscheint, neben dem Werthe des Werkes im Allgemeinen, insbesondere die, gewiss sehr

---

*) Cäcilia im VII — X. Bande, u. a. m. — Vgl. auch Ebendesselben im Jahre 1823 bei B. u. Härtel erschienene systematische Uebersicht der Gesanglehre.

zweckmässige und, wenigstens meines Wissens, bis jetzo noch von keinem Chormeister gefasst gewesene Idee, Scalen und chromatische Tonreihen u. dgl. fürs Chor zu bearbeiten, wovon unserm Verfasser demnach die Ehre der ersten Erfindung gebührt.

Was übrigens die Art und Weise, wie Hr. *Häser* seine Lehrmethode bei dem ihm untergebenen Chorpersonale in Anwendung bringt, angeht, so versichert er, dass wöchentlich vier zu solchen Uebungen verwendete Stunden zur Erzielung des beabsichteten Bildungszweckes vollkommen, — nothdürftig auch wohl nur drei, ja nur zwei Stunden in jeder Woche schon so ziemlich hinreichen. In diesen Uebungsstunden soll denn aber jeder Singende die Partitur vor sich haben; jede Uebung soll anfänglich ganz langsam abgesungen, und erst bei weiteren Wiederholungen nach und nach bis zum rechten Tempo gesteigert werden; das ganze Personal soll nicht sitzend, sondern gradestehend singen, und zwar die aus lauter gleichlangen Noten bestehenden Uebungen auf die Sylben *Da, Me, Ni, Po* u. s. w. — Die übrigen aber durchweg auf den Vocal *A.* — Nachdem ein Theil der Uebungsstunden zu Uebungen dieser Gattung verwendet worden ist, soll sodann die noch übrige Zeit zum Vortrag eigentlicher Chorgesänge, nach des Dirigenten Auswahl, verwendet werden.

Danken mögen es die französischen Chöre und Chormeister der Schott'schen Verlaghandlung und dem Herrn *Professeur Jelensperger*, dass jene eine von diesem angefertigte französische Uebersetzung dem deutschen Originaltexte an die Seite gesetzt und auf diese Weise das verdienstliche Buch auch für Frankreich brauchbar gemacht haben.

Etwas minder warm wird der Hr. Verfasser es dem Hrn. Uebersetzer danken, dass dieser in seiner Uebersetzung den Originaltext nicht selten willkührlich abgekürzt, — dasjenige, was der Verf. nicht ohne Ursache mit einer gewissen Ausführlichkeit und Umständlichkeit gesagt, in seiner sogenannten Uebersetzung nur so flüchtig hingesagt und sich auf diese Weise seine Arbeit mitunter so sehr leicht gemacht hat, dass an mehren Orten die französische Columne um ein Paar Hände breit kürzer ist, als die teutsche. (Französische und deutsche Franzosen werden darin ohne Zweifel wieder einen neuen Beweis der bündigen Kürze der französischen Sprache erkennen wollen.) —

Nicht selten schiebt der Uebersetzer dem Verfasser auch Behauptungen unter, welche gradezu unvernünftig sein würden. So lässt z. B. jener diesen sagen (Pag. 6.): »*Pour aspirer la quantité d'air nécessaire à la respiration et à la parole, il suffit d'ouvrir la bouche, et l' précipite de lui même.*« — Der Hr. Uebersetzer h Verf. das Wörtlein »**beinahe**« unterschlagen, durch solche Ungewissenhaftigkeit ihn vor ganz Fr: reich, welches seinem Hrn. *Professeur Jelensperger* glau compromitirt. — Auf Seite 8. ist die Phrase „*Ces deux famillest*" bis „*l'echelle musicale*" durch Orthographie- oder Druckfehler schier unverständlich geworden; — eben so steht S. 10 Z. 12 „*faires*" statt „*faire*", — u. dgl. m. — Das vom Verf. S. 14 angeführte italienische Wort „*sgallinacciare*" hat der Uebersetzer anmasslich, aber mit Unrecht, in „*gallinacciare*" verballhornt. — S. 18 Z. 14 steht „*diatonigue*" statt „*diatonique*" — S. 22 Z. 11 statt „*les sens*" soll wohl „*le sens*" stehen; u. s. w. u. s. w.

Aber selbst mit diesen theilweisen Verunstaltungen, wird die *Häser'sche* Chorgesangschule auch für Frankreich immer noch ein höchst dankenswerthes Geschenk sein.

An dem zur Beurtheilung vorgelegten Exemplare sind Druck und Papier rühmenswerth.

Gfr. Weber.

Rudiment du Pianiste, — Bildungschule des Clavierspielers; von *H. Bertini.* Op. 84.

<small>Mainz und Antwerpen bei B. Schotts Söhnen. Pr. 4 fl. 30 Kr.</small>

Als eine ausgezeichnete Erscheinung sind *Bertini's Etudes caractéristiques* Op. 66, so wie auch seine *Douze petits morceaux*, bereits nach Würden in diesen Blättern gerühmt worden. In dem gegenwärtigen Werkchen hat der Meister eine ausgewählte Sammlung der nothwendigsten Vorübungen, in Scalen verschiedener Tonarten, einfach und in Doppelgriffen, Sprüngen und Bindungen, Toccaten etc. zusammengestellt, vom Leichten bis zum Schweren geordnet und aufs sorgfältigste mit der Fingerbezeichnung versehen. Dass von einem solchen Meister ein solches Werk nicht anders als höchst dankenswerth sein kann, wird weiter keiner Erwähnung bedürfen.

Es ist in grossem Median-Quartformate wunderhübsch und correct *) gestochen und das uns eingesandte Exemplar ist, auf sehr schönem Papiere, vortrefflich gedruckt.

Rd.

Second grand Trio brillant, pour le Pianoforté, Violon et Violoncelle; comp. par *Ant. Bohrer.* Oeuv. 7.

<small>Darmstadt bei E. Alisky. Pr. 4 fl. 30 kr. = 2 Thlr. 12 Gr.</small>

Das herrliche Brüderpaar *Bohrer* hat vor mehren Monaten einen Triumphzug durch Ihr und unser Vaterland gehalten, welchem diese ausserordentlichen Künstler durch das in diesen Hinsichten glücklichere Paris entzogen worden sind. — Ihre ächt künstlerische Virtuosität, die Gediegenheit ihrer Leistungen und, fast mehr noch als ihr Solospiel, die unübertreffliche Vollendung ihres Vortrages Mozartscher und

---

*) Einzelne Schreib- oder Stichfehler, z. B. dass S. 81. die drei ersten Sechzehntelnoten nicht $\bar{c}\ \bar{d}\ \bar{e}$ sondern $\bar{c}\ \bar{e}, \bar{g}$ sein sollen, — dass auf S. 84. in Nro. 7. über dem 6ten Achtel der rechten Hand nicht $\frac{1}{4}$ sondern $\frac{3}{4}$ stehen sollte u. dgl. — erräth und verbessert sich leicht von selbst.

Beethovenscher Violinquartette, (wozu sie grade hier in
Darmstadt glücklicherweise zwei, nicht blos vortreffliche,
sondern auch sogar schon mit ihnen zusammen eingespielte,
Gehilfen vorfanden) — so wie auch ihre interessante Individualität, so als Künstler wie als gebildete Menschen,
haben ihnen die allgemeinste Achtung und Gewogenheit
gewonnen.

In dem durch die Ueberschrift bezeichneten Trio hat
uns Herr *Anton Bohrer* ein schönes Andenken zurückge-
lassen. Die Clavierstimme gewährt Gelegenheit zur Entwickelung jeder Art von Virtuosität; und die nicht stief-
mütterlich behandelten Begleitungstimmen schliessen sich
mit ihr zu einem, bei vollendetem Vortrage, wirkungs-
vollen Ganzen zusammen.

Der Stich und das Papier des mir vorliegenden Exem-
plars sind lobenswerth, der Preis ist sehr mässig.

Gfr. Weber.

Fuge und Choral: „Wachet auf ruft uns die
Stimme," für die Orgel; von *H. W. Stolze,*
Stadt- und Schloss-Organisten in Celle. Op. 7. 2tes
Werk der Orgelstücke.

Hamburg bei Cranz. Pr. 10 ggr.

Die gründliche, durchaus gedachte, solide Arbeit des
Herrn Stolze hat mir bei der Durchgehung sehr viel
Freude gewährt, indem der talentvolle, kenntnissreiche
Schüler unsers höchst verdienstvollen, leider zu früh ver-
storbenen, *Fischer* zu Erfurt, so wie der grosse Verehrer unsers unsterblichen *S. Bach*, aus dem ganzen Werke
hervorleuchtet.

Das Thema der Fuge fängt mit dem Pedal an, und
ist auf alle nur mögliche Art und Weise, bald verkehrt,
bald in der Engführung, und zwar so trefflich benutzt,
dass man den Verf. oft bewundern muss.

Die Fuge, rein vierstimmig gearbeitet, erfodert einen sehr geübten Pedalspieler und ein Pedal das noch das d über der 2ten Octave enthält. — Das Tempo ist nicht angegeben; aber nach der Bearbeitung und der vielen vorkommenden Sechzehntelnoten zu schliessen, darf es nicht zu schnell, (doch auch nicht zu schleppend) genommen werden.

Verschweigen darf ich übrigens nicht, dass in der sonst trefflichen Fuge mitunter Härten vorkommen und dass manche Stelle kräftiger, deutlicher und zugleich für den Spieler leichter hätte gesetzt werden können. Wirkungslos und undeutlich ist gleich im ersten Takte das 2te Viertel mit dem Doppelschlage, welcher letztere besser wegbleiben würde. Solche Verzierungen, zumal im Pedale, und besonders wenn die Töne desselben, wie häufig der Fall, nicht schnell und präcis ansprechen, machen wenig Wirkung und bringen leicht Verwirrungen und Undeutlichkeiten hervor.

Auf die Fuge folgt der Choral: „Wachet auf ruft uns die Stimme." — Der erste Takt des Fugenthema ist ebenfalls als Motiv benutzt, durch den ganzen Choral beibehalten und mit demselben sehr schön verbunden. Die Behandlung und Bearbeitung ist vorzüglich gelungen.

Am Schlusse findet man denselben Choral noch einmal bearbeitet, und zwar ganz einfach, wie er beim Gemeindegesange gebraucht werden kann, und mit herrlichen kräftigen Harmonieen ausgestattet.

Indem Ref. dem würdigen Herrn Stolze für diese vortreffliche Arbeit seinen Dank sagt, fügt er den Wunsch bei, dass es ihm gefallen möge, die Verehrer des ächten Orgelspiels bald mit einer Sammlung nicht allzuschwerer Vor- und Nachspiele zu erfreuen, welche auch bei mindergeübten Organisten und Freunden des Orgelspiels Eingang finden können.

Druck und Papier sind gut.

Chr. H. Rinck.

„La ci darem la mano" varié pour le pianoforte, avec accompagnement d'Orchestre, par *Frédéric Chopin.*
Bei Haslinger in Wien.

Herr *Chopin,* Pianist aus Warschau, welcher gegenwärtig in Paris als ein Stern erster Grösse glänzt, hat unter obigem bescheidenen Titel ein grosses Bravourstück mit Orchester geliefert, das der Beachtung aller Virtuosen, denen die grossartige *Field'*sche Schule nicht unbekannt ist, und die in der praktischen Darstellung etwas Höheres suchen als die Darlegung blos mechanischer Fertigkeit, um so mehr werth sein dürfte, als diese Composition zugleich dem Gebildeten verständlich und fasslich und in harmonischer Hinsicht bedeutend und höchst interessant genannt werden kann.

Ich weis nicht, ob *Chopin* unmittelbarer Schüler von *Field* ist; aber aus der ganzen Anlage des Stückes, dessen schwärmerischer Charakter auf jeder Seite unsere Empfindung in Anspruch nimmt, aus der Art der Passagen, die oft überraschend und ganz neu, und dabei mit einer gewissen Solidität dargestellt, schon an sich selbst einen Kunstgenuss gewähren, aus seiner Applicatur, die er gewagten und ganz ungewöhnlichen Wendungen sehr zweckmässig beigefügt, — und aus seiner vortrefflichen meisterhaften Bezeichnung oder Andeutung des Vortrages, erhellt deutlich, dass er mit *Field's* seelenvoller musikalischen Sprache ganz vertraut sein und dessen Spielart sich praktisch angeeignet hat.

Hieraus möge aber das Publikum nicht folgern, als sei hier von einer Nachahmung *Field's* die Rede. Nein! das Werk steht in jeder Hinsicht ganz selbstständig da und verräth eben so sehr die genaueste Bekanntschaft mit der leichten, graziösen, aber rein mechanischen Wiener Spielart, mit welcher viele Virtuosen (in Ermanglung *Field'*scher Schüler, welche Russland meist für sich behalten zu haben scheint) bis in die neuere Zeit so viele Namen erzeugten, als die Kenntniss der neuesten, pikanten-, vielleicht frivolen, aber eleganten und sehr geschmackvollen fanzösischen Schule, die H. *Herz* und andere mit so viel Glück ausgebildet hat, und in der unter andern *Pixis* sein geistreiches und originelles Concert, Op. 100, und *Kalkbrenner* und *Moscheles* mehre allgemein bekannte und beliebte Concert-Stücke, geschrieben haben, ohne weiter bei denselben den Einfluss der *Field*'schen und Wiener Spielart verkennen zu wollen.

Herr *Chopin* hat das Duett aus *Don Juan* zum Thema gewählt, nicht blos um Variationen darüber zu schreiben; sondern er hat grade dieses Thema benutzt, um das ganze, gewagte, wilde, verwegene und in Liebe schwelgende Leben und Treiben eines *Don Juan* anzudeuten. Er hat dies, nach meiner Meinung, in den genialsten und kühnsten Zügen gethan, und ich möchte in diesem, wie soll ich sagen, Phantasie-Bravourstück, auch nicht einen Takt entbehren, so charakteristisch scheint mir Alles hingestellt, vom ersten Takte der grossen und originellen Introduction an, bis zum letzten, der, von Champagner-Rausch überströmenden, Polonaise.

Tongemälde zu componiren ist eine gewagte Sache! — sie mit Worten beschreiben und der Composition, so zu sagen, einen Text unterzulegen, ist es in gewisser Hinsicht noch mehr. — Ich will es Versuchsweise wagen.

Introduction, (*B*-dur). Das Quartett berührt, in contrapunktischer Nachahmung, 8 Takte hindurch, den 1. Takt des Themas, und in *Ges* beginnt das Pianoforte edel und ernst das Solo. Bald wird es wärmer und feuriger, und bis zu dem „*Più mosso*" möchte ich die Liebeserklärung, welche dem Zerlinchen bevorsteht, zwar kühn, aber noch anständig nennen. In den ersten Takten des *Più mosso* tritt das Quartett warnend in *b*-moll auf, als plötzlich *Don Juan*, in gewagten Octaven, *risoluto* entgegen tritt. Das Quartett wiederholt obige Wendung in *f*-moll, und *Don Juan* widersetzt sich noch kühner und gewagter in, schwer mit beiden Händen zu spielendem und nach dem Basse zu stürzendem *unisono*. Das Orchester tritt wieder in der Dominante von *b*-moll auf, als, nach 2 Takten, das Solo ernst und kräftig beginnt und zu einem zärtlichen *pp.* übergeht, bis, nach sehr eleganten und höchst lebendigen Figuren in der rechten Hand, (die einen sehr delikaten Anschlag verlangen, alsdann aber auch selbst dem *Zerlinchen* wohlgefallen dürften), die Fermate eintritt, wo die linke Hand, mit ungewöhnlichen Vorschlägen, den ersten Takt des Themas leise berührt, während die rechte, in Terzen und Sexten, eine unruhige Triolenbewegung ausführt. — Er nimmt einen kühnen und kräftigen Anlauf, *risoluto*, — zum

Thema, schön und höchst zierlich gesetzt und mit wenigen, aber anständigen, Manieren geschmückt; (übrigens nicht leicht, und mit grosser Aufmerksamkeit zu spielen, und schon den grossen und sinnigen Pianoforte-Spieler verrathend.)

Var. I. sehr schwer und kühn, herrlich gearbeitet, eine wahre *Don Juan's*-Variation und viel schwieriger gut zu spielen, als es dem Zuhörer scheint. Don Juan wagt Alles — aber dennoch mit Anstand und höchst interessant. Das Orchester begleitet Alles mit schöner Discretion. — Ein kräftiges Tutti, aus dem Thema genommen, schliesst.

Var. II. ist doch gar zu schalkhaft! Läuft denn *Don Juan* unisono mit dem *Leporello*, in den geschwindesten, wunderlichsten und ängstlichsten Bewegungen herum, — um — das *Zerlinchen* zu suchen? — Das Orchester deutet, bescheiden und ruhig, das Thema dazu an. — Welcher saubere Anschlag und welch richtiges Aufheben der Finger wird hierzu verlangt, um es in dem Geiste des Komponisten zu spielen! —

Var. III. Er hat sie gefunden; — wie fein galant, wie zärtlich koset der Weltmann mit ihr! — Aber — seht ihr den ängstlichen, eifersüchtigen *Masetto* in der linken Hand? — Er gebehrdet sich ja so wunderlich, so seltsam, — so ungewöhnlich; — aber *Don Juan* lässt sich einmal nicht stören! — Diese Variation (sie ist ohne Begleitung) schön vorzutragen, dürfte nur wahrer Virtuosität gelingen, und mögen nie ungeweihte Hände dies schöne lebendige Bild besudeln!

Var. IV. ist wieder eine Bravour-Variation, die einen mehr als gewöhnlichen Bravour-Spieler verlangt; übrigens sehr dankbar genannt werden muss. *Don Juan* wagt hier Viel — der Spieler auch; er wage es mit Glück! der Erfolg wird erwünscht seyn.

Ein Tutti von 15 Takten, was unsere gereizte Empfindung wieder etwas herabstimmt, führt uns zu

Var. V. (*b*-moll), ein kleines Adagio, aber voll von originellen und poetischen Zügen — grösser als manches lange. — *Don Juan* stürzt sich wild ins Leben. — Grauet ihn wohl selbst? — (Im 4. Takte wollen wir ein ⌢ auf der Pause machen.) — Hört ihr da die Pauken-Solo aus der Ferne unheimlich wirbeln? — *Don Juan* umfasst liebend (Alles schweigt) das *Zerlinchen* in *Des*-dur; — schön und einfach.

Doch schon sehe ich den *Leporello* ängstlich herbeieilen im 7. Takt und — *Don Juan* spottet seiner schon im 8.

Was wagt *Don Juan* im 2. Theile dieses schönen Adagio? — Wird er kühner, zudringlicher — unanständiger vielleicht? — Nein, seines Sieges gewiss, beschwört er die Geliebte nur mit süssen und feinen Zärtlichkeiten — mit einer und derselben Figur in der linken Hand. Das liebende und geliebte Wesen, wie ängstlich bewegt es sich in der rechten, bald in banger Verwirrung, bald in süsser Wonne. Was soll sie thun, gegenüber einem so gewandten, feinen und galanten Ritter? — Sie reicht ihm willig die Hand. — Und nun zu dem

Finale. Welch schönes, lebendiges, galantes Polonaisen-Thema! — Die Fortführung wie reich an harmonischen Wendungen, wie neu! — Hat es der Komponist bei schäumendem Champagner componirt? oder soll es der Virtuos nur nach dem Genusse des sprudelnden Weines spielen? oder der Zuhörer nur bei Champagner geniessen? —

Könnte ich mit diesen schwachen Worten etwas dazu beitragen, dass dieses, in einem phantastischen aber edlen Style geschriebene, Bravourstück, ohne durch seine Schwierigkeiten abgeschreckt zu werden — nicht unter vielen character- und phantasieleeren Kompositionen begraben und vergessen werde; so haben diese kleinen ästhetischen Rhapsodien ihren Zweck erreicht. Sollte aber dadurch der geistreiche Komponist sich bewogen fühlen, den wahrhaft gebildeten Virtuosen seine meisterhaften Concerte nicht länger mehr vorzuenthalten; so würde ich dadurch ermuthigt werden, nächstens einige Bruchstücke aus meiner bald zu erscheinenden Methodik über das jetzige Pianoforte-Spiel und über dessen höhere und höchste Ausbildung durch die Vervollkommnung unsrer Pianoforte (ich meine einiger Meister von Frankreich, England und Deutschland) herbeigeführt, den denkenden Virtuosen und allseitig gebildeten Lehrern zur Prüfung vorzulegen.

Friedrich Wieck,*)
Lehrer des Pianoforte-Spiels in Leipzig.

---

*) Auch im hiesigen Hofconcerte hat die vierzehnjährige Tochter des H. Verfassers der vorstehenden Anzeige die angezeigte *Chopinsche* Composition mit allgemeinem Beifalle vorgetragen. Zwar sind, heut zu Tage, Wunderkinder kein rechtes Wunder mehr. „Was macht man doch nicht Alles für's Geld!" rief jener Bauer der in der Stadt zum Erstenmal einen Colibri sah; — „Was macht man doch nicht Alles fürs Geld!" möchte ich eben so beim Anblick mancher fünf- und sechsjährigen Virtuöschen ausrufen. — Die kleine Virtuosin *Clara Wieck* aber hat mir, ausser dem ihrem wirklich ausserordentlichen Spiele gebührenden

Jubelcantate, zur Feier des fünfzigjährigen Regierungsantrittes Sr. Maj. des Königs von Sachsen, am 20. September 1818; Gedicht von *Fr. Kind*, Musik von *Carl M. v. Weber*. Op. 58.
Partitur 7 Rthlr. — Clav. A. 2 1/4 Rthlr. — Berlin bei Schlesinger.

Wieder eine theure Reliquie des Lieblings unserer Zeit, unsers *C. M. Weber*, verdanken wir der Thätigkeit derselben Kunsthandlung, welcher wir schon so viele bedeutendere Werke desselben Meisters zu danken haben.

Der Ruf des Werkes an sich selber ist durch frühere Anzeigen schon begründet genug, und nach Allem, was den theuern Namen *C. M. v. Weber* trägt, greift ja ohnedies schon jeder Kunstfreund unserer Zeit. — Nicht also das Werk selbst zu besprechen soll der Zweck der gegenwärtigen Anzeige sein, sondern nur eine Erwähnung der Art und Weise und Gestalt, in welcher es uns hier dargeboten wird.

Es ist mit Gelegenheitsstücken im Allgemeinen eine üble Sache! Nach dem Aufwande manches Tages, und vielleicht mancher Nacht, welche der Tondichter auf eine Composition dieser Classe aufgewendet, nach mancher mühseligen Probe und sonstigen ähnlichen Anstrengungen,

---

Beifalle, auch einen weit grösseren und solideren abgewonnen, indem sie ein von mir willkürlich gegebenes Thema von anderthalb Tacten, mit einer Gewandtheit und einem Ideenreichthume welcher einem geübten Künstler Ehre machen würde, extemporisirend zu einer ziemlich langen freien Phantasie ausführte.
Möge die, wahrhaft Ausserordentliches versprechende kleine Künstlerin so wie ihr, als theoretisch und practisch denkender Künstler achtbarer, Vater und Lehrer, überall die zuvorkommende Aufnahme finden, deren beide so werth sind; — und möge Letzterer seine „Methodik," von welcher wir Ausgezeichnetes zu erwarten Ursache haben, bald erscheinen lassen.
Gfr. Weber.

wird sein Werk endlich, einem Feuerwerke gleich, Einmal nur abgebrannt, und dann, in der Regel, zu ewigen Tagen bei Seite gelegt. — — Unverwehrt bleibt es ihm zwar, seine Musik in der Folge einmal wieder zu einem andern Gebrauche zu verwenden, — allein welch *flebile solatium!* —

Im jetzt vorliegenden Falle ist es unserem Componisten besser geworden. Der Text der Cantate, zunächst allerdings das Fest des Regierungs-Antrittes des Königs feiernd, ist so beschaffen und — dürfen wir es muthmassen? — gleich ursprünglich so eingerichtet, dass er mit Veränderung äusserst weniger Worte sofort als eine *Frühlings-Cantate* dasteht, so dass auf diese Weise all die vielfältigen Uebel- und Querstände wegfallen, welche sonst mit dem Unterlegen neuer Texte zu schon componirten Musikstücken so unzertrennlich verbunden zu sein pflegen.

In dieser Gestalt wird daher dieses Werk, sowohl im Concertsaale, mit grossen, oder auch mittelmässigen Vocal- und Instrumentalmassen, als auch in engeren Sängerkreisen am Pianoforte aufgeführt, jederzeit und fortwährend willkommen sein können und sicherlich gar bald ein Lieblingsstück kunstsinniger Auditorien sein.

Die uns zugesendeten Exemplare, sowohl der Partitur als auch des Clavierauszuges, sind auf sehr schönem Papiere schön und correct abgedruckt.

D. Rd.

Pariser Tagesblätter.

Mitgetheilt von *G. E. Anders* in Paris.[*]

Von den unzähligen Journalen, deren jede Woche, ja jeder Tag hier neue entstehen sieht, kommen die wenigsten bis nach Deutschland, und gewiss nicht jene geringeren leichteren Blätter, die in den hiesigen Salons herumzuflattern bestimmt, selten ihr Dasein über den Tag hinaus erstrecken, der sie gebar. Selbst dem Bewohner der Hauptstadt,

---

[*] Unsern Lesern, und vielleicht auch Verlagshandlungen, wird es interessant sein, dass der Verfasser des gegenwärtigen, uns in diesem Augenblicke zukommenden Artikels, sich seit Jahren mit der Berichtigung und Vervollständigung des Gerber'schen Lexikons dieser Art beschäftigt und die Herausgabe eines grossen Tonkünstlerlexikons vorbereitet, welches erscheinen zu lassen er theils eine den Musen günstigere Zeit, theils auch das Erscheinen des interessanten Werkes des trefflichen Musikgelehrten *Fétis: Dictionnaire historique des musiciens,* abwartet, um durch Benutzung desselben seiner Arbeit eine Vollständigkeit zu geben, welche bisjetzt noch nicht erreicht worden war. Diesem Werke soll sodann eine ähnliche Bearbeitung der Forkel'schen, von Lichtenthal fortgesetzten, aber häufig defecten Literatur der Musik folgen, — oder auch wohl schon vorangehen, — ein Unternehmen, bei welchem die Benutzung der grossen Bibliotheken in Paris den Hrn. Verf. in den Stand setzt, viele seltene Werke aus eigener Ansicht kennen zu lernen, welche seine Vorgänger' nur dem Titel nach aus anderen Bibliographien abschrieben.

Nach dem Werthe mehrerer, im Manuscript, in unsern Händen befindlichen Aufsätze des Verfassers zu schliessen, glauben wir uns von jenem Unternehmen viel Gutes versprechen zu können.

d. Red.

deren hundert und zwölf Lesekabinette *) das Schritthalten mit der journalistischen Literatur erleichtern, ist es unmöglich, Alles zu lesen, oder nur ansichtig zu werden, und die Gunst des Zufalles muss mitwirken, wenn nicht dem fleissigsten Leser manche Perle verloren gehen soll. — Ich habe daher von Glück zu sagen, dass mir eine Geschichte bekannt geworden und mitzutheilen vergönnt ist, die man nicht ohne die höchste Verwunderung — wenigstens hinsichtlich ihres Verfassers — lesen kann. Ich gebe sie treu wieder, doch nicht mit knechtischer Wörtlichkeit und um etwas Weniges gekürzt.

„Oben in der Josephsstadt zu Wien lebte vor einigen vierzig Jahren ein armer Trödler. Dieser Mann, Namens Ruttler, hatte eine zahlreiche Familie, und der kleine Gewinn seines armseligen Handels reichte kaum hin, eine noch junge Frau und vierzehn Kinder zu ernähren, deren ältestes noch nicht sechzehn Jahre zählte. Indessen war Ruttler, ungeachtet seiner bedrängten Lage, wohlthätig und dienstwillig gegen Jedermann, so dass kein Armer oder Reisender ihn vergeblich um Hülfe oder Rath ansprach.

Ein Mann, dessen ernste und gefühlvolle Züge Achtung und Theilnahme einflössten, ging täglich vor Ruttlers Laden vorbei. Der Mann schien den Keim des Todes in der Brust zu tragen und die Natur für ihn jeden Reiz verloren zu haben. Nur wenn Ruttlers Kinder, die ihn immer beim Vorübergehen grüssten, munter vor ihm hersprangen, umzog ein sanftes Lächeln seine entfärbten Lippen, und er schien, die Augen zum Himmel emporgehoben, den unschuldigen Kleinen zu wünschen, einst glücklicher

---

*) So viele zählt der *Almanac du Commerce* auf; doch gibt es ausser diesen noch eine Menge kleinerer Lesewinkel, in denen aber nur wenige — die unentbehrlichsten politischen — Tageblätter zu haben sind. *Anm. d. Vf.*

zu werden als er. Ruttler hatte auch den Fremden bemerkt, und da er nach jeder Gelegenheit haschte, Jemanden nützlich zu seyn, so hatte er den Kranken vermocht, nach seiner jedesmaligen Rückkehr vom Spaziergange bei ihm zu rasten, und die Kinder stritten sich täglich um die Freude, den Schemel für den Gast zurechtzurücken.

Eines Tages — es war Pfingstmontag — kehrte der Fremde früher als gewöhnlich ein; die Kinder umsprangen ihn wie immer und sagten ihm: Lieber Herr, die Mutter hat uns diese Nacht ein artiges kleines Schwesterchen geschenkt. Der Fremde schritt, auf das älteste Kind sich stützend, bis zum Laden vor, um Ruttlern nach dem Befinden seiner Frau zu fragen; dieser trat dankend entgegen, und schloss, die Nachricht bestätigend, mit dem Ausrufe: Ja Herr! das ist das fünfzehnte, das uns Gott beschert. —

Wackrer Mann! rief innigst gerührt der Fremde. — Aber sagt mir, habt ihr wohl auch schon einen Pathen für die Neugeborne?

Wenn man arm ist, lieber Herr, so hält es schwer, Pathen zu finden; die meiner andern Kinder waren Vorübergehende, oder Nachbarn, und alle so dürftig wie ich selber.

Nennt das Kind Gabriele, versetzte der Fremde; ich gebe ihm diesen Namen. Da sind hundert Gulden für das Gastmal, dem ich beiwohnen will; macht Alles, ich bitt' euch, zurecht.

Ruttler zögerte. Nehmt, nehmt! sprach der Fremde; wenn ihr mich besser kennt, so werdet ihr finden, dass ich es werth bin, euch Theilnahme zu schenken. Aber thut mir einen Gefallen! ich sehe in euerm Laden eine Violine, bringt sie mir her an diesen Tisch. Ich habe einige Gedanken, die ich eben auf's Papier werfen muss.

Ruttler nahm geschäftig die Geige herunter und reichte sie dem Fremden hin, welcher ihr gleich so wundervolle Töne entlockte, dass die Strasse sich mit Neugierigen füllte, und mehrere grosse Herren, den Künstler an diesen Tönen erkennend, ihren Wagen stillhalten liessen. Der Fremde indess, ganz in seiner Komposition vertieft, achtete nicht auf die Menge, die Ruttlers Laden umgab. Er endete bald, steckte was er geschrieben in die Tasche und nahm von dem Trödler Abschied, dem er seine Adresse liess, mit der Bitte, ihn von dem Tage, wo die Taufe vor sich gehen sollte, zu benachrichtigen.

Drei Tage vergingen, und der Unbekannte erschien nicht wieder; der Schemel stand vergebens an Ruttlers Thüre. Am dritten Tage blieben einige in Trauer gekleidete Personen mit thränendem Auge vor diesem Sitze stehen und betrachteten ihn mit Wehmuth. Ruttler entschloss sich selber zu gehen und Nachricht über seinen Gast einzuholen.

Er kam zur angezeigten Wohnung; aber die schwarz behangene Thüre, ein Sarg, der viele Wachslichter und eine Menge von Künstlern, Gelehrten und grosse Herren umstanden, liessen ihn die Wahrheit ahnen. Er vernahm, nicht ohne Erstaunen, dass sein Gast, sein Wohlthäter, der Pathe seiner Tochter, kein anderer war als — Mozart, und dass man eben im Begriffe stand die Bestattung dieses grossen Mannes zu feiern.

Mozart also hatte bei ihm seinen letzten musikalischen Seufzer ausgehaucht; auf jenem Schemel sitzend hatte er — das herrliche Requiem, den wahren Schwanengesang, componirt.

Ruttler, nachdem er die letzte Ehre dem Manne erzeigt, den er geschätzt und geachtet, ohne ihn zu kennen, ging nach Hause, und war erstaunt, seine stille Wohnung von einer Menge müssiger Gaffer besetzt zu finden, die sich dann erst der Bewundrung überlassen, wenn der bis dahin verkannte Gegenstand derselben entschwunden ist.

Diese Begebenheit brachte Ruttlern in Ruf, der sich zuletzt mit einem kleinen Vermögen zurückzog, nachdem er seine fünfzehn Kinder versorgt hatte.

Er nannte die Letztgeborene Gabriele, nach dem Wunsche Mozarts, und die Geige, deren sich der grosse Mann einige Tage vor seinem Tode bedient hatte, verschaffte der sechzehnjährigen Gabriele eine

Mitgift. Das Instrument wurde für viertausend Gulden verkauft.

Von dem Schemel aber wollte sich Ruttler nie trennen, trotz der glänzendsten Anerbietungen, die ihm gemacht wurden, und er bewahrte ihn stets als ein Denkmal seiner Armuth und seines Glückes."

Vortrefflich! — Und wo steht diese Geschichte gedruckt?

In der Méduse, und zwar in der 4ten Nummer v. 1831.

So wäre denn der unauflösliche Knoten der Entstehung des Requiems mit einemmale zerhauen, und wir wüssten nun auf's Bestimmteste, nicht nur wann, wo und wie, (*quibus auxiliis* — mit der Violine) es verfertigt worden, sondern dass es, ein Produkt weniger Augenblicke, in Einem Gusse entstanden sei.

Noch ein anderer, ungemein wichtiger Fund steckt hier für künftige Biographen; sie werden hoffentlich den Umstand nicht ausser Acht lassen, dass Mozarts Todestag unmöglich in den Dezember fallen könne, da er, der obigen Erzählung zufolge, vielmehr den zweiten oder dritten Tag nach Pfingsten gestorben ist.

Nur Eines bleibt noch zu ermitteln, nämlich das fernere Schicksal des merkwürdigen Schemels. Es sei daher sämmtlichen Antiquaren Wien's aufs dringendste anempfohlen, die genauesten Nachforschungen hierüber anzustellen, und nicht eher zu rasten, als bis sie es — auf dem gefundenen Sitze selber thun können.

Paris 1831.

G. E. Anders.

APHORISMEN
ÜBER DAS RELIGIÖSE DRAMA,
sofern es für die Musik bestimmt ist.

Drama — die ästhetische Darstellung des höhern Menschenlebens in Form werdender Handlung durch unmittelbare Gegenwart frei handelnder Charaktere. Nur das moralisch freie Wesen handelt, d. h. es bringt, nach vorhergegangener Erkenntniss der Mittel und des Zweckes, Erscheinungen hervor. Das moralisch unfreie Wesen wird behandelt. —

Handlung ist wohl zu unterscheiden von Begebenheit. Begebenheit ist jede Erscheinung in der Sinnenwelt, abgesehen von ihrer Ursache. Der Einsturz eines morschen Tempelbaues ist, allgemein genommen, eine Begebenheit. Wenn aber in Händels Oratorium Manoah singt:

> „Im Götzentempel angelangt,
> Fleht zu Jehova er (Samson) mit lautem Ruf
> Ihm einmal nur noch Stärke zu verleih'n;
> Dann fasst sein Arm mit sonst gewohnter Kraft
> Der Säulen eine, stürzt sie, und mit ihr
> Stürzt auch der Tempel ein."

so ist der Sturz des Tempels Samsons „That." —

Handlung ist der Grundcharakter des Drama; die (unpassend sogenannte) Fabel ist die Begebenheit, in welche der Dichter erst Handlung hineinbringen muss; sie gibt den Stoff zur Handlung. Die Fabel, z. B., von *Körner's* Oratorium

„David," componirt von *B. Klein*, ist in wenig Worte zusammenzufassen; nicht so die Handlung. Die Begebenheit, welche der Dichter als Fabel benutzt hat, wird uns als Handlung vorgeführt durch die Motive, wodurch sie geschieht, wodurch sie ihren Anfang hat, ihren Fortgang gewinnt, ihr Ende erreicht. Dieses Wodurch, hat aber nur in freihandelnden Wesen seinen Grund; darauf kommt Alles an. Die Begebenheit an sich ist todt; sie wird durch Handlung erst beseelt und verhält sich zu dieser, wie die Chronik zur pragmatischen Geschichte. Die Begebenheit ist vorzüglich dann dramatisch wirksam, wenn sie vom Dichter eben pragmatisch behandelt worden ist.

———

„In's Innere der Natur dringt kein erschaffener Geist, wir sind nur heimisch in der menschlichen Geisterwelt. — In der sinnlichen Natur erblicken wir eigentlich nur immer das Gewordene, nicht die innere Kraft des Werdens. Dieses Werden ist aber eben das rein pragmatische der poetischen Handlung, das sich in den Veränderungen und Thätigkeiten der Seele zeigt und durch die That Gestaltung gewinnt. — Nicht wenige unserer Dramatiker scheinen zu glauben, während eine Person auf der Scene agirt, stehe die Handlung still, und häufen deshalb Begebenheit über Begebenheit! gerade die grössten und besten Dramen sind sehr oft arm an Begebenheiten, aber desto reicher an Handlung, und ebendeshalb wirksamer.

Nichts darf im Drama umsonst und unthätig da sein, Alles ist aus einem Grunde und zu einem Zwecke da; im Gegentheile wäre die Kette der Handlung zerrissen, die Begebenheiten erschienen nicht als nothwendige Folgen. In der gangbaren, in mehrfacher Rücksicht mit Recht belobten deutschen Bearbeitung von *Händels* Samson, finden sich nicht selten die grössten Willkürlichkeiten, wodurch offenbar das Original verstümmelt worden ist. So befindet sich z. B. in der vor uns liegenden sehr alten Partitur mit dem Originaltexte eine bedeutende **Basspartie** „**Harapha**", welche in der genannten Bearbeitung **geradezu herausgeworfen worden ist**.

Die **Gemüthsbewegungen** der dramatischen Charaktere müssen sich im **Kunstgebilde eben so natürlich gestalten, wie in der Natur selbst.**

Kein Dichter darf sich erlauben, neue Systeme der Gemüthsbewegungen zu schaffen; sie sind unnatürlich, eben deshalb unwahr und gehen wirkungslos an uns vorüber. Was im Drama aber unwahr ist, widerstreitet auch den Gesetzen der Schönheit. Wenn z. B. in der genannten Bearbeitung von *Händels* Samson der tiefgebeugte Manoah erst den Sturz der **verhassten** Philisterstadt **Gazäh** und **dann** den **Tod seines Sohnes** Samson beklagt, so ist dies psychologisch **unwahr**; nicht so im Originale, wo die herrliche Scene vom Sturze des Götzentempels, etc., einem „**Messenger**" in den Mund gelegt ist; Manoah ist hier passiv —

18.

klagend; in der deutschen Bearbeitung ist der Messenger gestrichen, mit dem Charakter des Manoah verschmolzen, und dieser erscheint nun als erzählender und klagender Doppelcharakter!

———

Im Drama soll der Mensch mit seiner Abhängigkeit und Freiheit erscheinen. Es ist ein Irrthum, wenn man glaubt, dass die abentheuerlichen, unter- und übermenschlichen Wesen die dramatisch wirksamsten seien. Die unsichtbare Geisterwelt, sinnlich vorgeführt, stört die Illusion in den meisten Fällen. In wie weit aber jene Geisterwesen, etc., in das dramatische Kunstgebiet herübergezogen werden dürfen, kann allgemein hin nicht bestimmt werden; so viel ist aber gewiss, dass der dramatische Künstler niemals ganz aus sich herausgehen kann; er bleibt Mensch, und nur „*diesen*" kann er ästhetisch-wahr in der Kunst darstellen. Der „Satanas" in F. *Schneiders* Weltgericht sinkt, mit all' seiner übermenschlichen Hoheit, selbst durch die charaktervollste Darstellung, doch zum verzweifelten Menschen herab.

———

Das Hauptinteresse darf nicht zerstückelt, und eben dadurch geschwächt werden. Im Drama muss ein Centralkörper da sein, für welchen alle andere da sind. Die verschiedenartigsten Handlungen der übrigen Charaktere sind gleichsam nur Formen der Haupthandlung oder der Wirksamkeit der Hauptperson, in der sich Alles vereinigt.*) Das Drama nimmt seine Charaktere aus dem höhern Menschenleben überhaupt, ganz abgesehen von allen bürgerlichen Verhältnissen.

Im religiösen Drama muss sich aber vorzugweise das religiöse Motiv thatvoll gestalten. So reich auch die biblische Geschichte im allgemeinen, und die spätern Epochen der christlichen Kirchengeschichte an hocherhabenen Charakteren, an wahrhaft religiösen Situationen sind, so selten werden sie doch von unsern Dichtern zu dramatischen Sujets benutzt. Man führt uns die fremdartigsten Völker, die heterogensten Heidencharaktere vor, und lässt die naheliegende, mit unserm religiösen Leben verwachsene alt-jüdische und altchristliche Welt unbenutzt! Das religiöse Drama ist fast nur in der Form des dramatisirten Oratoriums kultivirt worden. So Verdienstliches, ja selbst Geniales, auch hier besonders in rein-musikalischer Hinsicht geleistet worden ist, so dürfte sich doch eben das dramatisirte Oratorium eine „*unauflösbare*" Aufgabe gestellt haben.

Der Mensch als handelndes Sinnenwesen ist an Zeit und Raum gebunden. Der dramatische Held kann nur in einem durch die Handlung bestimmbaren Zeitabschnitte, und an einem Orte handelnd vorgestellt werden. Im Oratorium er-

---

*) **Gedke**, über das Schöne, 2 Samml. von Pörschke. S. 65.

scheint aber der handelnde Gesangscharakter nur zeitlich, nicht an homogenes Ortsverhältnis gebunden; denn das Kirchenlocal oder der Concertsaal kann nicht als Ort der Handlung angesehen werden; die Scenen unserer Oratorien spielen nicht immer in Tempeln, sondern im weiten Raume der freien Natur. —

Manche Kunstphilosophen haben zwar behauptet: man solle es der Einbildungskraft des Zuschauers (Zuhörers) überlassen, den Ort der Handlung sich selbst genauer zu bestimmen, oder ihn gar nicht bestimmen, wenn er keine Nothwendigkeit vor sich sieht. In diesem Falle nun freilich, wenn der Ort in der Vorstellung nicht im höhern Grade bestimmt nachgeahmt ist, so wird zwar die Veränderung desselben die Täuschung nicht so merklich unterbrechen, allein diese Täuschung wird grade deswegen, weil der Ort nicht bestimmt angegeben und nachgeahmt ist, auch geringer sein.

So wie nichts geschehen kann in der sichtbaren Welt, es geschehe denn an einem gewissen Orte, so können wir es uns auch nicht füglich anders, als an einem gewissen Orte vorstellen. Die Täuschung in der Nachahmung muss immer unendlich gewinnen, wenn dieser Ort auf das bestimmteste und lebendigste mit nachgeahmt wird. Es wäre sonst eben so viel, als ob ich aus einem historischen Gemälde mir blos die Gruppe der Personen auf der lichten weissen Wand, und also gleichsam als nirgends vorstellte. (Cfr. *Bürgers* Aesth. B. 2. S. 124.) Unsere Oratorienscenen sind aber nichts anders, als Gruppen auf der lichten weissen Wand — und selbst dies nicht einmal. Wenn man sich auf die bekannte Sage beruft, dass Shakespeare seine dramatischen Meisterwerke auf einem Theater ohne Decorationen, zwischen den blosen weissen Wänden habe aufführen lassen, so ist ja damit durchaus nicht bewiesen, dass dieselben Meisterwerke, mit passenden Decorationen aufgeführt, nicht noch grössere Wirkung hervorbringen könnten. In dem genannten Falle konnten die dramatischen Künstler die Charaktere doch plastisch-mimisch vergegenwärtigen, allein dies fällt ja im dramatisirten Oratorium ebenfalls weg, und der Oratoriensänger kann ohne plastisch-mimische Darstellung, ohne Hülfe der Skeuopöie *) niemals den Charakter so hinstellen, dass er sich in der Wirklichkeit vor uns zu entwickeln scheint. Die Pantomime und Skeuopöie geben dem dramatischen Werke erst die Vollendung.

Der dramatische Sänger stellt die innere Handlung durch Wort, Ton und Geberden äusserlich dar; was er vermöge der beiden erstern denkt und fühlt, zu denken und zu fühlen giebt, das stellt das dritte, die Kunst der Mimik, wirklich dar; es wird, sagt ein deutscher Kunstphilosoph, Alles zur „Handlung" im allereigentlichsten Sinne, denn die „Hand" hilft es darstellen.

Je übereinstimmender Gesten, Geberden, musikalische Declamation, Costüm, Decoration, etc.,

---

*) Skeuopöie nennt man die Kunst, Täuschung und Rührung durch die theatralische Nachahmung zu befördern, welche sich der Baukunst, der Malerei, etc., bedient. (Bürgers Aesth. 2. 128.) *Nbrg.*

sind, desto grösser ist die Täuschung, oder die Einbildung, nicht künstliche Nachahmung sondern Wirklichkeit zu empfinden.

Man führe ein ächt dramatisches Werk, z. B., *Glucks* Iphigenia in Tauris, entblöst von mimischer Kunst und Skeuopöie, im Concertsaale auf — wie weit steht selbst die vollendetste Concertaufführung hinter einer theatralischen *) Darstellung

---

*) Orests Wehruf im Furienchor, dessen Schlummer- und Verzweiflungsscene: *Quoi! je ne vaincrai pas la constance funeste! etc.* — Welche Wirkung auf der Bühne? — wie effectuiren nicht gerade hier Gesten, Geberden, Costüm, Dekoration? — Wie viele Oratorienscenen würden nicht ebenfalls durch theatralische Darstellung unendlich gewinnen? — man denke nur z. B. an Bernhard Kleins genialen »David«, zumal im 2ten Theile an Davids Zerknirschung, an den Empörerchor: »Heil dir Absalon!« — an F. Schneiders kräftigen »Pharao« besonders an Nro. 9, Nro. 22, 25, etc. — man prüfe folgende Scenen aus G. Nicolai's noch ungedrucktem Oratorium »die Zerstörung von Jerusalem«, componirt von C. Löwe, welches zum Erstenmale am 14. Sept. 1830 unter des Componisten Leitung mit dem grössten Beifall in Stettin aufgeführt wurde.

»Josephus« Hört mich, ihr Männer von Jerusalem!
Verzeihung will der Feldherr euch gewähren,
Wenn reuevoll ihr ihm die Thore öffnet!
Ich danke ihm, dem Feind, mein Leben;
Nur wohl zu thun ist seines Herzens Streben,
Vertrauet d'rum dem edeln Kaiserthron. —
Ihr schweigt? — Blickt finster vor euch hin?
Was lachst, o Simon, du, mit bitterm Hohne? —
Was drückst, du aus Giskala dort, die Faust
auf's Schwerdt? —

über das religiöse Drama.

zurück?! „Wohl wahr — wird man sagen — soll
denn aber etwa das Heilige auf der Bühne profanirt werden?" — — Leider sind wir zwar so weit
gekommen, dass sich die Bühnendichter beinahe
scheuen, von Gott, Christenthum, Sittlichkeit, etc.,
in ihren Kunstprodukten nur etwas zu erwähnen;
soll denn aber der ächt religiöse Dichter und Componist die Frivolität des Zeitgeistes so fürchtend
anerkennen und dienend vermehren? soll

Wohl seh ichs, Eleazar, deine Lippen beben!
So beugt denn nichts bey euch den starren Sinn?
Ein dumpf Gemurmel rollt wie ferner Donner
Jetzt durch die Menge! — Hört den treuen Freund,
Verstosst ihn nicht, wie euern König!
  Hoherpriester. Niemand wage, ihn zu hören!
Johannes, Simon, Eleazar. Nichts will er,
  als uns bethören!
  Josephus. Lasst, o Freunde, euch beschwören!
  Die Vorigen und Volk. Falsch, Verräther ist dein
  Wort!
Frecher Greis, fort, sag ich, fort!
Steine rollen hinab,
Werden dein blutiges Grab,
Nahest du ferner dem heiligen Ort! —
Fort, Abtrünniger, fort! etc.

  Sterbescene der Berenice.
So soll ich von dem Hügel hier,
Die Meinen qualvoll enden sehn? —
Ha, schrecklich! welche Mordbegier!
Jerusalem, es ist um dich geschehn! —
O Herr der Schlachten, sey jetzt gnädig deinem Volke! —
Muth Juda! Muth! So recht! wie eine Wolke,
Deckt deiner Pfeile Schaar die blutigen
  Gefilde.

denn die Bühne nur immer berücksichtigt werden — wie sie grade hier und da ist? *wie soll es denn anders und besser werden?!* Die dramatische Kunst soll und kann die Dienerin der Gesetze, die Priesterin der Religion, und das im Stillen belohnende, und bestrafende grosse Gewissensgericht für alle Menschen sein, und man darf sicherlich gerade die Cultivirung des religiösen Gesangdrama für ein wirksames Mittel halten, durch welches die gesunkene Kunst gehoben, und das Publicum für das Höchste und Würdigste noch mehr gewonnen werden kann.

Doch ach — sie prallen ab von ihrem festen
                        Schilde! —
Was seh' ich? Ha, dort stürzt der Feind
                        hervor,
Er klimmt mit Sturmgeräth' zur Felsensinn
                        empor! —
Ob es gelingt? o Titus, höre mich!
Wo weilest du? Weh! — seiner Augen Flammen!
Die Erde dröhnt — die Mauer stürzt zusam-
                        men!
Gott Abrahams, erbarme dich!
Wie ist mir? Ach! — mir schwinden die Ge-
                        danken —
Gesammtchor der Juden. Gott Abrahams, du
                        Herr der Noth,
Gib uns den Tod!
Berenice. Die Meinen klagen — weh — der
                        Schmerz — wie herbe, —
Ich zittre — meine Knie wanken —
Es ist vorbey — Jerusalem — ich sterbe! —«

Nbrg.

über das religiöse Drama.

Die alttestamentlichen Charaktere haben für uns eine rein *menschliche* Bedeutsamkeit und Wichtigkeit; sie können — sofern sie sich nur zu dramatischen Sujets eignen — sicherlich *ohne alle Scheu eben so gut* auf die Bühne gebracht werden, als Mehuls meisterhafte Oper »Joseph und seine Brüder.« Die Charaktere sind hier biblisch, und wer würde jetzt einen Jephtha, dessen Tochter, David, Saul, Samson, Pharao, Moses, Salomon, Nathan, Gideon, etc. etc., für entheiligt halten, wenn sie uns ebenfalls würdig auf der Bühne vorgeführt würden?? — Anders verhält es sich mit einigen neutestamentlichen Personen. Die Jünger Jesu sollten, als Lehrer und Vorarbeiter unserer gottwürdigen Religion, wohl nicht zu Bühnenhelden benutzt werden; sie stehen fast alle in der Volksidee zu hoch; die Bühnensänger sind nicht immer meisterliche Charakterdarsteller, und eine Verletzung in der Darstellung würde gerade hier bei weitem mehr verletzen als an andern Personen. *»Christus«* aber ist schlechthin weder ein Bühnen- noch Oratorienheld; er steht in der Volksidee mit Recht noch höher, als »Mittler zwischen Gott und dem Menschen« ein »Gottmensch« da, und kann deshalb nicht durch einen oft gar zu menschlichen Sänger repräsentirt werden, ohne an göttlicher Hoheit zu verlieren. *) Der vernünftig-religiöse Volksglaube darf aber nie profanirt werden.

---

*) Ganz entschieden hat sich schon 1778 A. H. Niemeyer dagegen erklärt, welcher dem religiösen Dramendichter das Recht, die Person des Erlösers durch Sänger vorstellen zu lassen, völlig abschneidet.

Ng.

Beethovens »Christus am Oelberge« scheint — trotz aller Genialität — doch ein verfehltes Kunstprodukt zu sein. Dieser Oratorienheld ist ein unwahres Schattenbild, das weit hinter dem Originale zurückbleibt und die schuldige Ehrerbietigkeit schwächt, welche wir dem Erlöser schuldig sind; diese aber auf alle Weise zu befördern, die Religion und ihren Stifter, auch selbst dem Ungläubigen und Flatterer, höchst feierlich und heilig zu machen, ist ein-für allemal die erste und grösste Pflicht der religiösen Musik und Poesie. Selbst Maria sollte, wenigstens vom katholischen Standpunct aus betrachtet, nicht zur dramatischen Heldin benutzt werden. — Die altchristliche Welt ist immer noch überreich an dramatisch religiösen Charakteren, die gerade auf unserer Bühne bei weitem effectvoller sein würden, als viele der berühmtesten Heidenhelden, die uns doch nur in sofern wahrhaft interessiren können, als sich in ihnen das rein Menschliche geltend macht; wie viel mehr wird uns nicht ein dramatischer Charakter interessiren, in welchem uns der Mensch und gläubige Christ thatvoll entgegentritt? —

Die Handlung im religiösen Drama muss immer aus dem Gesichtspuncte der Religion betrachtet werden; die Charaktere sind hier also vorzüglich von der Seite zu zeigen, wo man ihre Liebe, ihr Vertrauen auf Gott, ihren festen Glauben, ihre Standhaftigkeit im Unglück, ihre Geduld, ihre Menschlichkeit, — oder das Gegentheil von dem allen, —

jenes, als selige Einflüsse der göttlichen Religion, dies als Folgen der Gleichgültigkeit gegen sie, sähe. Nur mögen sich die Dichter von den **unästhetischen Verirrungen der frühern Zeit freier halten**, wo man, schon lange vor der Reformation, in geistlichen Comödien und Tragödien, Engel und Teufel, selbst die drei Personen der Gottheit (!) theatralisch agiren liess!! —

Der technische Bau des religiösen Gesangdrama ist vom weltlichen nicht verschieden. Der, alle Illusion aufhebende, Wechsel der Rede und des Gesanges ist unzulässig. Das Ganze sei Gesangdrama. Das Recitativ sehe man nicht für ein herkömmliches Arienverbindungsmittel an. Gluck hat gezeigt, dass das Recitativ Höheres leisten könne, dass gerade das, was allen rhythmischen Ausdruck übersteigt, recitativisch behandelt werden müsse. Die Arie und das Ensemble sei lyrische Situationspoesie. Kalte Betrachtungen, dogmatische Lehren, kränkelnde, schwächliche Gefühlsnebeleien, widerstreben der dramatischen Lyrik. Der Chor greife thatkräftig und selbständig in die Handlung unmittelbar ein, denn er ist Repräsentant der Volksstimmung.

Rein leidende Charaktere, deren es mehre in der altjüdischen und altchristlichen Geschichte giebt, sind keine Helden des religiösen Gesangdrama; sie können nur zu Nebenpersonen benutzt werden. Wo die energische That fehlt, wo die auflodernde Lebensflamme erloschen, das Erdenglück verblüht ist — da entsteht für den Zuhörer Empfindungs-Monotonie.

Abwechslung des Affekts ist aber unerlässliche Hauptbedingung jedes dramatischen Kunstwerkes.

A. H. Niemeyers »Thirza« halten wir vor allen andern für ein ächt religiöses Gesangdrama, welches sich durch Mannigfaltigkeit der Situationen, scharfe Charakterzeichnung, planmässige Durchführung, scenischen Effect und schöne Diction vortheilhaft auszeichnet; auch hat der Dichter durch die Selima und den Jedidia sehr glücklich gezeigt, wie — »liebende« Charaktere im religiösen Drama benutzt und behandelt werden können.

Mehr Grösse der Seele — sagt Niemeyer im Vorwort zu seinen Gedichten, — und mehr Gelegenheiten zu äusserst rührenden Situationen, als die Geschichte der sieben Märtyrer enthält, können nur wenige Erzählungen des ganzen Alterthums haben. Sei das Buch unächt, aus dem wir sie wissen, sie selbst ist es gewiss nicht. (Cfr. 2. Maccab. 7. und Josephus Buch von den Maccabäern.) Man möchte auch hier mit Rousseau sagen: So erfindet man nicht! Eine Mutter — die sechs Söhne um Gottes Willen zum Tode gestärkt hat — und dem siebenten zuruft: Erbarme dich meiner — und stirb! — Welch eine Seele! —

Obgleich das religiöse Drama gleichsam kirchliche Farbe trägt, so passt doch der »Kirchenstyl« im Allgemeinen nicht für diese Dichtungsgattung. — In der Kirchenmusik herrscht, mit Ausnahme des Kirchenliedes etwa, grösstentheils der musikalische Gehalt *über* den poetischen. (Wenig Text- und viel Musikmasse.) Das Drama verlangt aus leicht begreiflichen Gründen mehr poetische Ausführlichheit und Gedrängtheit des musikalischen Ausdrucks. —

So wie das Wort Gottes das Licht hervorrief, so ruft das Menschenwort wieder »an's« Licht. Was sich in den Tiefen der Seele regt, das tritt durchs Wort an's Lebenslicht; es ist der Erzeuger und Träger des Gesanges; darum werde dem Worte sein Recht sowohl von Seiten der Componisten, als auch — der *Sänger*.

Der religiöse Dramenstyl sei hauptsächlich declamatorisch, d. h. das Wort soll vorherrschen — doch darf die Schönheit der Melodie nie der Wahrheit der Declamation geopfert werden. Ein Componist, welcher *Glucks* Declamatorik und effectuirende Dramatisirkunst mit — *Mozarts* contrastirender Melodik, Ensemble- und Instrumentalkunst, glücklich zu vereinigen wüsste, würde sicherlich in einem ächten, dem religiösen Drama angemessenen Style, componiren, und ein dramatisches Werk liefern, welches selbst der strengsten Kunst genügte.

Einem solchen Kunstwerke müsste wohl das dramatisirte Oratorium weichen; denn es erscheint ohne mimische Kunst und Skeuopöte nur als ein halbes Werk, von halber Kraft, welches sich aber, trotz dieser ästhetischen Mangelhaftigkeit, als eine höchst merkwürdige Kunsterscheinung noch lange erhalten wird. — Sollte nun aber auch früher oder später das »dramatisirte« Oratorium wirklich untergehen, das — »Oratorium« — bleibt sicherlich, wenn auch in anderer Gestaltung. — Die »wahre« Oratorien-»Form« finden wir aber nach Händels Vorgange im Messias, in Rochlitzens gläubig-frommer Dichtung: »Die letzten Dinge« componirt von L. Spohr.

Im »Drama« steht der religiöse Mensch im Kampfe mit der »*Sinnlichkeit*«; im »Oratorium« hat er »*überwunden*«. — Der ahnende Geist durchschwingt die Nebel der Erde, und gehet ein zum ewigen Lichte, welches umstrahlet den Thron des allmächtigen Gottes, der Himmel und Erde gemacht hat. —

Gustav Nauenburg in Halle.

BEITRAG

zur

GESCHICHTE DER VIOLINE,

von G. E. ANDERS in Paris.

(*Mit Zeichnungen, und einer Nachschrift der Redaction.*)

Wenn überhaupt in der Geschichte der Erfindungen so Vieles im Dunkel liegt, was aus Mangel bestimmter Nachrichten nie völlig ins Klare gebracht werden kann, so ist dies vorzüglich bei manchen musikalischen Instrumenten der Fall, von denen sich weder Erfinder, noch Zeit und Ort ihres Entstehens ermitteln lässt.

Je spärlicher aber die hier und dort zerstreuten Notizen sind, desto verdienstlicher mag es sein, sie zu sammeln; allein auch dieses Gesammelte selber ist gleichsam wieder verloren, wenn es an einem Orte niedergelegt ist, wo derjenige, der es brauchen könnte, es nicht sucht.

Wer einmal eine Geschichte der Violine schreiben will, — ein Werk, welches der musikalischen Literatur noch fehlt — der wird geschichtliche Nachrichten schwerlich in einem Buche suchen, welches, seinem Titel nach, nur von alten Gebäuden, Denkmalen, Gräbern u. dgl. handelt; dennoch gibt es ein solches, das ihm gute Beiträge liefern wird; und es mag um so weniger überflüssig sein, auf dasselbe aufmerksam zu machen, als es bis jetzt von musikalischen Literatoren völlig übersehen zu sein scheint; wenigstens ist es sowohl von Gerber, als von Lichtenthal übergangen *). Ich meine: Millin's *antiquités nationales ou Recueil de monumens pour servir à l'histoire de l'Empire français.* Paris 1790 — 1795. 5 Bde. 4.

Im vierten Bande dieses Werkes beschreibt der Verf. unter anderen Kirchen, Abteien, Schlössern u. s. w., auch die Kapelle *Saint-Julien-des-Menestriers* zu Paris. Eine Statue in der Thüre dieser Kapelle, einen Mann mit einer Violine vorstellend, gibt ihm Veranlassung, dem Alter dieses Instruments nachzuforschen. Weit entfernt zwar, eine vollständige Geschichte zu liefern, bringt er interessante Notizen und merkwürdige Abbildungen bei, die derjenige, welcher einmal eine Geschichte der Violine zu schreiben unternimmt, nicht übersehen darf.

Da das Werk theuer ist (es kostet 125 Franken) und in Deutschland nicht Jedem zu Gebote steht, so dürfte es manchen Lesern der *Cäcilia* nicht unwillkommen sein, wenn ich das hierher Gehörige im Auszuge mittheile, wobei ich natürlich Alles weglasse, was nur die Geschichte der Kapelle, oder sonst fremdartige Dinge betrifft.

---

*) Forkel konnte dasselbe nicht aufnehmen, weil seine Literatur d. M. früher erschien. Aber wundern muss man sich, dass Fayolle in dem *Dictionnaire historique des musiciens*, Art. Millin des Werkes nicht erwähnt, da er es doch im Art. Muset citirt, und dass er auch in seiner *Notice sur Corelli*, etc. (Paris 1810. 8.) es nicht benutzte, sondern in dem Abschnitte „*sur l'origine du Violon*" blos den Abdruck eines wahren Aufsatzes von le Prince aus dem *Journ. Encycl.* 1782. Nov. p. 489, gegeben hat.

Ueber den Ursprung der Kapelle genügt es, zu wissen, dass sie im J. 1330 von zwei Mitgliedern der im vierzehnten Jahrhundert zahlreichen Spielmannszunft (*ménestrandie*) gegründet wurde. Die Benennung nach dem heil. Julian erhielt sie, weil sie mit einem Spital in Verbindung stand, das dieses Heiligen Namen trug. Sie bestand bis zur Revolution, wo sie nebst so vielen andern Kirchen und Denkmalen niedergerissen wurde; Millin's Werk hat daher doppelten Werth, weil es die spurlos verschwundenen Gebäude vor gänzlicher Vergessenheit bewahrt.

Ich lasse ihn nun selber reden.

„Die Vorderseite der Kapelle des heil. Julian war sehr malerisch; das Portal, in zierlich gothischem Style, bestand aus einem grossen Bogen mit vier Nischen. Der Fries war mit niedlich in Stein gehauenen Engelchen geziert, welche verschiedene Instrumente spielten, als: Orgel, Harfe, ein Dreieck mit senkrechten statt wagerechten Saiten, Violine, dreisaitiges Rebek, Leier, Mandoline, Psalterium, Sackpfeife, Hörner, Schalmei, Schnabel- und Parsflöte, Pauken, Lauten und Hackbrett.

In der Nische links von der Thüre stand das Bild des heil. Julian; das der andern Nische rechts soll nach Einigen den Colin Moset vorgestellt haben; allein es ist weit natürlicher anzunehmen, dass man dem heil. Julian gegenüber das Bild des heil. Genest gestellt habe, welcher der Patron der Spielleute und ihrer Kirche war.

19.

Diese Statue des heil. Genest (Fig. 1.) hat einen sonderbaren Kopfputz, ist mit einem weiten Mantel bekleidet und hält in der Hand eine Violine; sie wurde schon mehrmals von Antiquaren angeführt [1]). Die Geige hat vier Saiten und ist den heutigen ganz ähnlich; leider wurde aber die Statue verstümmelt und der rechte Arm mit dem Bogen zerbrochen.

Das Alter der Violine ist ein Gegenstand mannichfaltiger Untersuchung gewesen. La Borde [2]) führt dazu die Gemälde des Philostratus an. Er behauptet, man sehe dort auf einem Brunnen eine Geige, welche, mit Ausnahme des kürzern Griffbretts, den unsrigen gleiche. Er würde einen so grossen Irrthum nicht begangen haben, wenn er bedacht hätte, dass jene Gemälde nur Beschreibungen, und nicht wirkliche Gemälde sind. Er behauptet ferner, dass der von Philostratus angegebene Brunnen mit den Violinen sich auf den Denkmünzen des Scribonius Libo wiederfinde; aber diese angeblichen Violinen sind Lyren [3]), welche eine Art von Altar zieren, den die Alten Puteal nannten, eine Benennung die La Borde sehr uneigentlich durch Brunnen übersetzt.

Terrasson hat über die Leier (*vielle*) eine Ab-

---

[1]) Eine gestochene Abbildung im *Essai sur la Musique* von La Borde, T. I, p. 304. ist viel zu ungenau; der Stich, den La Ravalière seiner *Dissertation sur les chansons*, T. I, p. 283, beigefügt, ist etwas besser; die Zeichnung, die ich hier stechen liess, ist vollkommen treu.

[2]) T. I, p. 387.

[3]) *Vaillant*, *Familles romaines*, *famille Scribonia*.

handlung geschrieben [1]), worin er beweisen will, dass sie älter sei als die Violine. Er hat einige Stellen aufgefunden, wo das Wort vorkommt, und wendet solche immer auf jenes sein Lieblingsinstrument an; aber offenbar bedeuten die Wörter *vielle* und *viole* so viel als *violon*, und *vieller*, *violonner* so viel als *jouer du violon*. Das Wort *archet* und *arçon* (der Bogen) welches immer zugleich mit der Leier erwähnt ist, lässt darüber keinen Zweifel.

J'allai à li et praclet,
O la vielle et l'archet. [2]).

Indessen behaupten die Vertheidiger der Leier, gegen alle Vernunft, jene Wörter *archet* und *arçon* bedeuten die Kurbel oder der Durchgriff der Leier.

Maffri's Anführung eines Gemäldes, worauf man einen *Orpheus* die *Violine spielen* sieht, ist nicht viel glücklicher: alles verräth seinen jüngeren Ursprung [3]).

So viel ist freilich gewiss, dass die Violine sehr alt ist und bis zu den ersten Zeiten der französischen Monarchie hinaufreicht. Dies ist durch unumstöss-

---

[1]) Sie befindet sich in seinen: *Mélanges d'histoire de Littérature et de Jurisprudence.* (Paris 1768.) p. 387. (Die Dissertation erschien auch früher, 1741, einzeln, doch ohne Namen des Verfassers.) *A.*

[2]) *J'allai à elle dans la prairie*
Avec la vielle et l'archet.
(Diese Verse sind von Colin Muset und auch schon anderwärts citirt worden, wo der zweite aber lautet: *O'tote la vièle.* S. Rév. mus. T. I. p. 173.) *A.*

[3]) *La Borde. Essai.* T. I. p. 295.

liche Denkmale erwiesen, deren wichtigstes das Standbild eines französischen Königs ist, welches man am Portal der untern Seite der Kirche *Notre-Dame* zu Paris, beim Eintreten rechter Hand, sieht. Montfaucon, der diese Figur ebenfalls stechen liess [1]), aber sehr ungenau, glaubt, sie stelle den König Chilperich vor; weil dieser Hymnen und zwei Bücher Kirchengesänge verfasst habe. La-Ravallière gibt eine bessere Abbildung [2]); aber die unsrige ist noch treuer. (Fig. 2.)

Ohne uns bei der Untersuchung aufzuhalten, ob nach Montfaucon's höchstwahrscheinlicher Untersuchung jene Statue in der That Chilperich sei, so zeigt die Krone und der königliche Mantel, dass sie einen König vorstellt. Die *Violine* in der linken Hand hat vier Oeffnungen oder Schalllöcher; der Bogen in der rechten ist zerbrochen.

La Ravallière hat noch ein merkwürdiges Denkmal beigebracht [3]), welches ich nach ihm habe stechen lassen. Es ist dies ein kleines Waschbecken (Fig. 3), das ihm der Abbé Le Bœuf mittheilte. Dieser gelehrte Alterthumsforscher glaubte, es stamme aus den ersten Zeiten der französischen Monarchie; es ward an einer Stelle gefunden, wo, wie man vermuthet, früher ein königlicher Palast gestanden. Es ist vergoldet, emaillirt von getriebener Arbeit, und

---

[1]) *Monumens de la monarchie françaises*. T. I. p. 86. (Die Statue existirt nicht mehr; sie wurde nebst allen an dem der Portals in der Revolution zertrümmert. *A.*)
[2]) *Poësie du Roi de Navarre*, T. I. p. 252.
[3]) Ibid. p. 251.

diente, dem Anscheine nach, zum Händewaschen.
Die Zeichnung der getriebenen Arbeit ist in mehrere
Felder getheilt; in dem mittlern befindet sich ein
Harfenspieler auf einem Stuhle sitzend, zu seiner
Rechten hat er einen Sänger, den man an seiner
Rolle in der Hand erkennt, und zur Linken einen
Violinspieler. In einem der Felder, seitwärts (unten
rechts) bemerkt man eine Violine mit doppeltem Stege.

Fig. 4. zeigt den Durchschnitt des Beckens.

Fig. 5. ist die Vignette einer Handschrift, aus dem
Anfange des 14ten Jahrhunderts, welche Gayon de
Sardière besass [1]). Man bemerkt darauf die Gestalt
eines Jongleur, der auf einer erhabenen Bank sitzt
und *Violine* spielt. Da dieses Manuscript die Lieder
des Königs von Navarra enthält, so war die Absicht
des Zeichners, diesen Jongleur darzustellen, wie er
die Lieder des Königs singt, der mit der Königin,
seiner Gemahlin, zugegen ist. Beide sitzen, und
scheinen auf die Töne der Geige zu horchen; die
Hofleute auf der andern Seite bezeigen nicht minder
grosse Aufmerksamkeit.

Diese verschiedenen Denkmale beweisen, dass
die Violine seit lange bei den Jongleurs üblich war.
Die berühmtesten Leute dieser Art waren die besten
Geiger ihrer Zeit, und die *Leier* ist immer nur ein
sehr *untergeordnetes* Instrument gewesen.

Fig. 6, 7, 8, 9, 10, 11, 12, 13, habe ich aus
den Antiquitäten von *Struth* gezogen.

---

[1]) *La-Ravalière l. c.* T. I, p. 283.

Fig. 6. stellt einen engländischen Geiger vor; seine Violine hat nur zwei Saiten, die von Fig. 7, 8, 9, 10, haben deren vier *); die von Fig. 11 hat nur drei. Dies war lange die gewöhnliche Saitenzahl einer Geige die man *Rebek* nannte. Man weiss nicht genau, wann die vierte Saite für immer hinzugefügt wurde; La Borde glaubt, es sei im 16ten Jahrhundert geschehen. Er stützt sich darauf, dass die besten Violinen, die wir haben, noch diejenigen sind, die Karl IX. von Frankreich zu Cremona durch die berühmten Amati verfertigen liess. Dies sind noch immer die schönsten Muster; allein Fig. 10, von Struth nach einer um's Jahr 1250 gemachten Zeichnung des Matth. Paris herausgegeben, beweist ein weit höheres Alter dieses Gebrauchs. Vielleicht wurde er im 16ten Jahrhundert erst allgemein, wo die Form des Instruments sich, gleichen Schrittes mit der Kunst es zu spielen, vervollkommnete.

Die Violine des *heil. Genestus* ist kein Rebek; sie hat vier Saiten und ist wie die unsrige gestaltet. Ich habe Fig. 13. einen Jongleur oder Spielmann (Ménestrier) in seiner wahren Tracht stechen lassen, nach einem Miniaturgemälde von 1272 [1]). Es gleicht vollkommen dem von Fig. 12, welcher nach einem englischen Miniaturbilde derselben Zeit aus dem Werke von Struth [2]) genommen ist.

---

*) Aber sind diese wirklich zur Gattung der Violine zu zählen? *A.*

[1]) In der königl. Bibliothek zu Paris. *Collection de Gaignières, portefeuille* IV. Nro. 72.

[2]) *Antiquités*, T. I. Tab. XIX.

Diese Denkmale mögen hier für die Geschichte der Violine genügen. Es bleibt mir noch übrig, von einer sonderbaren Würde zu reden, die dem Instrumente ihren Ursprung verdankt.

Jede Gesellschaft hatte sonst ein Oberhaupt oder einen Anführer, dem man den Königstitel beilegte; die *Krämer, Feldmesser, Bartscherer,* u. s. w., selbst *die Dichter,* hatten ihren König. Die Anmassungen und der Zwang, den diese wunderlichen Oberhäupter ausübten, brachte aber ihrer Würde den Untergang; es blieb nur der *Waffen*könig, und — der König der *Geiger* *).

Die Geschichte der *ersten Geigerkönige* ist unbekannt, und es würde unmöglich sein, ihre Reihenfolge anzugeben; der älteste, den man kennt, ist Jean *Charmillon,*, welcher unter *Philipp dem Schönen,* im J. 1295 zum *Gauklerkönig* der Stadt Troyes erwählt wurde.

Constantin, ein berühmter Violinspieler am Hofe Ludwigs XIII, erhielt das Amt eines *Geigerkönigs und Herrn der Spielleute (Roi des Violons et maître des Ménestriers).* Er starb 1657 und hatte den Dumanvir zum Nachfolger, der unter dem Namen *Wilhelm* I. bekannt ist. Nach seinem Tode ging die Krone zu seinem Sohne *Wilhelm* II. über; dieser dankte 1685 freiwillig ab und verursachte dadurch einen Zustand von Anarchie. Ludwig XIV. sah gleichgültig das Erlöschen solchen Königthumes an

---

*) Vgl. den Aufsatz: **Du Roi des Violons**, in der Revue musicale, 1827. T. I. Nro. 7. *A.*

und erklärte, dass er nicht Willens sei, sie wieder in's Leben zu rufen.

Das musicalische Königthum war lange von Unruhen innerer und äusserer Kriege bestürmt worden. Die *Tanzmeister* hatten, mit Hülfe ihres Oberhauptes, länger als fünfzig Jahre gegen die gemeinen *Fiedler*, die, ihre Kunst entehrend, in den Wirthshäusern aufspielten, Prozess geführt, und verfolgten die *Tänzer der Stadt*, gegen welche sie 1666 einen förmlichen Spruch erwirkten. Keine Gesellschaft war so reich an Zank und Tumult; ihre Streitigkeiten veranlassten eine Menge von Urtheilen und Rechtssprüchen. Der grosse Gegenstand dieses Lärms war: *die Unterdrückung Einer Saite an der Geige ihrer Gegner*, indem sie dieselben auf die alte und ursprüngliche Form ihres Instrumentes, nämlich das *Rebek*, zurückführen und beschränken wollten.

Das Zwischenreich dauerte von 1685 bis 1741. Da strebte *Gaignon*, ein berühmter Violinspieler, nach der Geigerkrone; und Ludwig XV. verlieh sie ihm am 15ten Juni desselben Jahres.

Allein Gaignon herrschte zu strenge und wollte eine Menge alter Privilegien erneuern; viele Musiker, besonders die *Organisten*, standen mit Erfolg wider ihn auf, und er entsagte endlich, aus Ueberdruss, seiner königlichen Würde.

Diese ward darauf 1773 völlig abgeschafft." —

Befremdend ist die Erwähnung eines *zweiten Steges* (Fig. 3); denn man begreift nicht, wozu denn noch das Griffbrett oder überhaupt der Hals dienen konnte, wenn die Töne der Saiten zwischen zwei

4

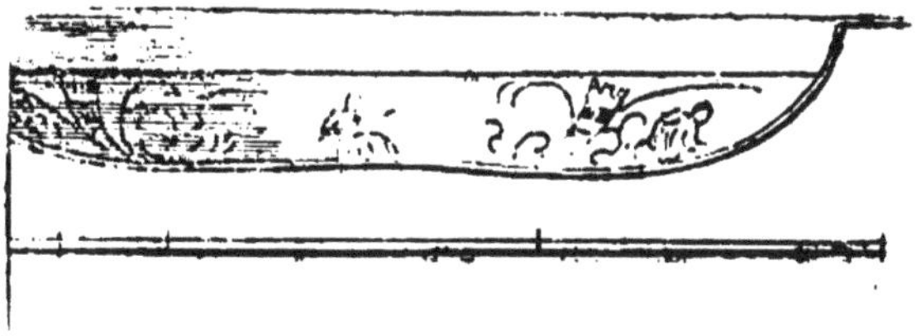

5

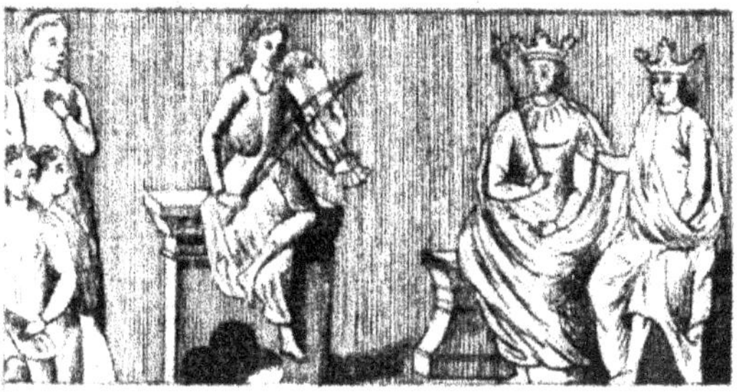

11

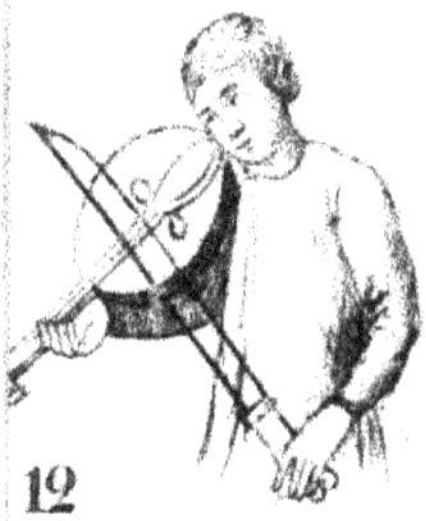

12

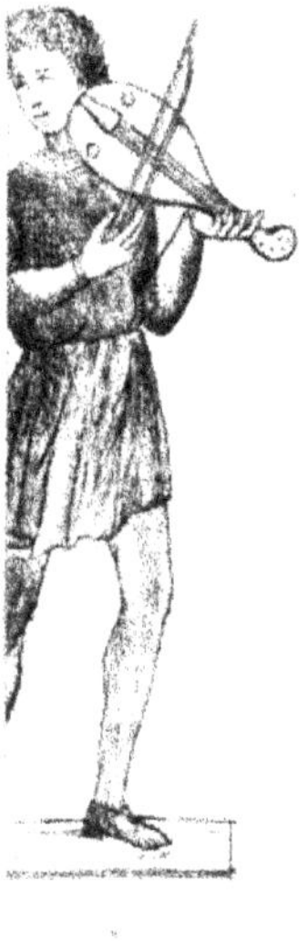

13

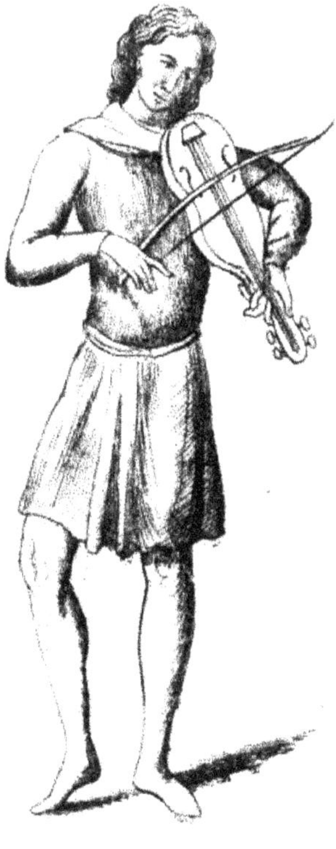

21

22

26

Stegen oberhalb desselben, fixirt waren. Mir selbst sind indessen auch anderwärts solche Zeichnungen vorgekommen, deren Ausführung jedoch so schlecht und undeutlich war, dass sich nicht leicht bestimmen lässt, was eigentlich mit dem Strichlein gemeint sei, welches Millin für einen zweiten Steg nimmt. Sollte sich die Sache nicht natürlicher erklären lassen?

Die Schalllöcher (unsere sogenannten f-löcher) der Violinen haben früher vielfach ihre Gestalt und Stelle gewechselt, bis die Form eines f allgemein angenommen wurde: bald als Halbmond, bald als ein Kreuz gestaltet (vergl. Fig. 2), bald auf den Seiten, bald unten oder oben angebracht, hingen sie ganz von der Willkür des Instrumentenmachers ab. Mir ist es daher wahrscheinlich, dass jenes Strichlein keinen zweiten Steg, sondern ein Schallloch bedeuten soll.

G. E. ANDERS.

Nachschrift der Redaction.

Gelegenheitlich der, vom verdienstvollen Herrn Verfasser des vorstehenden Aufsatzes, mitgetheilten Materialien über den Bau und die Geschichte der Geigeninstrumente, glauben wir, an die ebenfalls interessanten Notizen erinnern zu müssen, welche bereits die Leipz. allg. mus. Ztg. über denselben Gegenstand geliefert hat, (Bd. VI, S. 187; Bd. VII, S. 49; Bd. IX, S. 260; Bd. X, S. 815; Bd. XIII, S. 657; Bd. XIV, S. 257, 726; Bd. XV, S. 95; Bd. XVI, S. 20; Bd. XVIII, S. 257; Bd. XXIX, S. 469, 471, 807; Bd. XXXI, S. 405, u. a. m.; so wie auf die ähnlichen in der *Cäcilia*, Bd. I, S. 221 u. 229; Bd. XIII, S. 202,

Ferner fügen wir, unter Fig. 14 bis 26 einige Abbildungen von Geigen bei, entnommen aus einem vor uns liegenden, uralten und unseres Wissens seltenen Buche, betitelt:

„Musica instrumētalis deudsch jnn welcher „begriffen ist: wie man nach dem gesange auff „mancherley Pfeiffen lernen sol, Auch wie auff „die Orgel, Harffen, Lauten, Geigen, vnd aller„ley Instrumenten vnd Saitenspiel, nach der „rechtgegründten Tabelthur sey abzusetzen. „Mart. Agric. Anno 1542."

Das Buch an sich selbst ist zwar allerdings ein an sich elendes Machwerk, welches, statt belehrenden Textes, meist nur schlechte Spässe in trivialen Knittelreimen enthält, aus welchen auch der eifrigste Forscher nur wenig Aufschluss über die eigentliche Beschaffenheit der Tonkunst und Tonwerkzeuge jener Zeit zu erbeuten vermag, indess die darin enthaltenen Abbildungen der in der ersten Hälfte des XVI. Jahrhunderts gebräuchlichen Geigeninstrumente, doch interessant genug scheinen, um die gegenwärtige Mittheilung zu verdienen.

Ausserdem wollen wir, was den Bau der Geigeninstrumente unserer neuesten Zeit angeht, gerne auf ein vor Kurzem erschienenes sehr verdienstliches Schriftchen aufmerksam machen, welches uns vom Herrn Verfasser zur Recension zugesendet worden ist, dessen Anzeige jedoch, wegen Vordrang anderer Arbeiten, bis jetzt noch nicht hat geliefert werden können; es heisst:

„Ueber den Bau der Bogeninstru„mente und über die Arbeiten der vor„züglichsten Instrumentenmacher, von „*Jac. August Otto*, königl. Weymar'„schen Hof-Instrumentenmacher. J(„1828."

Rd.

DAS TERPODION

der

Herren BUSCHMANN.

Schon vor 15 bis 16 Jahren war Hr. *David Busch-mann*, damals in Friedrichsroda Gotha, mit seiner Erfindung dieses höchst interessanten Instrumentes hervorgetreten, an welchem der kunstliebende Fürst seiner Vaterstadt Pathenstelle vertreten hatte, indem er ihm den schmeichelhaften Namen *Terpodion* (Labesang) beilegte.

Schreiber dieses war so ziemlich der erste, welcher, damal von Mainz aus, von der vielversprechenden Erscheinung dieses Instrumentes dem Publicum einige ausführlichere Nachricht gegeben[*], und seitdem haben mehre der bedeutendsten Autoritäten, (Maria Weber, L. Spohr, Fr. Schneider, — der *minorum gratium* gar nicht zu erwähnen) sich in Lobpreisungen des Instrumentes erschöpft, indess der Künstler, vereint mit zwei kunstsinnigen Söhnen, unablässig an der Vervollkommnung ihrer Erfindung fortgearbeitet und es jetzt zu derjenigen Vollendung gebracht hat, in welcher die beiden letzteren es dermal, auf einer neuen Kunstreise durch Teutschland nach Frankreich u. s. w., produciren.

Das Instrument ist ein, der äusseren Gestaltung nach einem kleinen Tafelpianoforte ähnliches, Tasteninstrument, mit willkürlich anhaltendem Tone und nach Belieben an- und

---

[*] Zeitg. f. d. eleg. Welt, 1816. S. 677.

abschwellender Klangstärke; — es gehört demnach, eben so wie das Aeolodicon, das Panmelodicon, das Harmonichord, der Clavicylinder, u. a. m. in die Classe der Erzeugnisse des Bestrebens, dem längst allgemein gefühlten Mangel solcher Instrumente zu steuern.

Das erste der Erfordernisse dieser Classe von Instrumenten, den willkürlich anhaltenden Ton, gewährt es, so wie alle seine übrigen Geschwister ebenfalls thun, vollkommen; so auch das zweite, nämlich das willkürliche Anschwellen vom leisesten *Piano* bis zu ziemlicher Stärke, und dieses zwar blos mittelst gelindern oder stärkern Druckes der Finger (welches letztere immer vorzüglicher ist, als die Einrichtung mancher andern Instrumente dieser Gattung, bei denen das *Crescendo*, — etwa durch verstärkten Druck auf einen Blasebalg bewirkt, — jedesmal durch das ganze Instrument wirkt, wobei es denn nicht möglich ist, einen einzelnen Ton vor andern mitklingenden Tonen durch grössere Stärke auszuzeichnen.

Eben dadurch wird es möglich, hier Sätze folgender und ähnlicher Art auszuführen:

welche auf dem Terpodion ganz klar hervortreten, indess z. B. das Aeolodicon dieselben durchaus nicht zu geben vermag.

Die Herren Buschmann versichern übrigens, den Tonumfang auch selbst bis Contra-C hinab erweitern zu können, und wirklich Exemplare von solchem Umfange bereits gebaut zu haben.

Der Klang des Instrumentes im Ganzen ist stark uud schön, weich und voll. Der Umfang von fünf und einer halben Octave, von Contra-E an, macht es möglich, darauf leicht zu vier Händen zu spielen, welches herrliche volltönende Wirkung thut, und wobei die tiefsten Töne durch ausgezeichnete Fülle trefflich wirken. — Der Fall der Tasten ist sehr gering, die Spielart überhaupt ausserordentlich leicht, und das Schwungrad sehr bequem durch den Fuss zu bewegen. — Es verstimmt sich, nach Herrn Buschmanns Versicherung, nie, oder doch nur vorübergehend bei merklichem Wechsel des Luftwärmegrades, wornächst es aber sehr bald von selbst wieder in die vorige Stimmung zurücktritt. — Es ist im Ganzen sehr compendios, einem tafelförmigen Fortepiano ähnlich, nur noch schmäler, und etwas weniges tiefer. — Beim Spielen ist durchaus kein Reiben oder Klappern des Regierwerks hörbar.

Die ganze innere technische Einrichtung des Instruments hält der Künstler noch zur Zeit geheim: nach seiner Versicherung besteht indess das ganze Tonwerk blos aus Holz, und daraus liesse sich denn die für die Gemeinnützigkeit des Instruments sehr wichtige Hoffnung schöpfen, dass es in der Folge sehr wohlfeil wird verfertigt werden können.

GFR. WEBER.

Chronologisches Verzeichnis vorzüglicher Beförderer und Meister der Tonkunst, nebst einer kurzen Uebersicht ihrer Leistungen von Dr. *G. C. Grosheim.*

Mainz 1831. In der Grossh. Hessischen Hofmusikhandlung von B. Schott's Söhnen.

Ein ganz eigenes Buch. Nicht ausführlich raisonnirendes biographisches Tonkünstlerlexicon, und doch auch nicht trockenes kurzes Notizenbuch von Geburt, Leben und Streben der aufgeführten Tonkünstler, sondern ein ganz eigener Versuch, einen jeden derselben mit wenigen über ihn ausgesprochenen Phrasen zu charakterisiren; — und aus diesem Gesichtspuncte betrachtet, wird man das compendieuse Schriftchen sicherlich nicht ohne Interesse lesen.

Nach welchen leitenden Principien der Verfasser bei der Auswahl der in sein kleines Pantheon aufgenommenen Personen verfahren, spricht er in der Vorrede folgendermasen aus:

„Diese wenigen Blätter" sagt er, „reden weder „von Bravourspielern, noch Bravoursängern, und „wie die guten Leute sonst genannt werden, die „nicht recht wissen, was sie thun. Auch schweigen „sie von jenen Individuen des Kunst-Norden, die „durch Swifts menschanfreundliches Codicill be„reits anderwärts eine Versorgung gefunden. Viel„mehr wollen sie dem Leser jene Männer der reinen „Ansicht der Dinge nennen, welche, durch ein „mühevolles und kräftiges Walten, der Tonkunst ein „frohes Gedeihen gebracht; Männer der Bescheiden„heit, die mit eigener Zurücksetzung das Wohl An„derer begründet haben, und solche, die den Namen

„eines nützlichen Staatsbürgers zu erringen trachte„ten, indem sie Menschenwohl beförderten, und der „Tugend willig ihr Leben zum Opfer brachten.

„Wenn sich, unter den vorzüglichen Beförderern „und Meistern der Tonkunst, hier nur wenig Grosse „dieser Erde befinden, und ich damit einem, sonst „geachteten Schriftsteller zu nahe getreten bin, der „den Glauben hegt: „„„Nur vom Throne herab „erhalte die Kunst ihre Stütze;""" so glaube ich „meine Entschuldigung darin zu finden, dass ich nur „Pflanzer, nicht aber deren Nachkömmlinge habe „nennen wollen, die im Besitze bereits gewonnener „Früchte schwelgen. Daneben will es mir fast be„dünken: dass der Kunst heiliges Streben nicht im„mer da genügend walte, wo der Beifall des Mäcen „zum bedeutendsten Verlangen geworden. Im Ge„gentheil gewahrt man, in der Regel, gerade hier, „wie uns die wohnlichen, auf festem Boden stehen„den Gebäude unserer Altvordern nicht mehr ge„nügen, und wir hinausgegangen sind, uns Luftge„bäude zu errichten, die jeden Augenblick den Um„sturz drohen. Man zeihe mich übrigens keiner „Inkonsequenz, wenn ich einen Nero zu meinen „Pflanzern zähle! Er verdiente es. Dass er jedoch „den Grund zur Zerstörung eigener Pflanzungen „legte, dies, dünkt mich, ist es eben, was hier „besprochen wird. Sein Nachfolger vollendete, was „er Böses begonnen; ist die Geschichte etwa arm „an ähnlichen Ereignissen?

„Ich habe die Hochbelobten, denen die dankbare „Vorzeit den Namen „„„Götter""" beilegte, vorzüglich „aus dem Grunde hier rein menschlich behandelt, da „das Unerklärbare nicht zu meinem Bedarf gehörte. „Auch scheint mir jenes Prädikat erst die Folge „menschenbeglückender Handlungen gewesen zu sein. „Der Christen Schaar, eine Mehrzahl der Götter „von sich weisend, hat unter ähnlichen Umständen „sich mit dem Prädikat „„„Heilig""" begnügen wollen. „Dennoch haben wir, in preiswürdiger Toleranz, der „Heiden Gott „„„Apollo""" beibehalten, ja ihm selbst „eine Heilige der Christenheit in unserer Cäcilia „zur Seite stellen wollen, in dem Glauben an die-

„selbe, als Beschützerin der Kunst, wir unerschüt-
„terlich geblieben, obgleich bewiesen ist, dass sie
„diesen Namen eben so wenig verdient, als etwa
„der heilige Georg, der, zu seiner Zeit, ein berühm-
„ter Kriegskommissär gewesen sein soll.

„Der Chronologie in diesem Werkchen nach
„Wunsch zu begegnen, ist mir, des Widersprechen-
„den der meisten Chronisten halber, unmöglich ge-
„worden. Ich habe deshalb, da wo mir die Sache
„ungewiss schien, Lücken gelassen, Bessern dieser
„Kaste zum Ausfüllen. Gottheiten hab' ich, um sie
„nicht zu erzürnen, weder an Tag und Stunde ihrer
„Geburt, weniger noch an die ihres Hinscheidens
„erinnern wollen; wie ich denn auch die Gläubigen,
„des Friedens wegen, streng von den Ungläubigen
„geschieden; wiewohl diese, einer strengen Hofeti-
„quette Chronos zu Folge, den Vortritt vor Jenen
„genossen. Unbedeutend ist solch ein chronologisches
„Verfahren durchaus nicht. Es zeugt laut von dem
„bestehenden Wechsel der Dinge. Auch die Kunst-
„saat gediehe, und verdorrte, um schöner wieder
„aufzublühen. Wenn wir aber auf die Heroen kaum
„verflossener Zeiten hinblicken, und das unzählbare
„Heer verkrüppelter Pygmäen betrachten, die, in
„unsern Tagen, emsig bemüht sind, den gewonnenen
„festen Boden in sumpfiges Gewässer umzuwandeln,
„so will ein schmerzhaft Gefühl sich unsrer bemäch-
„tigen, dass wir nun so tief gefallen sind. Indessen
„wird Apoll auch diese Phytone erlegen, und den
„jetzt umnebelten Baum des Erkenntnisses bald
„wieder mit hellem Sonnenglanz umstrahlen.

„Und so möge denn diese geringe Gabe unter
„der Aegide der Nachsicht, und einer nützlichen
„Zurechtweisung ihre Wallfahrt beginnen, und der
„Sachkundige nicht unwillig werden, wenn sie ihm
„keinen Genuss bietet: Wir sind Menschen, und
„fehlen allzumal. Mögen aber unsere jungen Ton-
„künstler, die vorliegende kleine Zahl gewichtigter
„Vorbilder mit den Myriaden Kunsverderbern ver-
„gleichend, dadurch ermuntert werden, sich vom
„Tross loszusagen, und nach allen Kräften zu be-
„streben: einst denen beigesellt werden zu können,

„welche mit dem wahrhaften Künstler auch den „würdigen Menschen verbanden."

Dass unter den aufgeführten Personen zum Theil auch blos fabelhafte oder auch solche erscheinen, welche mit Musik auch nur in etwas entfernterer, ja mitunter gar in negativer oder passiver Beziehung stehen, beweisen die aufgeführten Namen: Osiris, die Syrenen und König Saul.

Das Aeussere des Werkchens, 130 und XII Octavseiten, ist von der Verlaghandlung anständig ausgestattet.

Pianoforte-Schule, in vier Abtheilungen; verfasst, u. s. w., von *C. W. Greulich.* **Berlin bei** *August Rücker.* **Pr. 6 Thaler.**

Schon der wackere *Löhlein*, dessen Clavierschule bereits vor 66 Jahren erschienen ist, sagt, der Vorzug, den das Clavier, in Ansehung der Vollstimmigkeit, mit Recht über andere musikalische Instrumente behauptet, sei die Ursache, dass dessen Ausübung so viele Liebhaber finde, dass man für kein Instrument so viele Anweisungen geschrieben habe, als eben für dieses, und dass es ein grosser Ueberfluss zu sein scheine, die Anzahl derselben noch zu vermehren.

Wie sehr hat nicht, mit der ausserordentlichen Verbesserung der Clavierinstrumente, namentlich des Pianoforte, die Liebhaberei für dies Instrument seit jener Zeit zugenommen, und wie viele Anweisungen dafür sind nicht seitdem erschienen! Aber guter alter *Löhlein*, du bist nicht vergessen worden; deine Clavierschule ist mehrfach die Grundlage zu neuen geworden, und noch nicht längst ist eine *Löhlein* — *Müller* — *Czernische* herausgekommen; ein Beweis, dass deine Art zu lehren keine schlechte war, und nur dem Bedürfnis der neuern Zeit angepasst werden musste.

Wenige der neuern Clavierschulen betreten einen neuen Weg; die meisten behalten im Wesentlichen die alte Lehrart bei, und sind oft nur neu in der Zusammenstellung der verschiedenen Lehrgegenstände. Eine durchaus neue Lehrmethode ist zwar die *Logier'sche*, die Neuheit besteht jedoch nur in dem Gesammtunterricht mehrer Schüler zugleich.

Vor kurzer Zeit erst erschien die grosse Pianoforte-Schule des von der musikalischen Welt anerkannten, ausgezeichneten Meisters im Clavierspiel, *Hummels*; und man muss sich wundern, wie sogleich nach dieser eine andere, ebenfalls wieder ziemlich grosse, Pianoforte-Schule erscheinen konnte; nämlich die hier anzuzeigende von Herrn *Greulich*.

Mit nicht geringen Erwartungen nahm Ref. dieselbe zur Hand, und fand bei der Durchsicht derselben, dass der Verf. sich allerdings die grösste Mühe gegeben hat, seinen Anweisungen die höchstmöglichste Genauigkeit, sowohl in Beziehung auf Fertigkeit, als auf Schönheit und Ausdruck im Spiele, zu geben und sie, wo möglich, auf einen noch höhern Standpunct, als den bisherigen, zu erheben.

In wie weit diese Mühe von Erfolg gewesen, und bis zu welchem Grade ihm das Letztere gelungen sei, wird sich hervorheben bei der nähern Anzeige der einzelnen Theile derselben.

Nach einer kurzen Vorrede, folgt eine Uebersicht des Inhalts des ganzen Werks. Wie schon der Titel sagt, besteht es aus vier Abtheilungen; es ist jedoch bei keiner Abtheilung angegeben, was sie ins Besondere enthält, sondern jede ist nur in eine Anzahl Capitel eingetheilt.

Die erste Abtheilung enthält 21 Capitel, und die Ordnung, in welcher sie, dem Inhalte nach, aufeinander folgen, ist nicht die sonst gewöhnliche.

Während z. B. in andern Lehrbüchern der Unterricht mit der Kenntnis des Instruments, der Tasten, mit dem Unterricht über die Haltung des Körpers, dann mit der Erklärung der Tonzeichen und was man hohe und tiefe Töne nennt, u. s. w., beginnt, — handelt das erste Cap. hier sogleich von dem Notensysteme, und jene Gegenstände kommen zum Theil erst im 5ten und 17ten Cap. vor. Dagegen kommen schon im 8ten, 10ten, 12ten, 13ten und 14ten Cap. Lehrgegenstände vor, die sonst gewöhnlich viel später angereiht werden; nämlich Cap. 8 von den Intervallen, Cap. 10 von dem wesentlichen Dreiklange und dem wesentlichen Septimenaccorde, Cap. 12 von der Cadenz oder Schlussformel, Cap. 13 vom Moduliren in andere Tonarten, Cap. 14 vom Transponiren; — dann erst Cap. 16 wird vom Tacte, u. s. w., gehandelt! — Dass dieses keine gute Ordnung sei, springt in die Augen. — Bei der Lehre von den Schlüsseln hat der Verf. ganz recht, wenn er den Schüler zunächst nur mit denen bekannt macht, die bei der neuern Claviermusik gewöhnlich angewendet werden; aber eine genauere Erklärung, wozu diese Schlüssel überhaupt nothwendig sind, würde dennoch hier nicht am unrechten Platze gewesen sein. Zur weitern Erklärung und zum Lernen der Noten sind nun weitläufige Beispiele vorgeschrieben. Dann sagt der Verf.: »Ausser diesen beyden erwähnten Schlüsseln giebt es noch drei c-Schlüssel«; das ist aber nicht ganz richtig ausgedrückt, denn es giebt bekanntlich nur einen, und nur dadurch, dass dieser auf verschiedene Linien gesetzt wird, werden die verschiedenen andern Zeichen gebildet. Auch die beiden übrigen Schlüssel wurden, wie wir wissen, ehedem versetzt.

Im dritten Capitel »Von der Dauer der Noten« ist das Verhältnis der Zeitlänge derselben auch in Zahlenverhältnissen dargestellt, was Ref. neu, und für Schüler, die mit dergleichen schon bekannt sind, sehr zweckmässig findet. Aber, dass in älteren Werken auch eine Note vorkomme, die $^{12}/_4$ gilt, wie der Verf. später bemerkt, ist uns nicht bekannt. *)

Bei der Lehre von den Tonleitern, Cap. 9, ist es unnöthig, dass von grossen und kleinen halben Tönen gesprochen wird, da der Anfänger weder von diesen, noch von grossen und kleinen ganzen Tönen, die ja in der diatonischen Tonleiter ebenfalls vorkommen, einen Begriff oder Nutzen haben kann. Nur bei einer Berechnung der Schwingungsverhältnisse der Töne könnte davon die Rede sein.

Die Erklärung des Tactes wird, Cap. 15, zwar nach gewöhnlicher Weise, aber sehr umständlich gegeben, und es ist sogar eine bildliche Darstellung der Figuren beigefügt, welche die Hand oder der Stab beim Tactschlagen in der Luft beschreibt.

Cap. 16. handelt vom Tempo. Nach der Eintheilung desselben in 4 Hauptclassen, nämlich Largo, Andante, Allegro, Presto, sagt der Verf.: »Largo wird weniger langsam durch Larghetto und Adagio. — Andante nähert sich dem langsamern Grade durch Andantino; von einigen Componisten wird durch Andantino eine lebhaftere Bewegung als Andante bezeichnet.« Nicht nur von einigen Comp. geschieht aber dies, sondern es ist mit Recht ziemlich allgemein so angenommen; denn das Diminutiv von Andante (Andantino) ist analog dem von Largo (Larghetto), und so wie es da eine weniger langsame Bewegung anzeigt, zeigt es auch dort eine weniger langsame an. **) Diesem Cap. ist eine Zeichnung des Mälz. Metronoms beigefügt und dessen Gebrauch beschrieben.

---

*) *Allerdings! Seit der Einführung der Puncte stellt eine punctirte Brevis (▣. oder |◯|.) zwölf Viertel vor.*
Rd.

**) — ? *Allegretto* — ? *d. Rd.*

Das folgende Cap. handelt nun mit grosser Genauigkeit von der Stellung des Körpers. Am Schlusse desselben heisst es: »Ist der Vortragende in der Ausführung des Musikstücks so sicher, dass er seinen Blick auf die Zuhörer richten kann; so wird er um so leichter wahrnehmen, welchen Eindruck sein Vortrag und die Composition auf dieselben machen.« — So etwas wird freilich sonst in der Regel keinem Schüler empfohlen.

Zum fernern Beweis, wie der Verf. bemüht ist, seinen Unterricht auf einen höhern Standpunct zu bringen als Andere, heben wir aus dem 18ten Cap., vom Anschlag, Einiges aus: »Zu einem guten Anschlage werden weiche Hände, leichte und lockere Finger; überhaupt aber geübte Hände und Finger, und richtige Fingersetzung, welche im zweiten Theile dieser Schule besonders berücksichtigt werden wird, erfordert.« — »Das Hervorlocken eines schönen Tons aus einem rein gestimmten Instrumente ist ein Beweis des feinen Gehörs und Kunstsinnes. Der Ton ist schön, wenn er deutlich, voll, weich, glockenartig, gesangreich und energisch ist. Das Gegentheil davon ist ein rauher, harter, schneidender, dumpfer oder scharfer Ton.« — Glücklich, wer mit seinem feinen Gehör und Kunstsinn jenen schönen Ton hervorzubringen vermag; aber ist ein Instrument nicht so gebaut, dass es einen schönen Ton geben kann, so wird dennoch auch ein solcher Spieler denselben vergeblich locken.

Cap. 19 sagt der Verfasser hier beginne der practische Theil, die Uebungsstücke, (es folgen nämlich deren 24,) erstreckten sich durch alle 4 Abtheilungen, und haben zum Zweck, den Schüler systematisch und schulgerecht von dem Leichtesten zum Schwierigsten zu führen, u. s. w.; er habe sie deshalb sämmtlich neu componirt, weil die Auswahl von Musikstücken anderer Componisten Hindernisse und Zerstückelungen herbeiführte, welche am wenigsten in einer Schule erlaubt sein dürften. Wir finden dieses letztere zwar nicht ganz gegründet, indem sich heutiges Tages, besonders für vorgeschrittene Schüler, stets Uebungsstücke in Menge finden lassen, die ihren Bedürfnissen angemessen sind; aber wir wollen die gute Absicht des Verf. nicht tadeln. Seine Uebungsstücke mögen zu dem Zwecke, sich Fertigkeit zu erwerben, vollkommen geeignet sein; nur ist es zu bedauern, dass sie sämmtlich so wenig Ansprüche auf Schönheit machen können. Es ist, als wenn sie aus einer ältern Zeit herübergezogen wären, und es scheint, als habe der Verf. nicht beabsichtigt, dem neuern Zeitgeschmack zu huldigen, ja als wolle er ihn vielleicht gar nicht einmal anerkennen. Man findet noch den Murky-Bass erklärt und sogar angewendet, häufige Rosalien, veraltete Figuren bei ganzen Stücken durchgeführt, z. B.

Ebenso Abtheil. 4, Pag. 26.

Auch in Hinsicht der Harmonie finden sich mehre harte und wunderliche Uebergänge, z. B.

Die zweite Abtheilung besteht nur aus drei Capiteln. Nachdem der Verf., nach seiner Art, Mehres über die Nothwendigkeit der Fingerübungen gesagt hat, folgen dergleichen, auf 11 Seiten, gegen deren Zweckmässigkeit wir nichts einzuwenden haben. Hierauf folgt das »System der Fingersetzung«, welches unserer Meinung nach, besonders wenn es ein System wäre, doch den Fingerübungen hätte vorausgehen müssen. Der Verf. hebt die Nothwendigkeit der richtigen Fingersetzung gehörig heraus, sagt unter Anderm, für die Berechnung derselben sei der Daumen von besonderer Wichtigkeit, weil er derselben oft zur Richtschnur diene (ohne jedoch näher anzugeben, auf welche Weise), und giebt mehr allgemeine gute Regeln. Dann sagt er: » die speciellen Regeln der Fingersetzung entwickeln sich in zwölf Fällen, diese werden hier systematisch geordnet, und sind durch Beispiele auseinander gesetzt. Ref. gesteht aber, dass er in diesen zwölf Fällen und in dem Folgenden ein eigentliches System nicht hat herausfinden können. Es sind zuerst Beispiele gegeben, welche nicht die Quinte überschreiten, wo also (in C-dur) das Untersetzen des Daumens nicht nöthig ist, dann folgen dergleichen, wo es geschehen muss; hierauf sämmtliche Dur- und Molltonleitern durch zwei Octaven für beide Hände, mit Bezeichnung der Fingersetzung. Der Verf. hätte aber hierbei gleich Anfangs sagen dürfen, es sei dieselbe bei allen Tonleitern so berechnet, dass der Daumen natürlicher Weise stets auf eine Untertaste komme, und dass dies hierbei, wie auch bei der chromatischen Tonleiter, die Hauptregel sei. Nach mehren Uebungen mit den vortheilhaftesten Aplicaturen, folgen auch noch die gebrochenen Accorde durch alle Dur- und Molltonarten; desgleichen die wesentlichen und verminderten Septimenaccorde; Beispiele in entgegengesetzter Bewegung, in gebundener Schreibart, u. s. w. Diese Beispiele zur Uebung sind durchgängig gut; — und ob wir gleich nicht überall mit der Applicatur ganz einverstanden sind, und z. B. bei dem Uebersetzen eines längern Fingers über einen kürzern

bei dieser Figur die für besser halten:

so ist doch die ganze Reihe von Uebungen (42 Seiten) sehr zweckmässig, so dass wir diesen Theil der Schule durchaus als den besten erkennen.

Auch die Lehre von den Verzierungen (Cap. 3) sucht der Verf. noch weiter zu führen als es bisher geschehen ist; er giebt dabei, ohne Schonung des Raums, sehr ausführliche Beispiele, viele ausgeschriebene Triller, u. s. w. Am Anfange sagt er: »Verzierungen sind im Allgemeinen Figuren, durch welche das Aeusserliche des Vortrags verschönert werden kann,« u. s. w. — Kann denn der Vortrag anders, als äusserlich sein? — In der folgenden Abth. spricht er freilich auch »von dem Innerlichen des Vortrags« und versteht darunter die Fähigkeit, den Charakter der Composition zu erkennen, zu ergründen und dem Componisten total nachzufühlen; das ist ja aber kein Vortrag.

Dritte Abtheilung. Cap. 1, »24 Charakterstücke mit Präludien.« Charakterstücke sind es nicht; wir haben uns schon oben darüber ausgesprochen. Cap. 2, »über die Methode, ein Musikstück zu erlernen.« Cap. 3, »Ueber den kunstgemässen Vortrag.« Es würde zu weit führen und diese Anzeige zu sehr verlängern, wenn Ref. noch weiter in das Einzelne eingehen wollte; er muss sich daher darauf beschränken, nur noch einige allgemeine Bemerkungen über diesen und den letzten Theil dieses Lehrbuchs folgen zu lassen; zunächst aber die Bemerkung wiederholen, dass man überall das eifrige Bestreben des Verf. erkennt, den Unterricht im Pianofortespiel auf den höchsten Grad der Vollendung zu bringen, und dass er deshalb bei verschiedenen Gegenständen äusserst umständlich geworden ist. Er spricht z. B. viel vom schönen, gediegenen, brillanten Vortrag; von feinem Geschmack, von feinster Subtilität des Gehörs; von richtiger Auffassung des Charakters, u. s. w.; es ergiebt sich aber wohl, dass dergleichen schwer zu lehren sei, und dass man am Ende doch immer auf ein richtiges Gefühl verweisen müsse, was der Verf. auch gewöhnlich thut. Dann ist die Lehre von der Accentuation und Interpunction mit Beispielen erläutert, und bei letzterer in Noten dargestellt, was ohngefähr ein Comma, Semicolon, Colon, Fragzeichen, Ausrufungszeichen und Punct in der Musik sei. (Bei dieser Gelegenheit bedient sich der Verf. auch des jetzt sehr beliebten Modeworts: einsetzen, statt eintreten, einfallen, u. s. w.; man will vermuthlich damit die Sache schärfer bezeichnen; man soll gleichsam wie mit einem Satz einspringen. —)

Nach den zwölf grossen Uebungsstücken, womit die 4te Abtheilung beginnt, und die zwar als gute Uebungsstücke, aber keineswegs, wie schon erwähnt, als schöne Tonstücke (die dgl. immer auch sein können) anzuerkennen sind, folgen, Cap. 2, gute Gründe für die Nothwendigkeit, das Instrument immer rein gestimmt zu erhalten, u. s. w.; aber warum ist der Verf. bei der Anweisung zum Stimmen bei der alten Art, dem Quintenzirkel, stehen geblieben und hat nicht lieber die in der *Müller-Czernyschen* Clav.-Schule mitgetheilte, sehr bewährte Methode angenommen?

Weitere Beispiele von dem Streben des Verf. finden sich besonders in den letzten Capiteln des Werks, wo er über den Charakter des Tons, über das musikal. Erfindungsvermögen, über den geläuterten Geschmack, über die Begeisterung des Künstlers, u. s. w., spricht, und wobei, neben manchem Guten und Richtigen, auch vieles Ueberspannte vorkömmt. Wir wollen, um auch dessen Schreibart näher zu bezeichnen, daraus Einiges anführen. Im 10ten Cap. »Ueber den Charakter des Tons« sagt er unter Anderm: »Nicht zu läugnen ist es, dass eine solche charakteristische Entwickelung von grossen Schwierigkeiten begleitet ist; allein sie können beseitigt werden, wenn man sich nur durch eine einfache Auffassung dessen leiten lässt, was der Zweck des Strebens sein soll. Um dies zu erreichen, wird der Unterschied zwischen einem reinen, schönen und einem charaktervollen Ton eintreten. Der erstere ist Gabe der Natur, durch Kunst ausgebildet, der zweite aber Resultat eines tiefern Studiums. Also, um das Erwähnte noch einmal zu wiederholen, nur durch Studium kann dem Ton der Charakter aufgedrückt werden. Es wird demnach jener angeführte Unterschied nicht so unbedeutend sein, wie er es Anfangs scheinen könnte, zumal wenn die Bemerkung hinzugefügt wird, dass mancher Sänger und manche Sängerin sich der reinsten und schönsten Stimme erfreuen, die reinsten und schönsten Töne hervorbringen, und durch ihren Gesang die Zuhörer hinreissen, im Auge des Kenners aber doch nur als unvollendet dastehen kann, weil ihren schönen Tönen der Charakter fehlt.« — Auf die Frage was nun da zu thun sei, fährt er fort: »Die Beantwortung der Frage liegt offenbar nur darin, dass der Künstler sich bemühe, durch Studium den Charakter dessen aufzufassen, was er durch Töne vortragen will. Hierdurch wird der Ton unbedingt der Stimmung angepasst, die das Vorzutragende erfordert« u. s. w. Dann heisst es ferner: »eben so« (wie beim Gesange) »bedingt verhältnismässig der Bau und Mechanismus der Instrumente den Instrumentalton.« (Hier wird wieder auf das Hervorlocken des Tons verwiesen.) »Dieser Ton hat in sich keinen Charakter, und wenn ihm einer beigelegt wird, so geschieht dies nur durch die Behandlung des Instruments, welche wiederum nur von dem richtigen Gefühle abhängig ist, und es gilt hier von dem Charakter des Tons beim Vortrage dasselbe, was schon oben beim Gesange erwähnt wurde.

Es wird nicht nöthig sein, dem Leser bei Beurtheilung dieser charakteristischen Entwickelung vorzugreifen, da jeder, der die Eigenschaften des Pianoforte nur einigermassen kennt, weiss, wieviel oder wie wenig der Spieler zum Ton desselben beitragen kann; wir bemerken nur, dass, wenn ein Schüler sich die nöthige Fertigkeit erworben hat, und ihm der schöne, geschmackvolle Vortrag gelehrt werden soll, es durch ganz andere Mittel geschehen müsse, als durch dergleichen subtile Entwickelungen; vorzüglich wird dabei viel darauf ankommen, dass der Lehrer selbst ihm mit gutem Beispiel vorgehe und ihn mit guten Vorbildern bekannt mache. Durch mehre versuchte ähnliche Erklärungen ist indessen diese Pianoforteschule sehr verlängert worden, ohne dass die Absicht, sie auf einen höhern Standpunct zu bringen, dabei erreicht worden wäre. Da aber die wesentlichen Lehrgegenstände in derselben sehr ausführlich abgehandelt und durch sorgfältige Beispiele erklärt sind, so werden Lehrer und Lernende leicht Dasjenige herausfinden, was ihren Bedürfnissen angemessen ist.

Das Aeussere des Werks ist wirklich splendid; Stich, Papier und Druck sehr gut.

J. A. GLEICHMANN.

Versuch einer geordneten Theorie der Tonsetzkunst, von *Gfr. Weber*, dritte, neuerdings überarbeitete Auflage. Vier Bände, 8°, (mit 67 Notentafeln.)

(Mainz, bei B. Schott's Söhnen. Subscriptionspreis 10 fl. 48 kr.)

Aus begreiflichen Gründen vermag die Redaction der gegenwärtigen Blätter über das, durch die vorstehende Ueberschrift bezeichnete Buch, keine eigentliche Recension zu liefern, sondern zieht es vor, statt einer solchen, lieber den Verfasser selbst unverholen sprechen zu lassen.

Unter Beziehung auf Dasjenige, was wir über eben dieses Verhältnis schon früher*) gelegenheitlich der

---

*) *Cäcilia*, XIII. Bd., Heft 52, S. 268: „Wenn es „wahr ist, dass die erste und wesentlichste Aufgabe einer Re„cension darin besteht, dem Publicum vor Allem eine Be„schreibung des anzuzeigenden Werkes, seines Inhaltes, „seiner Tendenz und Abgrenzung, zu geben, und dass eine „treue Relation darüber: Was das Buch ist, dem Publicum „jedenfalls wichtiger sein muss als das Urtheil des Recen„senten über die Frage, wie dem Autor die Lösung seiner Auf„gabe gelungen ist, wie wir dies in unserm Artikel: „Ueber „Recensionen überhaupt" etc., ausgeführt, — und „wenn es zweitens gewiss ist, dass über jene erste Frage „natürlicherweise Niemand besser Auskunft geben kann, „als der Autor selbst, und dass eben darum die Aufgabe „eines jeden Autors in der Vorrede seines Werkes wesent„lich grade darin besteht, dem Leser von der Tendenz, „welche seinem Werke zum Grunde liegt, von der Bestim„mung, welche er demselben gegeben, von dem Gesichts„puncte, aus welchem er seinen Stoff ergriffen und behan„delt, von der Abgrenzung, die er demselben gegeben, „Rechenschaft zu geben; — wenn dies Alles wahr und ganz „natürlich ist, — so ist dann auch nicht zu verkennen, dass „ein literarisches Blatt, welches, statt gewöhnliche Recen„sionen zu liefern, sich blos darauf beschränkte, nur gerade „zu die Vorreden der anzuzeigenden Werke, je nach Er„fodernis mit wenigen Erläuterungen, Zusätzen, Anmer-

Anzeige der Allgemeinen Musiklehre desselben Verfassers gesagt, glaubt die Redaction der *Cäcilia* sich denn auch hier ganz trocken und einzig darauf beschränken zu müssen, dass sie nachstehend die Vorreden zu den verschiedenen Auflagen des angezeigten Werkes buchstäblich abdrucken lässt, das Urtheil über dessen Werth oder Unwerth denenjenigen, für welche es geschrieben ist, gänzlich überlassend.

Aus der Vorrede zum ersten Bande der ersten Auflage.
(Erschienen 1817.)

In der Kunst eilet stets der Theorie die Ausübung voran, und diese, sich nur allmälig an den Erzeugnissen der ersteren heranbildend, bleibt so lange hinter ihr zurück, als die Kunst selber noch nicht stille steht, sondern zu immer höherer Vollendung fortschreitet.

Das alles ist gegründet in der Natur und Entwickelungsgeschichte einer jeden Kunst. Ausser allem Verhältnis aber ist, in der unsrigen, der Vorsprung der, seit einigen Jahrzehnden zu so herrlicher Ausbildung emporgestiegenen practischen Tondichtung, vor der noch so rohen Compositionslehre. Wer dies letztere Urtheil zu streng findet, der frage nur die Unzahl

---

„kungen u. s. w. — allenfalls auch unter Beifügung des „Inhaltverzeichnisses, und etwa einiger Auszüge aus dem „Werke selbst, abdrucken zu lassen, schon dadurch einen „hauptsächlichen, ja, unsern obigen Andeutungen zufolge, „grade den allerwesentlichsten Zweck einer Recension erfüllen würde, auch ohne eine Meinungsäusserung des Recensenten über das Gelungen- oder Misslungensein des „Buches beizufügen.

„Wenigstens rücksichtlich des hier vorliegenden Werkes „wollen wir, aus begreiflichen Gründen, diesen Weg wählen, und das Urtheil über die Nützlichkeit des Buches „von denenjenigen erwärtigen, welche dasselbe benutzen „werden."

deren, die es noch täglich erfolglos versuchen, aus unseren bis jetzo vorhandenen Lehrbüchern der Composition, oder gar aus leidigen Generalbassschulen, Licht zu schöpfen!

Je unbebauter nun dies Feld unserer Literatur noch immer da liegt, je dringender das Verlangen nach Belehrung über die Grundsätze der Harmonielehre sich hören lässt, je allgemeiner es sich unter allen weiter strebenden Tonkünstlern und Tonkunstfreunden verbreitet, die nicht blos mechanische Ausüber oder nur oberflächlich geniessende Dilettanten sein wollen *), desto mehr ist es Pflicht eines jeden,

---

*) **Zusatz bei der zweiten Auflage, Seite VI.**
Es gereicht dem Kunstsinn unserer Zeit zur Ehre, dass jetzt so viele bessere Musiker und Dilettanten, auch ohne grade selbst componiren zu wollen, doch den lebhaften Wunsch hegen, die Grundsätze kennen zu lernen, nach welchen Töne zu Harmonieen und Melodieen verbunden werden, um durch solche Kenntnis in Stand gesetzt zu sein, sich von dem Wohlklingen oder Missklingen dieser oder jener Tonverbindung, von der Schönheit oder Unschönheit dieses oder jenes musicalischen Satzes oder Tonstückes, Rechenschaft zu geben.

Es ist solches Streben an sich sehr lobenswerth, und für die Kunst erfreulich; nur aber pflegen die besagten Wissbegierigen es in dem Stücke zu verfehlen, dass sie wähnen, ihr beschränkterer Zweck lasse sich auf einem gar so kurzen Wege erreichen, und dass sie denn, von solchem Wahne verführt, begierig überall nach den kürzesten Lehrbüchern greifen, welche jeder Büchermarkt ihnen (unter dem Namen von **Elementarbüchern, Harmonielehren,** oder gar **Generalbassschulen,** und wie die Aushängeschilde alle heissen —) so reichlich darbietet, und deren Menge und geringe Bogenzahl freilich den Unkundigen in dem Wahne bestärkt, es könne auf so wenigen Bogen das Wesentliche der Sache ordentlich in *nuce* beigebracht werden, gleichsam in einer Nuss, welche gerade das enthalte, was Wissbegierigen der bezeichneten Art zu wissen Noth thue.

Ich versichere es mit der lebhaftesten Ueberzeugung, dass diejenigen, welche auf **solchem** Wege ihr Ziel zu erreichen gedenken, den unrechten gewählt haben, welcher also auch unmöglich der gewünschte kürzere sein kann.

die vernachlässigte Theorie ihrer Ausbildung so viel näher bringen zu helfen, als er, nach seinen Kräften, dieses vermag.

***

In der Kürze, deren solche Lehrbücher sich rühmen, ist es, meiner innigsten Ueberzeugung nach, nicht möglich, etwas jenem Zweck Entsprechendes zu liefern.

Wohl lässt sich, von dem Inhalte einer systematischen Wissenschaft, mit wenigen Worten eine gedrängte Uebersicht geben und der Geist ihres Ganzen sich in scharfen, gedrängten Umrissen, mit wenigen Meisterzügen, in wissenschaftlich gedrängter Gelehrtensprache, den Kundigen und Eingeweihten der Wissenschaft darstellen und aussprechen. Allein solche, in bündiger, gelehrter Kürze gezeichnete Umrisse sind natürlich nur grade Eingeweihten zugänglich, indess es wahrhaft lächerlich wäre, wenn ein der Sache selbst noch Unkundiger vermeinte, aus einer solchen, nur den Eingeweihten verständlichen Uebersicht, das ihm dienliche Wesentlichste der Wissenschaft selbst zuerst erlernen zu können!

Aber die belobten kurzen Lehrbücher sind auch nicht einmal solche, die Wesenheit der Sache im Ganzen, mittels gelehrter Bündigkeit der Conception zusammengedrängt umfassende Abrisse für Kundige; sondern im Gegentheil — und dies ist eben das Unheil! — im Gegentheil werden sie grade den Unkundigen geboten, und rühmen sich der Fasslichkeit und Verständlichkeit für diese! — Wie in solcher Kürze eine verständliche Uebersicht der Wesenheit der Harmonielehre zu geben möglich sei? bleibt mir, nach vorstehenden Betrachtungen, unbegreiflich. Bedarf man denn nicht ohne Vergleich mehr Worte, um einem Unkundigen verständlich zu werden, als um sich einem Gelehrten mitzutheilen? — und wo finden daher solche Autoren Raum, auf so wenigen Bogen, (neben so manchem Unnützen,) eine selbst für Laien verständliche und zweckmässig belehrende Darstellung der Wesenheit der Lehre zu geben? — Offenbar bleibt Schriften dieser Art, wollen sie nun einmal durchaus so gar kurz sein, nichts Anderes übrig als: entweder das Ganze der Sache nicht sowohl bündig gedrängt, als vielmehr oberflächlich zu behandeln, und somit Etwas zu geben was freilich wohl gut zu verstehen, aber auch an sich selber Nichts ist, und woran der Leser Nichts hat, oder oft auch etwas Schlimmeres als Nichts, etwas weniger als Halbwahres, wo nicht gar durch und durch Unwahres, (wie ich z. B. im 1. Bd. S. 227, 237 flg., 254 flgg., 261 flg., — 2. Bd. S. 16 flg., 102 flg., 148 flg., 198 flgg., 309-311, — 3. Bd. S. 11 flgg., 21 flgg., 25 flg., 39 flg.,

Ob und in welchem Mase ich dieses vermogt, in wie weit mir mein Versuch in der Ausarbeitung gelungen sei, darüber bin ich weit entfernt, mir

131 flgg., 135, 183 flgg., — 4. Bd. S. 12 flg., 16 flg., 29 flg., 56 flg., 62 flg., 69, 75 flgg., 126, und an vielen anderen Orten nachgewiesen), — oder aber einige einzelne Lehren mit einiger Ausführlichkeit zu behandeln, die anderen aber — eben zu übergeben; wo dann der Leser auch wieder Nichts, oder wenigstens immer nur etwas aus dem Zusammenhange des Ganzen Gerissenes, Unganzes; ein lückenhaftes Wesen, und also immer das nicht hat, was er verlangt, keinen Begriff von dem Wesen der Sache im Ganzen. —

Nach diesen Betrachtungen ist es, dünkt mich, augenscheinlich, dass diejenigen, die da meinen, aus Büchlein der erwähnten Art sich einen Begriff von der Wesenheit der Sache erwerben zu können, auf sehr irrigen, und also gewiss nicht bequem zum Ziele führenden, Wegen wandeln.

Aus eben diesem Gesichtspuncte betrachtet wär es denn auch wohl sehr verkehrt, wenn man meine vorliegende Theorie allzu ausführlich für Anfänger finden wollte. Denn grade darum, weil ich nicht den Kundigen allein, sondern auch noch ganz Unkundigen verständlich und zugänglich sein wollte, grade nur darum musste ich an manchen Orten ausführlicher sein, grade darum Manches, was ich, hätt' ich allein für Gelehrte zu schreiben gehabt, entweder als bekannt voraussetzen, oder nur mit Einem Worte hätte andeuten dürfen, hier ausführlich und vollständig erklären, ohne irgend etwas übergeben zu dürfen, was zum leichten Verständnis und zur einleuchtenderen Begründung des Folgenden nöthig oder nützlich war. Dies die Ursache, warum ich überzeugt war, nicht kürzer, und vielmehr gewünscht hätte, noch viel ausführlicher, und dadurch immer noch klarer, verständlicher und fasslicher sein zu dürfen; — (und eben darum bin ich überzeugt, dass mir die Bearbeitung des schon früher einmal versprochenen gedrängteren Auszuges meiner Theorie mehr Kopfbrechens kosten wird, als vielleicht die Conception des ganzen Hauptzweckes gekostet. — Vor der Hand ist in der gegenwärtigen Auflage durch Verschiedenheit des Druckes einigermasen angedeutet, was Anfänger beim erstmaligen Durchlesen, allenfalls überschlagen, oder nur flüchtig durchlaufen mögen.)

Vollends verkehrt ist die Meinung, welche ich wenigstens Einmal schon äussern hörte: dass meine Theorie

hier ein Selbsturtheil nach Vorredner-Weise anzumasen. — Wohl aber glaube ich, was **meine Behandlungsart des Gegenstandes betrifft**, unge-

---

Manches voraussetze, womit man, vor Lesung derselben, sich erst aus einem anderen, etwa aus so einem Elementarbuche wie die vorerwähnten, bekannt machen müsse. Schon der flüchtige Durchblick meines ersten Bandes, und namentlich der §§ I bis C, zeigt, dass hier überall Nichts vorausgesetzt wird; und man erzeigt mir daher eine viel zu hohe Ehre, wenn man mein Buch, als etwas Höheres, auf ein anderes Werk pfropfen will, eine Ehre, welche ich mir um so mehr verbitten muss, als der Leser das Meiste von dem, was er aus einem jener Elementarbücher erlernt, beim Lesen meiner Theorie erst wieder würde verlernen müssen.

Was endlich den, der gegenwärtigen Schrift vorangesetzten Titel, Theorie der Tonsetzkunst, betrifft, so würde man gar sehr irren, wollte man sich dadurch zu dem Wahne verleiten lassen, als sei dies Buch mehr für diejenigen bestimmt, welche sich der Composition wirklich widmen wollen, als für die, welche blos den beschränkteren Zweck haben, sich von den Grundsätzen zu unterrichten. — Es ist wohl einleuchtend, dass für beiderlei Absicht wenigstens die in den vorliegenden vier Bändchen enthaltene Lehre vom reinen Satze, als Grammatik der Tonsprache, gleich unentbehrlich ist; und wahrlich! selbst wenn ich die Absicht gehabt hätte, blos allein für nicht componiren wollende Wissbegierige zu schreiben, ich hätte nicht anders als so zu schreiben gewusst. — Ja, ich mögte sogar sagen, meine, so wie überhaupt alle Theorie jeder schönen Kunst, sei im Grunde weit mehr für diejenigen bestimmt, welche, ohne auf den Besitz der eigentlichen poetischen Ader, auf schaffenden Genius Anspruch zu machen, nur verstehen, urtheilen und einsehen lernen wollen, als für die eigentlich Begabten und zum Schaffen und Erzeugen Berufenen, indem diese der theoretischen Beschulung grade weit weniger bedürfen, als jene, und die Theorie weit mehr von ihnen zu lernen hat, als sie von ihr. Denn wie sehr ich auch in der Welt nun einmal ein „Theoretiker" heisse, so ist doch Niemand lebhafter als ich von der Wahrheit durchdrungen, welche unser Jean Paul, ich weiss nicht mehr an welchem Orte, und nicht mehr genau mit welchen Worten, ungefähr folgendermasen, aber gewiss viel schöner, ausspricht: Ihr lieben Leute! habet nur ja vor Allem erstaunlich viel Genie; — das Weitere findet sich dann schon von selber.

21.

achtet sie von allen Darstellungsarten und Systemen, welche mir vorangegangene berühmte oder unberühmte, Theoristen aufgestellt haben, Nichts entlehnt, sondern mir durchaus eigen ist, doch darum nicht weniger, mit aller, der Wahrheit schuldigen Unbefangenheit und Furchtlosigkeit, offen bekennen zu müssen, dass ich diese Behandlungsart für die einzige zweckmässige und der Natur des Gegenstandes angemessene halte, und für die einzig geeignete, um den unklaren Nimbus zu lichten, welcher, nicht sowohl aus den eigenthümlichen Schwierigkeiten des Gegenstandes, als aus der Beschränktheit der bisherigen Darstellungsarten entspringend, dem Kunstjünger den Zutritt in das innere Wesen seiner Kunst so sehr zu erschweren pflegt.

Es ist, auf der einen Seite, dieses eben so wenig eitler Dünkel, als es, auf der anderen, blos herkömmliche vorrednerische Bescheidenheit ist, wenn ich erkenne, dass in der Ausarbeitung meines Planes gar Vieles noch unvollkommen, ja unerschöpft geblieben ist; eine nothwendige Folge der Unermesslichkeit des, noch nie nach erschöpfendem Plane bearbeiteten Feldes, dessen ganzer Umfang, (also auch seine bis jetzt übersehenen, und darum unbebaut gebliebenen Strecken) übrigens eben durch meine Darstellung erst überschaulich werden, und dessen überreichen Boden vollständig zu bebauen, mehr als Ein Menschenalter, mehr als Eines Menschen bedungene Kräfte, und — Folianten erfodern würde. Darum also mit der tiefsten und gerechtesten Ueberzeugung, dass die Ausarbeitung meines Versuches unmöglich vollkommen, oder auch nur vollendet sein könne, bitte ich angelegentlich um die Mitwirkung aller einsichtigen Freunde der Kunst, und danke im Voraus für jedes gewichtige Urtheil, für jede Berichtigung und Vervollständigung meiner Lehre. In welchem, zarten oder rauhen Gewande sie auch, öffentlich, oder in Privatzuschrift, erscheinen mögen: immer werden sie mir, als Gewinn für die Kunstlehre, und als Belehrung für mich, höchlichst willkommen sein.

Worin übrigens die Eigenthümlichkeit meiner Behandlung besteht? soll und kann hier nicht mit wenigen Worten angegeben, sondern muss aus dem Buche selber entnommen werden, in dessen Verlauf auch die Gründe meiner Ansichten an betreffenden Stellen geprüft, und so weit entwickelt sind, als dies an dem Orte, wo es geschah, schon möglich war.

Nur dies finde ich nöthig, hier noch besonders zu erinnern, dass mein Versuch einer geordneten Theorie keineswegs, wie Manche gemeint, ein System im philosophisch-wissenschaftlichen Sinne des Wortes sein soll, keineswegs ein Inbegriff von Wahrheiten, sämmtlich aus Einem obersten Grundsatze logisch folgerecht abgeleitet. Im Gegentheil ist ja grade dies ein Grundzug meiner Ansicht, dass unsere Kunst sich keineswegs, oder wenigstens bis jetzo noch nicht, zu solcher systematischen Begründung eignet. Noch immer besteht das wenige Wahre, was wir im Gebiete der Tonsetzkunst wissen, blos in einer Anzahl von Erfahrungen und Beobachtungen vom Wohlklingen oder Missklingen dieser oder jener Zusammenstellungen von Tönen. Diese Erfahrungssätze aber folgerecht aus Einem obersten Grundsatz abzuleiten und zu einer philosophischen Wissenschaft, zu einem Systeme, zu gestalten, konnte, wie ich im Verlaufe des Buches nachzuweisen nur allzuoft Gelegenheit fand, bis jetzo nur sehr misslingen; und augenscheinlich genug zeigt es sich überall, dass die bisherigen Theoristen, — statt erst die einzelnen Phänomene vom Wohl-, oder Missklingen dieser oder jener Zusammenstellung von Tönen, möglichst vollständig zu durchforschen, und dann allenfalls den Bau eines Systemes zu versuchen, — sehr übereilt und vorzeitig, gleich den Bau anfingen, ihn durch die imponirende Form mathematischer Begründung aufstutzten, und — wenn ihnen nachher, natürlicher und nothwendiger Weise, eine Menge von Phänomenen aufstösst, welche in das vorlaut aufgestellte System nicht passen und es widerlegen, dieselben lieber unter der Kategorie von Ausnahmen, Freiheiten, Licenzen, Ellipsen und Katachresen, bei Seite zu bringen suchen, als sich dadurch aus dem seligen Traumglauben an ihr Harmoniesystem wecken lassen: — Die gegenwärtige Schrift macht nur allein auf das Verdienst Anspruch, jene Erfahrungssätze durch genauere Forschung zu sichten, durch eigene Beobachtungen zu vermehren, dann das Aehnliche und anscheinend Zusammengehörige zusammen zu stellen, in Verbindung zu setzen, und solchergestalt das Gegebene, nach einem möglichst verständigen Plane, also nicht in der Gestalt streng systematischer Begründung und Ableitung, sondern nur möglichst geordnet vorzutragen, als Versuch einer geordneten Theorie, vor welche ich ebendarum nicht den mir viel zu vornehm klingenden Titel System als trügendes Schild aushängen mogte.

Ich will übrigens hier auch Gelegenheit nehmen, meine Leser zu bitten, doch ja keine Eitelkeit oder Anmasung darin zu finden, dass ich zuweilen auch Beispiele aus meinen eignen Compositionen anführe. Es geschieht einzig darum, weil diese meinem Gedächtnisse eben nahe liegen, und mir daher am leichtesten beifallen, wenn ich mich auf ein Beispiel zur Verdeutlichung irgend eines Satzes besinne. Auch stehen sie ja, wie gesagt, nur als erläuternde Beispiele hier, nicht als Muster; und überhaupt, wenn es mir erlaubt sein muss, zu jedem Satze ein zu dessen Erläuterung passendes Exempel eigens zu verfertigen, warum sollte ich nicht statt dessen eben so gut Exempel gebrauchen, die ich schon früher gemacht hatte, wenn sie nur zur Erläuterung passend sind.

Aus der Vorrede zum dritten Bande der ersten Auflage.
(Erschienen 1821.)

Der dreijährige Zwischenraum, vom ersten Erscheinen des zweiten Bandes bis zum Hervortreten des dritten, (1818 bis 1821) war lang genug gewesen, um vielleicht Manchen an mir irre werden zu lassen. — Manchem wurde sie auch ein erwünschter Anlass, dem Publicum von meiner Theorie als von einem „unvollendet gebliebenen Werke," zu sprechen.

Sogar haben sich in jener Zwischenzeit Schriftsteller gefunden, welche, gleichsam um für meine Schuld bei dem Publicum einzustehen! — Lehrbücher fabricirten, in welchen sie meine Theorie abschreiben, meistens förmlich wörtlich abschreiben, so weit sie nämlich durch die zwei ersten Bände und durch ein in der Wiener Musikal. Ztg. vorläufig abgedrucktes Bruchstück des dritten, damals bekannt geworden war, und das Uebrige, so gut es eben gehen will, hinzufügen, ausbauen, und auf diese Weise mein und meiner Herrn Verleger rechtmässiges Geistes- und Verlagseigenthum beeinträchtigend, dem hintergangenen Publicum auf Einmal ein (angebliches) Ganzes liefern, welches, nebst der gesammten Grammatik, auch gleich den doppelten Contrapunct, Fuge, Instrumentation, ja, wenn gleich nur Elementarbücher, doch auch gleich die „verschiedenen musicalischen Style, den grossen —, den romantischen Opernstyl, den Kirchen-, Kammer-, Ballet-, Militär-, und Tanz-Musikstyl, das Präludiren, Phantasiren", u. dgl. m., Alles zusammen in wenigen Druckbogen, — umfassen soll!!! —

Es sind diese Werke folgende:

„Versuch einer kurzen und deutlichen Darstellung der Harmonielehre oder kleine Generalbassschule für Anfänger und zum Selbstunterricht, von *Joh. Gottlob Werner.* Erste Abtheilung. Cursus II. des Lehrbuchs zum Unterricht im Klavierspielen. Leipzig, im Verlag von Fr. Hofmeister. 1818," 97 Seiten.

„Versuch einer kurzen und deutlichen Darstellung der Harmonielehre, oder Anweisung, richtige Harmoniefolgen und kleine Musiksätze zu erfinden, für Anfänger, und zum Selbstunterricht, von *Joh. Gottlob Werner*. Zweite Abtheilung. Cursus III. des Lehrbuchs, zum Unterricht im Klavierspielen. Leipzig, im Verlag von Fr. Hofmeister. 1819." 116 Seiten.

„Elementarbuch der Harmonie und Tonsetzkunst. Ein Leitfaden beim Unterricht und Hülfsbuch zum Selbststudium der musicalischen Composition, von *Friedrich Schneider*, Musikdirector und Organist in Leipzig. Eigenthum des Verlegers. Leipzig, im *Bureau de Musique*, von C. F. Peters." 112 Seiten. Pr. 2 Rthlr. 12 Gr.

Wie schmeichelhaft solche Anerkennung einer Theorie ihrem Urheber, wie angenehm es ihm immer sein mag, dieselbe auch auszugweise verbreitet zu sehen, zumal wenn dies alles von einem so vorzüglichen Compositeur, wie Hr. Mus. Dir. Fr. Schneider, geschieht; — so muss ich doch gestehen, dass ich, beim Anblicke der genannten Schriften, nicht wusste, ob ich mich darüber mehr freuen, oder mehr betrüben sollte; theils darum, weil ich wünschen musste, man hätte, statt so voreiligen Halbgebrauchs meiner Theorie, doch lieber erst den dritten Band abgewartet! — theils auch darum, weil ich mir vorbehalte, einen elementarischen Auszug meines Buches einmal **selbst** zu bearbeiten.

Um aber meine obige Aeusserung, dass die erwähnten Schriften **meine Thorie abgeschrieben enthalten**, nicht als unbegründete Behauptung dastehen zu lassen, bin ich freilich einige Nachweisung darüber schuldig. — Diese ist jedoch nur gar zu leicht.

Ich stelle zu diesem Ende fürs Erste, nur zur Probe, einige Stellen aus Hrn. Werners Generalbassschule, zur Vergleichung mit den entsprechenden Stellen meiner Theorie, nebeneinander.

Theor., 1. Aufl. 1. Bd. S. 88, 89.

Von einer grossen oder kleinen Prime kann eigentlich keine Rede sein, weil die Prime eigentlich kein Intervall ist. —— Indessen kommen doch zuweilen die Ausdrücke verminderte und übermässige Prime vor, —— wenn nämlich von zwei auf einer und derselben Notenstufe, stehenden Noten die eine durch ein Versetzungszeichen gegen die andere um ein chromatisches Intervall eine halbe Stufe erhöht oder vertieft ist. Im Gegensatz einer solchen verminderten oder übermässigen Prime, nennt man zwei Töne die nicht auf einerlei Notenstufe stehen, sondern auch ganz gleich hoch sind, — reine Prime, Einklang, unisonus.

Werner, 1. Abth. Seite 8.

Die Prime ist an und für sich eigentlich kein Intervall, sie kann daher weder gross noch klein seyn. Indessen kommt doch bisweilen die Benennung: verminderte oder übermässige Prime, vor; nämlich wenn von zweien auf einer Stufe stehenden Noten die eine durch ♯ erhöht oder durch ♭ vertieft wird, so dass ein kleiner halber Ton (c, cis, oder d, des) oder ein chromatisches Intervall entsteht. Zum Unterschied solcher verminderten oder übermässigen Primen nennt man desshalb zwei Töne, die auf einerlei Notenstufe stehen, und von ganz gleicher Tonhöhe, weder erhöht noch vertieft sind, die reine Prime, Einklang, unisonus.

Theorie, 1. Bd. Seite 128.

Die Zahl aller möglichen gleichzeitigen Zusammenklänge mehrer Töne ist eigentlich unzählbar, und wär unübersehbar, fände sich nicht, dass viele derselben mehr oder weniger wesentliche Merkmale mit einander gemein haben. Diese ordnet man denn zusammen in Klassen, und betrachtet die verschiednen unter eine Klasse gebrachten einzelnen Fälle als eben so viele Unter- oder Spiel-Arten.

Werner, 1. Abth. Seite 12.

Es giebt zwar eine grosse Menge möglicher Akkorde, sie lassen sich aber, weil sie mehr oder weniger Aehnlichkeit unter einander, und mehrere wesentliche Kennzeichen mit einander gemein haben, auf wenige Hauptklassen mit ihren Unter- oder Nebenklassen zurückführen.

Theorie, 1. Bd. Seite 138.

Ausserdem rathe ich jedem noch nicht vollkommen Geübten, dass er sich auch darin übe, jeden der sieben Grundakkorde auf irgend einer Note (gleichviel, auf welcher) mit der Singstimme, oder wär es auch nur pfeifend, zu intoni-

Werner, 1. Abth. Seite 16.

Von ungemeinem Vortheil ist es auch, wenn man die Akkorde, so wie die Töne überhaupt, nach dem Gehör zu unterscheiden, und selbst in Gedanken anzugeben weiss. Man lernt dieses, wenn man singend oder pfeifend zu einem Grund-

ren. — *Seite 139.* Zu gleichem Zweck empfehle ich auch, sich von einem Andern bald diesen bald jenen Akkord auf einem Instrument anschlagen zu lassen, ohne dem Spieler auf die Finger zu sehen, ton die Terz und Quinte anzugeben sich übt, oder wenn ein Anderer auf dem Klaviere Terzen, Quinten und Dreiklänge anschlägt, und man, ohne auf die Tasten zu sehen, die Töne zu benennen sucht.

Diese wenigen Stellen, nur aus dem ersten Bogen des Wernerschen Machwerkes ausgezogen, mögen zum Vorgeschmack genügen. Wie solche und ähnliche, zum Theil buchstäbliche Aneignungen in den folgenden Bögen und durch das Büchlein fortlaufen, zeigen, unter anderen, auch folgende Stellen:

Zeile 1 bis 8 der Vorerinnerung (verglichen mit m. Theorie, 1. Aufl. 1. Bd. Seite 15.)
Seite 5, Zeile 12 und figg. (Theorie 1. Bd. S. 47.)
— 19, Z. 9 v. u. und figg. (Theor. 1. Bd. S. 143, 144.)
— 29, Z. 7 u. figg. (Th. 1. Bd. S. 137 unten.)
— 76, Z. 3. (Th. 1. Bd. S. 218. § 201.)
— 85, (Th. 1. Bd. S. 226.)
— 87, Z. 8. (Th. 1. Bd. S. 220 unten.)
— 91, unten u. S. 92. (Th. 1. Bd. S. 235. Anm.)
— 93. (Th. S. 318. § 306.)
— 94. (Th. 2. Bd. S. 242. § 521 figg.)
— 96, Z. 12 figg. (Th. 2. Bd. S. 268 figg.)
Im Hefte II oder II. Abth. S. 1. A bis Seite 9. (Th. 1. Bd. S. 251, Z. 7 bis S. 256.)
Seite 25 C. (Th. 1. Bd. S. 165. § 452, § 454, u. s. w.)
— 27 D. (Th. 2. Bd. S. 186. §. 470 D.)
— 31. (Th. 1. Bd. S. 285. § 272 figg.)

Noch mehr aber als über das, meist wörtliche, Aus- und Abschreiben einzelner Stellen, muss ich mich darüber wundern, dass der geschätzte Hr. Verf. so manche Lehrsätze, welche nur erst ich, der bisher gegolten habenden Lehre zum Theil schnurstrack entgegen, in meiner Theorie aufzustellen gewagt, nicht nur ohne Weiteres adoptirt, sondern sie seinen Lesern entweder in einem Tone vorträgt, als seien es bekannte Wahrheiten, an denen nie jemand gezweifelt habe oder zweifle, — oder aber so, als stelle er, der Herr Verf., die Sätze hier auf! — In diesem Tone adoptirt er z. B. nicht allein grade die sieben von mir angenommenen Grundharmonieen, sondern auch unbedingt meine Lehre von den eigenthümlichen Harmonieen der Tonarten (I. Abth., S. 86 flgg. und II. Abth. S. 1. flgg.), — insbesondere von denen der Molltonart (I., S. 90 flgg. und II., S. 7 flgg.), — von der Molltonleiter, (I., S. 91 flgg.), — und dass die Molltonart beträchtlich „ärmer an leitereigenen Harmonieen sei, als die Durtonart" (II, S. 9, Z. 1.), — ferner meine, wenigstens noch keineswegs als Gemeingut zu betrachtende, Lehre von der Verwandtschaft der Tonarten (II., S. 31 flgg.), — von dem entscheidenden Auftreten einer Dreiklangharmonie in Quartsextenlage auf schwerer Zeit (II, S. 20. — Vergl. Theor. § 350 und 404), — mein Zusammenstellen von Vorhalten, mit Durchgangs- und Wechselnoten (I., S. 60. — Vergl. Theor. I. Bd., S. 204, Z. 13 von unten) u. dgl. m. Das Alles stellt dieser Herr Werner so ganz gemüthlich als seine Ideen hin, dass man darauf schwören sollte, er sei der Mann, welcher all diese bis jetzt von Niemand gewagt gewesenen Ansichten auf seine Faust zuerst zu sagen und auf seine Verantwortlichkeit zu nehmen wage!

Eben so gebraucht er die Kunstwörter, welche ich nur erst in der 1. Aufl., blos allein zum Behufe meiner Lehren, neu zu bilden oder zu brauchen gewagt, z. B. „Hauptseptimenharmonieen" — „Nebenseptimenharmonieen" — „ursprüngliche, eigentliche" Quinte, Terz, u. s. w. — „Umgestaltungen der Harmonieen," — „Umgestaltung durch harmoniefremde Töne" u. dgl., — ohne Weiteres so, als wären sie ganz gäng und gebe. (I., S. 20, Z. 4; II., S. 57; — vergl. mit Theor. 1. B., S. 134, 135, 144, 163.) So heisst z. B. (I., S. 23):

„So wie es verschiedene Dreiklänge giebt, so hat man „auch mehrerlei Septimenakkorde. Der wichtigste, auch „der wesentliche oder Hauptseptimenakkord ge„nannt,"...

und als Gegensatz zu diesem „Hauptseptimenakkord" findet man (S. 28 u. 29) „Nebenseptimenaccorde" und „Nebenseptimenharmonieen."

— Auch die Kunstwörter **Trugcadenz** und **vermiedene Cadenz** gebrauchet der Hr. Verf. (II., S. 25 u. 27) grade in der Bedeutung, wie ich sie, nur in meiner Theorie (2. Bd., S. 154-158) gebrauchen zu wollen, erklärt habe; vergisst aber, seine Leser zu warnen, dass vor mir diese Ausdrücke auch für ganz andere Dinge gebraucht zu werden pflegten.

Ich enthalte mich der ausführlicheren Enthüllung noch mehrer Aneignungen, z. B. Bezeichnungsart der Harmonieen und Harmonieenfolgen bald durch Ziffern, bald durch Buchstaben mit dazwischengesetzten Verbindungsstrichen, (I., S. 47; II., S. 11); lauter Dinge die ich nur allein zum Verständnis zwischen mir und meinen Lesern ersonnen hatte (I. Bd., S. 139, 257-260), — der Nachbildung meiner ganzen Manier, die harmonische Structur eines Tonsatzes gleichsam anatomisch und psychologisch zu entwickeln (I., S. 94, 95, 96), — ja selbst meiner, zumal im ersten Bande [der 1. Auflage] nur allzu oft über alle Gebühr nachlässigen Schreibweise, (z. B. in Einer Zeile „Secunde" und dann „Sekunde": (S. 27, Z. 6, 7. — !!) — das alles bleibt ohne weitere Erörterung; und nur dies sei im Allgemeinen erklärt, dass ich alles, was ich, dem bisher Geglaubten oft zuwider, zuerst auszusprechen gewagt, und überhaupt meine mir eigenen, vielleicht ja auch irrigen, Ansichten, selbst unter meinem eigenen Namen verantworten will, und überhaupt dasjenige, was ich auf meine Verantwortung neu einzuführen gewagt, nicht auf dieses Hrn. Werner unschuldige Rechnung und Verantwortlichkeit gesetzt zu sehen verlange; und dass es denn doch eine gar zu gütige Schonung meines Namens ist, dass er ihn nirgend mit einer Sylbe verräth!

Wenn übrigens dieser Hr. Werner, neben den von mir abgeschriebenen Lehren, freilich auch — noch mehre, mit diesen zum Theil — im Widerspruche stehende Sätze der alten Theorie, beibehält, z. B. die Fortschreitungsgesetze der Con-, und Dissonanzen, — gewissermassen auch die beliebte Lehre von der Molltonleiter: „aufwärts fis-gis, abwärts g-f", — wenn er lehrt, die Nebenseptimenharmonieen seien Umgestaltungen der Hauptseptimenharmonie! — und auch der sogenannte verminderte Septimenaccord eine Grundharmonie; u. dgl. mehr: — so erscheinen dagegen in Herrn

Fr. Schneider's Werkchen meine Ansichten viel treuer befolgt, und wenigstens etwas verständiger benutzt. Eine ungefähre Uebersicht, wie dieser Herr sein elendes Buch aus lauter aus meinen beiden ersten Bänden ausgeschnittenen Fetzen gemacht, wird folgende, freilich noch sehr unvollständige Excerptensammlung, sogar ohne Nebenanstellung der Parallelstellen, einem Jeden leicht gewähren, welcher sich des in meiner Theorie Gelesenen nur einigermasen erinnert.

Seite 8, § 30: „Bezeichnungsart des Grund-„basses. Die unter obigen Grund-Harmonien befind-„lichen römischen Zahlen bezeichnen die Stufen der Ton-„leiter. Eine grosse Zahl bedeutet, dass auf derjenigen „Stufe, die sie zeigt, ein harter Dreiklang seinen Sitz „hat; eine kleine Zahl zeigt den Sitz eines weichen Drey-„klangs auf der durch sie bezeichneten Stufe an; der ver-„minderte Dreyklang wird durch eine der Stufenzahl bey-„gefügte ° bezeichnet. Diese höchst bequeme Be-„zeichnungsart" (— Ei!) — „wird in der Folge dieses „Werkchens immer beybehalten werden, und es ist nothwen-„dig, sich genau mit ihr bekannt zu machen. — *Anmerkung:* „Ein diesen Zahlen vorgesetzter grosser Buchstabe „bedeutet, dass die Accorde zur harten Tonart gehören, ein „kleiner Buchstabe bedeutet die weiche Tonart. Z.B. „C:I bedeutet den Dreyklang der Tonica von C dur; c:ı „bedeutet den Dreyklang der Tonica in C moll." (Vergl. Theor. I. Bd. S. 257-260.)

Seite 13, § 46: „Der auf der Dominante seinen Sitz „habende und aus der grossen, 3, 5, und kleinen 7 be-„stehende Accord *heisst*" — (!) — „der wesentliche Sep-„timen-Accord oder Haupt-Septimen-Accord..... „*Wir*" — (!) — „bezeichnen ihn mit V⁷." (*Theor. I. Bd. S. 134.*)

Seite 15, § 48: „In *unserer*" — (!) — „Bezeich-„nungsart der Grundharmonie *heisst* 7 eine kleine Sep-„time, 7 eine grosse Septime." (*Theor. I. Bd. S. 140.*)

„Diese Septimen-Accorde nennen *wir* (!) zum Unter-„schiede von dem Haupt-Septimen-Accorde,... Neben-„Septimen-Accorde." (*Theor. I. Bd. S. 138.*)

Seite 16: „Eigenthümliche Dreiklangharmo-
„nien der Moll-Tonart." (*Theor. I. Bd. S. 250 u. f.*)

Seite 19, § 87: „Vergleichung der eigenthüm-
„lichen Grundharmonien in beyden Tonar-
„ten." — Hier werden meine tabellarischen Darstellungen abcopirt. —

Dur		Moll	
Drey- klänge.	Septimen- Accorde.	Drey- klänge.	Septimen- Accorde.
I	I^7	I	
II	II^7	II^0	II$^0_7$
III	III^7		
IV	IV^7	IV	IV^7
V	V^7	V	V^7
VI	VII^7	VI	VI^7
VII	VII$^0_7$		

(*Theor. I. Bd. S. 258.*)

Seite 19: Anmerk. „Man sieht also hieraus, dass
„die Moll-Tonart an eigenthümlichen Accorden bey wei-
„tem ärmer ist, als die Dur-Tonart." — (Ein Satz, welchen ausser mir noch Niemand aufzustellen gewagt: *Theor. I. Bd. S. 254, § 245.*)

Seite 20: „Umgestaltung der Grundharmo-
„nien." (*Theor. I. Bd. S. 141 u. ff.*)

— — „Umgestaltung des Haupt-Septimen-
„Accords durch Beyfügung einer None." (*Theor. I. Bd. S. 165 ff.*)

Seite 25: „Umgestaltung durch harmonie-
„fremde Töne." (*Theor. I. Bd. S. 192.*) —

Seite 29: „Harmonische Mehrdeutigkeit."

„Wenn wir die verschiedenen Veränderungen und Umge-
„staltungen der Grundharmonien noch einmal überblicken,
„so finden *wir* (!), dass durch dieselben oft A) ein Ac-
„cord dem Klange nach einem andern ganz ähnlich wird,
„wenn er auch auf dem Papier mit andern Noten geschrie-
„ben wird; und dass auch oft B) ein Accord dem andern
„sogar den Noten nach ähnlich seyn, und doch auf ver-
„schiedener Grundharmonie beruhen könne. Den ersten
„Fall nennen *wir* enharmonische Mehrdeutigkeit,
„den letztern einfache harmonische Mehrdeutig-
„keit." (Wörtlich aus *Theor. I. Bd. S. 192-194.*)

Seite 50-52: „Verwandtschaft der Tonarten."
„§ 87: Tabellarische Uebersicht der Verwandtschaften."
— Hier werden auch wieder meine Figuren ganz treulich nachgemalt: —

Gfr. Webers Theorie.

„Tab. I. (von C dur.)   „Tab. II. (von a moll.)

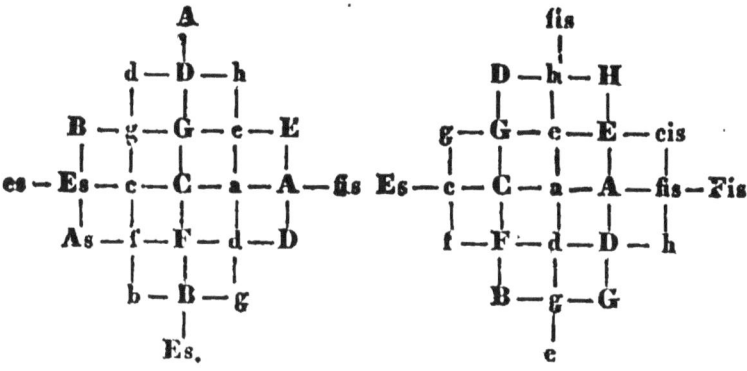

```
            A                              fis
            |                               |
        d — D — h                      D — h — H
        |   |   |                      |   |   |
    B — g — G — e — E              g — G — e — E — cis
    |   |   |   |   |              |   |   |   |   |
es— Es— c — C — a — A — fis    Es— c — C — a — A — fis — Fis
    |   |   |   |   |              |   |   |   |   |
    As— f — F — d — D              f — F — d — D — h
        |   |   |                      |   |   |
        b — B — g                      B — g — G
            |                              |
            Es.                            e
```

(*Theor. I. Bd. S. 293-300.*)

Seite 32-43: „Leitereigene Modulation." „§ 90:
„Die grosse Anzahl aller möglichen leitereigenen Harmonie-
„Folgen lässt sich in vier Klassen eintheilen."

„1tens. Kann nach einer Dreyklangs-Harmonie eine
„andere Dreyklangs-Harmonie derselben Tonart folgen.

„2te. Nach einer Dreyklangs-Harmonie kann ein Sep-
„timen-Accord folgen.

„3te. Nach einem Septimen-Accord kann ein Drey-
„klang folgen.

„4te. Und dann kann nach einem Septimen-Accord
„auch ein anderer Septimen-Accord derselben Tonart fol-
„gen." (*Theor. II. Bd. S. 120.*)

Seite 34, §. 93: „Die Harmonienschritte der 3ten
„Klasse, wo nach einer Septimen-Harmonie ein leiter-
„eigener Dreyklang folgt, nennen *wir* (!) eine Cadenz
„— einen Tonschluss — Schlussfall, und unterscheiden
„zwey Hauptgattungen:

„*a.*) Die eigentliche Cadenz — Hauptcadenz:
„wenn ein Dreyklang nach dem Haupt-Septimen-Accord
„folgt.

„*b.*) Die uneigentliche, nachgebildete Ca-
„denz; wo ein Dreyklang nach einem Nebenseptimen-Ac-
„corde folgt." (*Theor. II. Bd. S. 184.*)

Seite 35: „Folgt aber einer Septimen-Harmonie ein
„anderer leitereigener Dreyklang, so nennt *man* (!)
„dieses eine Trug-Cadenz, Trugschluss." (*Theor. II. Bd.
S. 185.*

Seite 36: „Ausweichende Modulation. § 99.
„Eine Ausweichung machen ist also nichts anders; als:
„eine Harmonie hören lassen, welche das Gehör aus irgend
„einem Grunde für ein Glied einer andern als der bishe-
„rigen Tonart erkennt." (*Theor. II. Bd. S. 191.*)

„Der grösste Theil aller vorkommenden Ausweichungen „geschieht 1) durch die Dreyklangsharmonie auf der ersten „Stufe der neuen Tonart, (durch I oder i).

„2) durch die Dreyklangs- oder Septimenharmonie auf „der 5ten Stufe der neuen Tonart (durch V oder V⁷)," (u. s. w. — *Theor. II. Bd. S. 214, § 488.*)

Seite 40: „Einrichtung der Modulation der „Tonstücke überhaupt." (*Theor. II. Bd. S. 239.*) —

§. 108: „In jedem Tonstück muss eine Tonart vor„herrschend seyn;. d. h. das Stück muss der Regel nach in „der Haupttonart anfangen und schliessen, und zum gröss„ten Theil in der Haupttonart und den nächstverwandten „Tonarten sich bewegen. § 109: Auch selbst in einem aus „mehreren Sätzen bestehenden Tonstücke u. s. w. — *Anmer„kung:* So gehen z. B. in Mozarts Zauberflöte, Don Juan, „die Finalen des ersten Akts (eine Folge mehrerer Sätze), „aus *C* dur, und Mozart hat sogar die Ouverturen seiner „Opern in demselben Tone geschrieben, in welchem er die „ganzen Opern schliesst." (*Theor. II. Bd. S. 240, 241.*)

§. 110: „Es giebt jedoch auch Fälle, wo von dieser „Tones-Einheit abgewichen wird. So endigt ein in *Moll* „angefangenes Tonstück sehr häufig in *Dur*; und in einem „aus mehreren Sätzen bestehenden Tonstücke manchmal „ein Mittelsatz in einem anderen Tone, als er angefangen „hat, um vielleicht als Uebergang zum folgenden Satz... „zu dienen. (*Theor. II. Bd. S. 240.*)

§.111: ... „am natürlichsten ist es: jedes Tonstück mit dem „tonischen Dreyklang zu beginnen. (*Theor. II. Bd. S. 243.*)

§. 112: „Es giebt jedoch Tonstücke, die im Anfange „die Tonart nicht auf diese Weise genau bestimmen, und „das Gehör einige Zeit in Zweifel lassen, welche Tonart „dem Stück zum Grunde liege." — „Sinfonie von Beet„hoven in *C-moll.*" — „Ouverture d. Jahrzeiten von Haydn „in *G-moll.*" (*Theor. II. Bd. S. 249.**) — ... „Auch solche,

---

*) Hier also ganz sklavisch sogar grade diejenigen Beispiele abgeschrieben, welche ich angeführt hatte! — Bei diesem Abschreiben ist aber dem Hrn. Schneider ein fatales Unglück begegnet. Ich hatte nämlich in Ansehung der als Beispiel angeführten Ouverture der Jahrzeiten, mich in der 1. Aufl. geirrt, indem beim Anfange der ged. Ouverture, die Oboen, die Töne ḡ und 𝄱 festhaltend, die Tonart allerdings genugsam bestimmen. Der H. Mus. Dir. hat aber, allzu gläubig! nicht nur meinen Paragraphen und selbst mein Beispiel, sondern auch zugleich meinen Irrthum, *fideliter* mit abgeschrieben!!! — Das nenn ich doch einen Glauben, der Berge versetzt!

„die mit einem andern als dem tonischen Accord an-
„fangen."... (*Theor. II. Bd. S. 281.*)
Seite 41: „Auch solche, wo mit einer der Haupttonart
„ganz fremden Harmonie angefangen wird: Sinfonie v. Beet-
„hoven in C-dur." (*Theor. II. Bd. S. 287.*)

So viel nur, wie gesagt, zur Rechtfertigung des oben gesprochenen Wortes.

Eine Erörterung und Kritik der wenigen Puncte, worin der Hr. Verf. von mir abweicht, indem er (S. 17, 19) auf der siebenten Stufe der Molltonart gar keine Harmonie, — hingegen die freie Hinzufügung einer None auch zu allen Nebenseptimenharmonieen annimmt, — und die Hauptseptimenharmonie nur aus dem Gebrauche durchgehender Noten entstehen lässt!!... — eine solche Erörterung, sag' ich, so wie überhaupt eine Beleuchtung des Werthes oder Unwerthes der beiden besprochenen Werkchen, würde diese Vorrede hier am unrechten Orte verlängern; zumal eigentlich Niemand weniger zum Recensenten der genannten Büchlein geeignet ist, als grade ich, dessen Namen jener Hr. Werner so edelmüthig verschweigt, dieser Hr. Schneider aber auf so verblümte Weise als denjenigen nennt, dessen — „Ordnung und Grundsätzen er — meistentheils — folgen zu müssen" (!) geglaubt habe; — (auf gut Teutsch: dessen Buch er, verstümmelt und unverständig entstellt, als sein Machwerk hat drucken lassen.)

Hätten die beiden Herren der Wahrheit und mir die Ehre gegeben, dasjenige, was sie, so über die Masen plagiarisch, aus meiner Theorie ausgeschrieben, auch aufrichtig als daraus entnommen zu bezeichnen, und so das gestohlne Gut aufrichtig als gestohlen zum Verkauf auszubieten, — nun so hätte ich ihnen wenigstens für die Aufrichtigkeit Dank wissen müssen; allein bei der Art und Weise, wie sie es getrieben, war ich die vorstehenden Blossstellungen der Wahrheit, dem Publicum und mir selber schuldig...

Endlich sei mir auch noch ein Wort der Rechtfertigung vergönnt, über die Freimüthigkeit, mit der ich so manchesmal, ergraute Lehren als nur halbwahr, ja, als durch und durch unwahr, nachzuweisen wage. Ich will nicht einmal für mich anführen, was Göthe, in seiner Farbenlehre (1. Bd. S. 648) zur Entschuldigung seiner schneidenden Polemik anführt: „dass es im Conflict von Meynungen „und Thaten nicht darauf ankommt seinen Gegner „zu schonen, sondern ihn zu überwinden; dass Niemand sich aus seinem Vortheil herausschmeicheln „oder herauskomplimentiren lässt, sondern dass er, „wenn es ja nicht anders seyn kann, wenigstens „herausgeworfen seyn will;" — denn mir ist es nicht darum zu thun, mich gegen Gegner in Vortheil zu setzen, sondern Wahrheit zu erforschen und darzustellen. Eben so wenig will ich auf die altergrauen Systeme und das unerlöschliche Geschlecht ihrer älteren und neuesten Wiedergebärer, sein „heiteres Gleichniss" (1. Bd., S. XIV) anwenden, von der alten Burg, ursprünglich mit jugendlicher Uebereilung angelegt, in der Folge, zur Deckung der Mängel ihrer Uranlage, mit den verschiedenartigsten neuen Bollwerken, Gräben, Thürmen, Erkern und Schiessscharten versehen, durch allerlei An-, Neben- und Vorgebäue erweitert, und diese wieder in Verbindung gebracht durch die seltsamsten Galerieen, Hallen und Gänge, übrigens, nur darum, weil sie, nie ernstlich angegriffen, nie eingenommen worden, zum Rufe der Unüberwindlichkeit gelangt, und dieses Rufes auch noch jetzt geniessend, obgleich längst in sich selber zerfallen und leer stehend, nur von Invaliden bewacht, die sich ganz ernstlich für gerüstet halten! — u. s. w. Nein, Niemand, ich betheure es, ist bereitwilliger als ich, den verdienstlichen Bemühungen unserer Vorfahren um die Gründung einer Theorie, Achtung zu zollen. — Allein wie sehr es auch Pflicht ist, dankbar zu erkennen, was sie, schon lang ehe wir auf der Welt waren, für Kunst und Kunstlehre nach ihrer Weise gethan, so wenig dürfen wir es doch verkennen, dass sie das Geschäft der reiferen Ausbildung, der Sichtung, und überhaupt des weiteren und tieferen Forschens und Prüfens, uns übrig gelassen haben; und wollen wir daher die Väter unserer Theorie **recht** ehren, wollen wir ihrem Beispiele **recht** folgen; so thuen wir es dadurch, dass wir, gleich ihnen, **selbst denken und selbst forschen**, statt grade nur das nachzubeten, was sie, und grade so, wie sie es uns vorgesagt, und blindlings, wie die Herde dem Leithammel folgt, nur den Pfad nachzutraben, den sie gegangen. Warnt uns doch vor solchem Köhlerglauben schon **Seneca** *(De vita beata Cap. I.)* in den kräftigen Worten: *Nihil magis praestandum est, quam nē pecorum ritu sequamur antecedentium gregem, pergentes, non qua eundum est, sed qua itur.*

G.W.

Vorwort zur zweiten Auflage.
(Erschienen 1824.)

Indem ich diese zweite Auflage dem Publicum übergebe, habe ich demselben vor Allem manche bisherige Zögerung abzubitten.

Der, zuerst am Anfange des Jahres 1817 erschienene, erste Band, war im Buchhandel schon vergriffen, als im Jahr 1821 der dritte erschien. Ein, im folgenden Jahre veranstalteter, im Wesentlichen unveränderter zweiter Abdruk des ersten Bandes befriedigte die fortwährende Nachfrage nur kurze Zeit, zumal auch der zweite schon wieder selten geworden war, so dass das Ganze dermal schon seit geraumer Zeit nicht mehr zu haben gewesen, und die gegenwärtige Auflage billig um **einige Jahre früher** hätte erwartet werden dürfen.

Zu meiner Entschuldigung sei Folgendes gesagt.

Da, wo der höhere Staatsdienst, mit seinen undingten Pflichten, die Geistesthätigkeit des Beamten während des grössten und besten Theiles seiner Lebensstunden in Anspruch nimmt, da fallen ihm wohl Augenblicke der Erholung und Ruhe, nicht aber gute Stunden zu kräftiger kunstwissenschaftlicher Thätigkeit aus; und wenn es wahr ist, dass zum Erzeugen eines Kunstwerkes, und so auch eines Werkes über Kunst, grade nur die besten und geisteskräftigsten Augenblicke des Lebens gehören. — wenn der Ausspruch unsers Göthe wahr ist, dass es ein fruchtloses, ja thörichtes Unternehmen sei, ein Kunstwerk in kärglich abgedarbten Nebenstunden erzeugen zu wollen, — so habe ich vielleicht weniger die mannichfache Verspätung meiner Schrift zu entschuldigen, als noch viel mehr ihr unverhältnismässiges Zurückbleiben hinter dem, was sie, unter anderen, der Kunst minder ungünstigen Umständen, vielleicht hätte werden können.

Was indessen unter den erwähnten Verhältnissen irgend thunlich war, habe ich für die gegenwärtige zweite Auflage redlich gethan; und in welchem Grade sie eine durchaus umgearbeitete ist, ja dass, in Vergleichung gegen sie, die erste gleichsam ganz unbrauchbar erscheint, wird man schon auf den ersten Durchblick leicht erkennen.

Möge, um dieser meiner Bemühungen willen, das Publicum mir die mehrfältigen Unvollkommenheiten verzeihen, mit welchen ich ihm jene erste Auflage vorzulegen gewagt hatte, und welche hauptsächlich daher rührten, dass ich ursprünglich nicht daran denkend, jemal eine Theorie drucken zu lassen, und gänzlich unerwartet von den Herren Verlegern dazu aufgefordert und beeilt, mich entschliessen musste, ein höchst unvollständiges, grösstentheils nur aphoristisches, noch nicht einmal zu Einem Bande hinreichendes Manuscript der Presse zu übergeben, und die folgenden Manuscriptblätter meist aus der Feder weg, und noch so recht ungehobelt, in die Druckerei wandern zu lassen.

Um desto grösser ist denn auch in dieser Hinsicht meine Verpflichtung, den Herrn Recensenten der ersten Auflage, und vornehmlich dem Herrn Professor Maas, für die Aufmerksamkeit zu danken, deren sie ein, damal noch so ganz ausserordentlich roh und nachlässig hingeworfenes Werk so ehrenvoll gewürdiget; ganz vorzüglich aber für die mitunter erhobenen Zweifel und Einwendungen, von welchen gewiss auch nicht Eine von mir unerwogen geblieben, und auch selbst die geringfügigeren mir willkommene Veranlassung geworden sind, meine Ansichten neuerdings durchzudenken, und entweder näher zu begründen, oder noch leichtverständlicher auszudrücken, um sie wenigstens vor fernerem Missverstehen zu bewahren.

GW.

Vorwort zu dieser dritten Auflage.

Nur der schon wieder mehrjährige Mangel des vorliegenden Buches im Buchhandel, die beharrliche Nachfrage des Publicum und der Buchhändler, und das darauf gegründete allerdringendste Begehren der Verlaghandlung, konnte mich bestimmen, die gegenwärtige dritte Auflage meines Buches geschehen zu lassen, ohne ihm zuvor die, ihm noch immer nöthige, grössere Vollendung gegeben zu haben.

Diese ihm zu verleihen, ist und bleibt mir verwehrt durch die erdrückendste Masse heterogenster Amtsgeschäfte, welche, weit entfernt mir für die Kunst auch nur so viel Zeit zu lassen, als sonst gewöhnlich dem geringsten Dilettanten vergönnt ist, grade mich armen Dilettanten von der Kunst, und noch mehr von jedem Kunstgenusse, seit mehren Jahren so gut wie gänzlich getrennt haben.

Darum Nachsicht der Unvollkommenheit, mit welcher auch diese Auflage ans Licht zu treten genöthigt ist! — Nachsicht dem Verfasser, welcher nur allzusehr fürchten muss, nie oder vielleicht erst nach abgestumpfter Geisteskraft, die Musse zu erringen, ohne welche er den Plan zur Bearbeitung der noch übrigen Lehren (doppelter Contrapunct, Fuge, Instrumentation, Vocalcomposition, Scansion, Declamation, Aesthetik, etc.) als einen unerfüllten Wunsch wird mit ins Grab nehmen müssen. —*)

---

*) Einzelne skizzenmässige Bruchstücke der Lehre vom doppelten Contrapuncte hat der Verf. im Jahre 1831 im 13. Bande der Zeitschrift *Cäcilia*, Hft. 49, S. 1; und Hft. 52, S. 209. bekannt gemacht, und in der Einleitung dazu Folgendes wörtlich erwähnt:

„Die, jede Erwartung und Hoffnung bei Weitem übersteigende Aufnahme, welche den, nur erst die Lehre vom reinen Satze enthaltenden vier ersten Bänden meiner Theorie der Tonsetzkunst, schon gleich bei ihrem ersten Erscheinen, in einer damals nur noch gar zu rohen und blos skizzenmässigen Form, dennoch entgegengekommen war, hatte mir schon längst die Verbindlichkeit auferlegt, jener Theorie des reinen Satzes, welche freilich nur erst die Rudimente, nur erst die grammatikale Grundlage zur eigentlichen Kunst der Tondichtung bildet, nun auch die höhere Lehre vom doppelten Contrapuncte, von der Nachahmung, Fuge, Kanon etc. folgen zu lassen; und in der That sind öffentliche und Privatmahnungen zur Erfüllung dieser Verbindlichkeit mir in fast überreichem Maße zu Theil geworden.

„Da grade in der Anwendung auf diese höheren Fächer die in jenen früheren Bänden niedergelegten Grundsätze sich erst als recht fruchtbringend und folgerecht bewähren, und erst hier die aus jenen hervorgehende Klarheit, Bestimmtheit und Folgerechtheit sich am einleuchtendsten beurkundet, so muss es, wenigstens in dieser Hinsicht, mir allerdings schmerzlich sein, dass fortwährend täglich gesteigerte Amtsbeschäftigung in mehr als Einem anderen ganz heterogenen Fache, es mir bis jetzo noch immer unmöglich gemacht hat, jene Verpflichtung zu erfüllen.

„Alles was, unter solchen, der Kunst so unbedingt abholden Auspicien, über die Materie vom doppelten Contrapuncte, von Fuge u. a. m. zu Stande zu bringen, mir bis jetzo in einzelnen, von ständigen Berufsarbeiten wenig-

Dass indessen für die Vervollkommnung der gegenwärtigen Auflage der, die Grammatik der Tonsetzkunst (§ x) enthaltenden vier Bände, immerhin Manches und nicht ganz Unnützliches geschehen und mancher § mit Sorgfalt umgearbeitet worden ist, wird von selbst in die Augen fallen.*)

Insbesondere wird man auch einige höchst grobe Druck- und Schreibfehler, welche theils die erste, theils auch selbst noch die 2. Auflage entstellt und zum Theil den Sinn gradezu umgekehrt hatten**), in der gegenwärtigen nicht wiederfinden.

„stens halbfreien Ferienwochen u. dgl. möglich war, sind „einzelne, noch ungeordnete und ungefeilte Skizzen, „ungefähr von derselben unvollendeten Art wie die, welche „ich in den Jahren 1817 u. 18 als erste Bände meiner „Theorie bekannt zu machen gewagt, und dafür einen Bei„fall geerntet hatte, welcher, bei dem Bewusstsein der „wenigstens damals noch wahrhaft ungehobelten Beschaffen„heit jener Skizzen, mich weit mehr beschämen, als er„freuen durfte.

„Die Unmöglichkeit die, zur Verarbeitung meiner ge„genwärtigen Skizzen zu einem vollständigen Werke über „den doppelten Contrapunct, erforderliche Muse zu er„ringen, bestimmt mich, durch Bekanntmachung eines „Theils meiner, wenn auch noch ganz unausgeführten „Skizzen, durch das Organ der gegenwärtigen Blätter, „mit der Abtragung meiner Schuld, wenigstens zum Theil „und so weit es in meinen Kräften steht, und wär's auch „nur als einsweilige Verzugzinsen, hier vorläufig den An„fang zu machen. Sind diese Bruchstücke so glücklich, „auch nur halb so viel Anerkennung zu finden, als den in „eben so unvollendeter Form aus Licht getretenen früheren „Bänden der Theorie zu Theil geworden war, so bin ich „auch diesmal wieder bei Weitem über meine Ansprüche „hinaus geehrt und belohnt."

*) Man vergleiche z. B. im gegenwärtigen ersten Bande die §§ II Anm., § XVIII, § XX, § XXXVII, § XXXVIII, § XLVIII, § XLIX, § LX½, § LXI, § 3½, § 81 bis, § 85 bis, § 86, § 63, § 63 bis, § 63 ter, § 63 quater, § 68, § 69, § 87 bis, § 87 ter; § 88, § 94, § 95 bis, § 95 ter, § 99, § 100, u. s. m. mit der vorigen Auflage.

**) So stand z. B. in der zweiten Aufl. § 74, S. 217: „Wenn die eigentliche Quinte höher liegt als der Grundton" — statt „tiefer."

Auch durch das Einschalten der mehrsten Notenbeispiele in den Text selber, glaube ich, die Bequemlichkeit der Leser, und dadurch die Leichtigkeit des Verständnisses, gefördert zu haben, so wie durch manche zweckmässig befundene noch grössere Vereinfachung meiner Darstellung, wodurch diese Auflage, der eingeschalteten Notenbeispiele ungeachtet, doch beinahe kürzer als die vorige ausfallen konnte, — wiewohl freilich nicht *so* kurz, wie die Machwerke jener Herren, welche (mit wahrem Bedauern sieht man unter ihnen sogar einen sonst ausgezeichneten, hochachtungswerthen, Tondichter figuriren —) schon gleich nach dem Erscheinen des ersten, und kaum auch noch des zweiten, Bandes meiner Theorie, flugs darüber her waren, aus jenen noch unabgeschlossenen zwei ersten Bänden, alsbald so betitelte **kurze Elementarbücher der Harmonie und Tonsetzkunst,** — **Darstellungen der Harmonielehre,**—**Generalbassschulen** u. dgl. anzufertigen, bestehend aus grösstentheils buchstäblichem Abdruck etwa eines Viertels meiner Paragraphen, — die dazwischenliegenden aber auszulassen (!) und den dadurch natürlicherweise verloren gehenden Zusammenhang, so wie auch den Mangel all desjenigen, die Ganzheit der Theorie absolut Bedingenden, was sie aus den damal noch nicht erschienenen

---

Desgl. § 88, Anm. 8, 228, Zeile 11: „Eine Quinte aufwärts oder eine Quinte abwärts", statt „eine Quarte aufwärts oder" u. s. w.

Eben so § 208, S. 128, Z. 19 gar: „Allein auch hier „ist das Gehör geneigt, den besagten Zusammenklang keineswegs für [G b $\bar{c}$ $\bar{\bar{c}}$], als V^7 der entfernteren Tonart „F-dur zu nehmen, sondern vielmehr für den im näheren „e-moll inheimischen Accord [G ais $\bar{c}$ $\bar{\bar{c}}$]" — statt grade im Gegentheil: „keineswegs für [G ais $\bar{c}$ $\bar{\bar{c}}$] als V^7 der „näheren Tonart e-moll zu nehmen, sondern vielmehr für „den, im entfernteren F-dur als V^7 inheimischen Accord „[G b $\bar{c}$ $\bar{\bar{c}}$]."

Ich muss gestehen, dass ich mich einigermasen wundere, dass von den vielen, mein Buch so auszeichnend gerühmt habenden, verehrlichen Herren Recensenten, auch nicht ein Einziger diese baaren groben Verkehrtheiten angemerkt hatte. —

folgenden Bänden meines Buches freilich noch nicht
abschreiben konnten*), entweder aus ihrem Kopfe —
meist ziemlich ungeschickt, — ergänzend, — oder

---

*) Siehe die vorstehenden Vorreden der beiden früheren
Auflagen.
 Wie das Schicksal, von Schriftstellern des In- und
Auslandes geplündert zu werden, mich auch seitdem fortwährend unbarmherzig verfolgt hat, beabsichtete ich anfangs in dem gegenwärtigen Vorworte, auf ähnliche Weise,
wie dort geschehen war, vor Augen zu stellen und mit
einiger Ausführlichkeit zu commentiren. Allein wahrlich
solche Commentationen ekeln mich nachgerade so sehr an,
dass ich mich lieber darauf beschränken mag, nur einige
aus den vordersten Reihen jener neuesten Herren
Nachschreiber namhaft zu machen, und zwar diesmal
nur Ausländer, — (die neuesten teutschen Plagiate
mit dem Mantel der christlichen Liebe verhüllend.) —
 In jene vordersten Reihen gehört vorzüglich der Herr
D. Jelensperger, *Professeur de Composition au Conservatoire de Paris*, in seinem neuerlich erschienenen *Traité*,
betitelt:

*L'Harmonie au commencement du 19me siècle et Méthode
pour l'étudier; Paris 1830.*

welcher nicht allein einen sehr grossen Theil meiner Lehren
sich als die Seinige angeeignet, sondern auch meine Be-
zeichnungsweise, durch grosse und kleine Buchstaben und
auf dieselben bezügliche Ziffern, ziemlich eben so wie die
vorstehend (S. XIV) genannten Herren, sich appropriirt,
wie aus nachstehenden Auszügen zu sehen.

 §. 4. ,,Nota. Pour abréger, on écrira seulement le
,,nom de la tonique avec l'initiale majuscule, si le mode
,,est majeur, et avec l'initiale minuscule, s'il est mineur;
,,ex: *Do*, signifie Do majeur; *do*, signifie do mineur; etc."

 § 14. ,,Nota. Comme dans la suite on aura besoin à
,,chaque instant de parler de tel accord, sur tel degré,
,,dans tel mode, on se contentera, pour abréger, d'écrire
,,le nom de la tonique et le chiffre du degré sur lequel se
,,trouve la fondamentale de l'accord qu'on veut exprimer;
,,ce chiffre représente à lui tout seul les trois notes qui
,,composent l'accord. Ainsi en écrivant *Do* 2, ce 2 veut
,,dire fa, car tel est l'accord de trois notes qui se trouve sur
,,le second degré en *Do* majeur; en écrivaint *la* 5, ce 5
,,veut dire sol♯, car telles sont les notes de la gamme de

es auch wohl ganz getrost unausgefüllt zu lassen, — den, auf solche armselige Weise zusammengerafften, Trödel einer willkürlichen Quantität aus einem, nur

„*la* (§ 4) qui composent l'accord du 5ᵉ degré; et ainsi de
„suite. Si l'on ne veut pas déterminer le ton, ou n'indique
„que le mode p. ex:"

Mode majeur 1 6 4 5 1 ‖ Mode mineur 1 4 2 5 1

„et alors on se représente les accords, n'importe dans
„lequel des douze tons de ce mode. Voici les accords du
„premier des deux exemples précédens, conçus en *Mi*♭,
„puis en *La*, et ceux du second, en *fa* et en *si*:

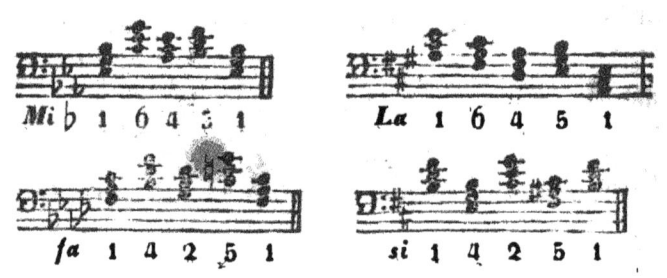

Mi♭ 1 6 4 5 1   La 1 6 4 5 1

fa 1 4 2 5 1   si 1 4 2 5 1

wobei er, durch einige, theils unbedeutende Abänderungen, und zum Theil ziemlich übel gewählte Zusätze sich berechtigt glaubt, sich seiner Nation als Selbsturheber zu präsentiren (man lese z. B. seinen § 244, verglichen mit meinem § 574 und § 577 der 2. u. 3. Aufl., Seite 395 u. 590, Fig. 441 ¹/₂;) — und dagegen mich mit der artigen Phrase abzufinden:

„Du reste plusieurs auteurs ont déjà proposé ou em-
„ployé des méthodes d'analyse différentes de la basse chiffrée,
„et principalement Mr. *G. Weber*, dans son excellent
„ouvrage intitulé: *Théorie der Tonsetzkunst.*"

Auf ähnliche Weise wie der Herr *Professeur au conservatoire* in Paris hat in Italien der Herr *Dottore Pietro Lichtenthal* in seinem

Dizionario della Musica, Milano M. DCCC. XXVI.

mich in vielen Stellen blos ins Italienische und meinen Namen in den Seinigen übersetzt; obgleich er keinen Anstand genommen hat, selbst grade meine Notenbeispiele unverändert abzuschreiben. Man vergleiche z. B. seinen Artikel *Tempo* und seine Notenfigur Nr. 143 mit meiner 1. Aufl., 1. Bd., S. 88 u. 89, Fig. 1-3 und 2. u. 3. Aufl. § LXII, Fig. 16 u. 17.; — der Lichtenthalischen Figuren 142, 144, 145, 146 gar nicht zu erwähnen! —

erst zur Hälfte bekannt gewordenen neuen Systeme, entwendeter einzelner Paragraphen, dem Publicum auf offenem Markte zum Verkauf auszubieten! — und mittelst solcher Operationen mir die noch unzeitigen Früchte vom unausgewachsenen Halme zu stehlen, und dies gar noch mit einer Miene, als seien diese auf ihrem Acker gewachsen, (indem sie meine, von allem bisher gelehrt Gewesenen gänzlich abweichenden, Paragraphen, Behauptungen, Darstellungsarten, Tabellen, Figuren etc., meine neu eingeführten Bezeichnungsarten [z. B. die der nachstehenden §§ 41, 52, 58, 97 u. s. w.,] grade so in ihre Bücher hinein abdrucken liessen, als seien sie es, welche diese oder jene neue Behauptung aufzustellen wagten, diese und jene neuen Figuren und Zeichen einführten, u. dgl.) — — und auf solche Weise nicht allein meine rechtmässigen Verleger an ihrem Verlagseigenthume und in diesem auch mich, zu beeinträchtigen, sondern auch sogar das geringe Ver-

---

Gelegenheitlich darf ich aber auch noch eine weitere Plünderung erwähnen, welche ich von diesem nämlichen Herrn *Dottore Pietro Lichtenthal* in ebendemselben *Dizionario* erlitten habe. Dieser edle Mann hat unter Anderem auch meine ganze Akustik der Blasinstrumente in seinem Artikel „*Instrumenti*" zusammengedrängt und als sein Machwerk geliefert! — Es wird bekannt sein, dass, nachdem unser herrlicher Chladni in seiner Akustik die Aeusserung ausgesprochen, dass der Zustand der Wissenschaft noch zur Zeit die Aufstellung einer akustischen Theorie des Tonspiels der Blasinstrumente wohl noch nicht erlauben möchte, — ich den Versuch einer solchen (im Jahr 1816) zuerst gewagt.

Herr Lichtenthal hat meine, in dieser meiner Akustik der Blasinstrumente zuerst aufgestellten und entwickelten Grundansichten, in der Leipz. allgem. mus. Zeitg. 1816, S. 35 und 1817 Nr. 48, oder in der Ersch- und Gruberschen Encyklopädie, 10. Bd., Artikel: „Blasinstrumente" gefunden und, aus lauter treuen Auszügen daraus und treulich nachgemalten Figuren und Notenexempeln, in seinen Artikel „*Instrumenti*" ein eigenes Capitel „*Brevi cenni sugli strumenti da fiato*" eingeschaltet, in welchem nun die italienische Nation den vortrefflichen Hrn. *Dottore Lichtenthal* als Autor einer noch nie versucht gewesenen Akustik der Blasinstrumente kennen lernt. — —

dienst, welches mir etwa als Urheber meiner Theorie zukommen mochte, in den Augen der Unkundigen auf sich hinüber zu leiten versucht haben. —

Dass die auf solche Art entstandenen Werke jener Herren, schon vermöge der Art und Weise wie sie angefertigt worden sind, unmöglich anders als äusserst vitios, trügerisch und irreleitend sein können, dass sie das, was ich klar darzustellen bemüht gewesen, durch unverständige Verstümmelung unklar, ja unwahr, ausdrücken u. dgl., das ist eben so natürlich als unfehlbar; wobei nur das Schlimmste für mich ist, dass auch selbst diejenigen Leser jener Büchlein, welche, wissend dass sie aus meiner Theorie ausgeschrieben sind, aus denselben meine Lehre so recht wohlfeilen Kaufs in vielbeliebter Kürze kennen lernen zu können vermeinen, darin aber nur überall Halbheit, mangelnde Folgerechtheit und täuschende Oberflächlichkeit finden, dadurch sogar zu dem Glauben verleitet werden, es sehe in meiner Theorie selbst eben so unganz und unfolgerecht aus, wie sie es in jenen unverständig und unzusammenhängend zusammengeschriebenen Machwerken finden!!

In wie fern es möglich ist, den Inhalt meiner Harmonielehre in einen kürzeren Auszug zusammen zu drängen, ohne die Ganzheit, den Zusammenhang und die Wahrheit aufzuopfern, werde ich hoffentlich doch bald den Versuch zu machen im Stande sein, in einer

ÜBERSICHT DER HARMONIELEHRE,

einer Arbeit welche freilich schon längst fertig sein könnte, wäre sie so leicht, wie jene Herren Schneider, Werner und Consorten sich's, auf meine, meiner Verleger und des Publicums Kosten, gemacht haben!

GFR. WEBER.

Nachschrift.

Zu meiner Ueberraschung habe ich, schon indem dieser Bogen des Vorworts zur gegenwärtigen 3. Auflage gedruckt wird, mich der Verbindlichkeit zu entledigen, dem gelehrten Herrn Professor *Fétis* für die, in seiner *Revue musicale* vom 12. Mai 1832, S. 116 ff. gegebene, ehrenvolle Recension dieser Auflage, — (nämlich der einzelnen Hefte, in welchen die Schott'sche Verlaghandlung, seit dem Anbeginne des Druckes, die einzelnen Bögen dieser Auflage, so wie sie in der Druckerei fertig wurden, auf Begehren ausgegeben hatte,) aufs Freundlichste zu danken, so wie nicht minder für einige von ihm erhobene Einwendungen, welche ich, namentlich aus Rücksicht auf die berühmte Feder, aus welcher sie geflossen sind, viel zu sehr ehre und beachte, als dass ich nicht eine kurze Lösung derselben versuchen sollte.

Vor Allem vermisset Herr *Fétis* eine systematische Construction der Theorie der Tonsetzkunst; er findet in meinem Buche mehr eine „*Méthode .... analytique et rationelle;*" als „*loix générales*", kurz keine solche Methode wie „*celle que les géomètres modernes ont adoptée.*" —

In dieser Hinsicht glaube ich nun aber, dass, hätte Herr *Fétis* meine §§ IV, X, und 99 u. deren Anmerkungen (vergl. vorstehend Seite X-XII, und nachstehend S. 21-24, u. 269 figg.) gelesen, woselbst ich erwähne, dass und warum ich grade nur diesen absichtlich den analitischen Weg gewählt, den systematischen aber, so wie überhaupt den Weg generalisirender Präcepte, für trügerisch halte, — er entweder diese meine Ansicht und deren Gründe würde zu widerlegen gesucht, oder aber den trockenen Vorwurf, dass mir eine systematische Behandlung nicht gelungen sei, unterlassen haben.

Die andere Ausstellung des Herrn *Fétis* gegen meine Behandlungart besteht in dem Vorwurfe, als habe ich die ganze Lehre von den „*contre-points simples et doubles, les „imitations, les canons et l'art de la fugue*", denn doch nur gar zu transitorisch und flüchtig behandelt in meiner 12ten Abtheilung (*Winke zur Uebung in der Kunst des reinen Satzes*, § 859-878.) —

Da nun aber auch hier nur ein offenbarer Irrthum vorliegen kann, indem ja in der fraglichen 12. Abtheilung, welche ausdrücklich nur zu Uebungen im blos reinen Satze bestimmt ist, von all den von Herrn *Fétis* genannten Dingen, auch nicht eine Sylbe steht, als nur grade die ausdrückliche Erwähnung: dass diese höheren und vornehmeren Dinge, doppelter Contrapunct, Nachahmung, Canon, Fuge, in den vorliegenden, blos dem reinen Satze gewidmeten Bänden, gar nicht abgehandelt werden sollen (IV. Bd., 12. Abth., § 878, S. 149 am Ende; — vergl. auch vorstehend Seite XXXII, und nachstehend I. Bd., S. 19; § X; —) so darf ich wohl nicht anders glauben, als dass der hochverdiente französische Gelehrte, — welcher freilich keinen Anspruch darauf macht, auch ein teutscher Gelehrter zu sein, — aus Unkenntnis oder unvollkommener Kenntnis der teutschen Sprache, alle die hier angeführten §§ nicht wohl verstanden haben muss. Eben diese Vermuthung steigert sich zur Gewissheit dadurch, dass Er, in seiner Recension beiläufig erwähnt, ich hätte am Schlusse meines III. Bandes mich rücksichtlich seiner Fehde mit der Leipz. allg. mus. Zeitg. gegen seine Ansicht erklärt. — Nur aus Missverstand der teutschen Sprache kann Herr *Fétis* dieses meinen, und das, auf der letzten Blattseite meines III. Bandes noch eigens mit ausgezeichneter Schrift gedruckte, Wörtlein „nicht" übersehen, so wie auch die Beziehung der historisch trockenen Allegation der von den beiden streitenden Theilen ausgesprochenen Behauptungen, ebendaselbst S. 197-200, missverstanden haben.

Dass er aber, — in dem Augenblicke, wo er, in seiner, von beiden Parteien so heftig und hitzig geführten Streitsache, an mir einen Antagonisten, einen Mann seiner Gegenpartei, zu haben vermeinte, — das Buch dieses seines vermeintlichen Gegners dennoch nicht allein so leidenschaftlos beurtheilte, sondern es sogar, ungeachtet der Hauptfehler, welche er in demselben aufgefunden zu haben meinte, dennoch so hoch zu stellen, den Muth und die Gradheit hätte, — dies kann und wird die Hochachtung, welche er sich durch seine vielfältigen Verdienste um Kunst und Gelehrtheit schon so allgemein erworben hat, nur noch erhöhen.

GW.

N.° 3. Des six grands concertos pour le Pianoforte, composés par *W. A. Mozart.*
Oeuv. 82. Edition faite d'après la partition en
manuscript.
 A Offenbach chez *J. André.* Pr. 3 fl.

N.° 4, en ut mineur, Oeuv. 82, des douze grands
concerts (sollte heissen concertos) de *W. A.
Mozart,* arrangés pour piano seul, ou avec
accomp. de Flûte, Violon et Violoncelle, avec
cadences et ornemens, composés par le célèbre
J. N. Hummel.
 Mayence, Paris et Anvers chez les fils de B. Schott.
 Pr. pour Piano seul 2 fl.; — avec accompagnement
 3 fl. 24 kr.

Ei, wer wird sich denn heut zu Tage noch mit Mozartschen Clavierwerken abgeben mögen? Wer von unseren
modernen *Amateurs* und *Artistes* dünkt sich nicht viel zu
gut und viel zu vorangebildet, um jetzt noch Dergleichen —
zu spielen? — und wie mag vollends gar ein Verleger auf
den Einfall gerathen, dergleichen Dinge erst noch einmal
neu aufzulegen?!

Und doch hat, wie Figura zeigt, die würdige B.
Schott'sche Verlaghandlung dies Unternehmen gewagt.
Und sie wird es, meinen wir, mit Ehren bestehen, und
sich, wie wir hoffen dürfen, auch durch den Erfolg belohnt finden.

Wie wir über die modesüchtige Vernachlässigung der herrlichen Mozart'schen Claviercompositionen denken, darüber
haben wir uns schon früher ausführlich und derb genug ausgesprochen, (*Cäcilia* 11. Bd., S. 31 des 44. Heftes) und unserm
Unwillen Luft gelassen, über die Erbärmlichkeit des sinnlosen
Haschens und Greifens immer nur nach dem Allerneuesten,
— nach dem Allerneuesten nicht darum, weil es wirklich
besser oder auch nur gefälliger ist als das, was wir von Mozart besitzen, sondern nur darum, weil dieses Letztere Niemand kennt. — Denn in der That! besser, und sogar gefäl-

liger, herziger, rührender, als Mozarts Claviercompositionen (wenige einzelne Schülerarbeiten abgerechnet, welche zum Theil nur eben um Geld zu gewinnen, gedruckt und wieder gedruckt worden sind, und freilich besser ungedruckt geblieben wären) — sind wahrlich die jetzt cursirenden neuesten Compositionen nicht, und wohl 99 von Hunderten, welche tagtäglich überall nur nach dem Neuesten und Gefälligsten fragen, würden Mozarts Clavierwerke, wollten sie sie nur in die Hände nehmen, unendlich mehr nach ihrem Geschmacke und an denselben weit mehr Genuss finden, als an Hunderten und vielleicht Tausenden der, halb aus ohrenketzerndem Schwulst, und halb aus leidiger Schaalheit zusammengesetzten, und daher weder gediegenen, noch auch nur gefälligen, Productionen neuester berühmter und hochberühmter Namen, nach welchen wir nur darum zu haschen pflegen, nicht weil sie uns besser gefallen als Mozart, sondern weil wir theils vergessen, theils die Jüngeren unter uns es gar nicht erfahren haben, wie Herrliches in dieser Gattung von unserm Mozart existirt.

Doch lasset uns in den ruhigeren Referentenstyl übergehen, um auf die durch die vorstehenden Ueberschriften bezeichneten Artikel zu kommen.

Das erste der in der vorstehenden Ueberschrift angezeigten Werke ist die vor vielen Jahren erschienene Ausgabe des Concertes (in c-moll, erstes Allegro ³/₄ Tact,) in seiner ursprünglichen echten Gestalt, und wird hier natürlicherweise nur in der Absicht erwähnt, um zur Vergleichung zu dienen mit der, als zweiter Artikel genannten, Hummel'schen Bearbeitung eben dieses Concertes mit bloser Begleitung von Flöte, Violin und Violoncell, — oder auch für Clavier ganz allein.

Wie dankenswerth das Unternehmen des berühmten Herrn Hummel ist, die Mozartschen Clavierconcerte auf diese Weise zu bearbeiten, ist schon in den gegenwärtigen Blättern (X. Bd., Hft. 39, S. 174 und S. 180; und XII. Bd., S. 301 des 48. Heftes) von Herrn Ritter v. Seyfried und von uns selber, in Ansehung der auf ähnliche Weise bearbeiteten zwei ersten Mozart'schen Concerte (aus d-moll, und C-dur,) angerühmt worden, und wir haben daher nur insbesondere in die Art und Weise, wie das jetzt vorliegende zweite bearbeitet ist, Folgendes anzumerken:

Zweifach kann und muss der Zweck des Bearbeiters gewesen sein: zuvorderst und hauptsächlich musste es ihm darum zu thun sein, diese Concerte, welche nun einmal von den Repertorien unserer Concertaufführungen verschwunden sind, in kleineren Kreisen, in Salons und Privatzirkeln, ja im Uebungszimmer des Clavierspielers, wieder zu Gehör zu bringen, um ihnen dadurch die Anerkennung wieder zu verschaffen, deren sie hauptsächlich nur dadurch entbehren, weil sie nicht mehr gekannt sind, und auf diesem Umwege ihnen den Eingang in grössere Concertsäle wieder neu zu bahnen. — Ein zweiter, aber nur secundärer Zweck, durfte es sein, die Principalstimme einigermasen im Geschmacke der neuesten Spiel- und Vortragmode aufzuputzen und dem Spieler Gelegenheit zu geben, durch Ausführung gewaltiger Schwierigkeiten, in dem Geschmacke, wie man sie in neuesten Zeiten zu hören gewohnt ist, zu brilliren. Grade dieses hat Hr. Hummel in der vorliegenden Bearbeitung (grade so wie auch in seiner früheren der Concerte No. 1 bis 3) in reichlichem, ja in gar sehr reichlichem, in so sehr reichlichem Mase gethan, dass das Werk nicht sowohl ein auf kleinere Begleitung reducirtes arrangirtes Mozartisches Concert, sondern vielmehr eine Hummelsche Umarbeitung eines Mozartschen Concertes geworden ist, und auf dem Titelblatte so hätte genannt werden sollen.

Die meisten Passagen sind gradezu verändert; z. B. gleich die erste des ersten Solo (S. 3 der neuen Bearbeitung, S. 4 des Originals) statt der Sechzehntelläufe der rechten Hand allein, in Läufe beider Hände zugleich in Sexten oder Octaven, verwandelt, und überhaupt die ganze Stelle, zwölf Tacte lang, ganz frei verändert. — Eben so frei ist die Abänderung der folgenden Haupt-Bravourpassage (Orig. S. 4-5; Bearb. S. 4-5) volle 35 Tacte hindurch, wo der Bearbeiter die Schwierigkeit bis nahe ans halsbrechende hin gesteigert hat; — eben so Orig. S. 6 verglichen mit Bearb. S. 6; — Orig. S. 9 mit der brillanten

Bearbeitung ganz à la Hummel S. 9, — und so fort durchgängig, bis zu der neu hinzugefügten grossen Cadenza, nach deren Schlusstriller 14 Tacte Tutti wieder ganz weggestrichen worden sind, um früher zum Schlusse zu gelangen.

Eben so ist der, wundersam edle, tiefgefühlte, sich immer so einfach wiederholende, Gesang des Larghetto (Orig. S. 15 u. flgg., in der Bearbeitung S. 16 u. flgg.) durchgängig, und schon bald vom Anfange herein, mit einer grossen Menge von Fioretten, Volaten, schwirrenden und raketenförmigen Läufen ausgestattet, — auch sind einmal drei, später vier, und noch einmal wieder drei Tacte ausgelassen, u. s. w.

Dass auch mit dem Final-Allegretto (Orig. S. 15 flgg., — Bearb. S. 20 flgg.) auf gleiche Weise verfahren, und unter vielem Sonstigen namentlich die Stelle S. 16—17 des Orig. auf S. 22 der Bearbeitung, ausserordentlich erschwert worden ist, dass auch in diesem Stücke einmal (S. 21) acht Tacte Tutti ausgelassen worden sind, und weiterhin (S. 25), eben so viele, u. dgl. m., braucht nur im Allgemeinen erwähnt zu werden. — —

Nicht als Tadel, nicht als Rüge, führen wir dieses alles an, wohl aber in der zwiefachen Absicht: Erstens um, der Wahrheit zur Steuer, denen, welche es nicht wissen, zu sagen, dass so nicht die Mozartschen Concerte lauten, sondern viel anders, — und Zweitens um zu bedauern, dass der Herr Bearbeiter die Clavierstimme nicht ganz so wie Mozart sie geschrieben, beibehalten und dasjenige, was er von Seinigem hinzuthat oder gänzlich abänderte, nicht entweder blos in feinerer Notenschrift, oder in einer besonders beigefügten Notenzeile hinzugefügt hat, in welcher Gestalt die Ausgabe den ganz unvergleichlich höheren doppelten Werth gehabt hätte, das Werk des verklärten grossen Meisters in seiner ursprünglichen Reinheit, und zugleich die moderne Zuthat zu Gesichte zu bringen, und dem Spieler die Freiheit zu gewähren, von Letzterer so Viel oder so Wenig, als ihm gut schiene, zu benutzen; nicht zu gedenken, dass das Werk auf diese Weise auch für diejenigen zugänglich, brauchbar und käuflich geworden wäre, welche den sehr bedeutenden Schwierigkeiten, mit welchen es vom célèbre Mr. Hummel ausgestattet worden ist, nicht gewachsen sind.

Möge der berühmte Herr Bearbeiter, oder die Verlaghandlung, bei der Herausgabe der folgenden Nummern (5 bis 12) dieser Concerte, die vorstehenden Wünsche, und die dem Originalwerke schuldige Achtung, zu unser aller und ihrem eigenen Vortheile, berücksichtigen.

Das Aeussere der neuen Ausgabe ist schön *) und der Preis, obgleich jetzt mit bloser Quartettbegleitung höher

---

*) Folgende, in dem uns zugesendeten Exemplare in die Augen fallende, Stichfehler, hoffen wir bei künftig gemachten werdenden Abzügen nachgebessert zu finden:
S. 3, Z. 3, T. 7, sollte die letzte Note ein Achtel sein.
S. 4, Z. 2, T. 5, sollte die zweite Note der Mittelstimme c sein. — Eben so Z. 4, T. 2.
S. 6, Z. 4, T. 2, sollte die achte Sechzehntelnote es sein.
S. 7, Z. 3, T. 3, sollten die zwei letzten kleinen Nötchen ba ga sein.
S. 7, letzte Zeile, T. 4, sollte c statt b stehen.
S. 8, Z. 2, T. 7, fehlt nach c ein Punct.
S. 8, Z. 5, T. 4, muss die letzte höhere Bassnote c sein.
S. 9, Z. 5, letzter Tact, muss die letzte Bassnote Fis u. fs sein.
S. 10, Z. 5, T. 5, fehlt nach der Bassnote ein Punct.
S. 12, vorletzte Zeile, T. 2, muss die zweite Bassnote ge und ge sein.
S. 13, Z. 4, T. 5, in der Oberstimme fehlt nach g ein Punct, — im folgenden Tacte muss die letzte Note der Oberstimme eine Achtelnote sein.
S. 13, Z. 6, im letzten Tacte muss die dritte Note der Oberstimme ga sein.
S. 14, T. 2, soll am Ende des Tactes eine Viertelpause stehen.
S. 15, T. 1, in der linken Hand g statt cs.
S. 15, letzte Zeile *calando* statt *culanto*.
S. 16, Z. 2, letzte Note f statt Es.
S. 16, letzte Zeile, 2. Tact, sollten die 6te und 7te Sechzehntelnote der linken Hand es g sein.

als der ursprüngliche mit voller Orchesterbegleitung, doch den jetzt cursirenden Musicalienpreisen entsprechend.

D. Red.

I.) **Trinklied der Räuber**, aus Robert der Teufel, von *C. v. Holtei*, für **Männerchor**, — und

II.) **Die Harmonie**, Gedicht von *Th. v. Sydow*, für **vierstimmigen Männerchor**, von *Wilh. Mangold*, Grossherzogl. Hessischen Hofcapellmeister.

Darmstadt bei Alisky. Jedes 1 fl. 12 kr.

Schon mehrmal haben wir Compositionen dieses sinnigen Künstlers in unsern Blättern gerühmt, und auch von dieser wissen wir nur Rühmliches zu sagen.

Das Trinklied ist, so wie vom Dichter, so auch vom Componisten, mit eigener Genialität aufgefasst, und mit Ausdruck gesungen, von trefflicher Wirkung.

Die, sich strophenweise wiederholende, Melodie des Sydow'schen Liedes ist einfach und ansprechend und, die harmonische Bearbeitung so glücklich gelungen, dass wir diese kleine Composition zu den gelungensten ihrer Gattung zählen dürfen.

D. Red.

S. 19, Z. 3, T. 2, sollte die Note es eine Sechzehntelnote sein.

S. 19, Z. 4, T. 1, fehlt in den Mittelstimmen ein Notenstiel.

S. 21, T. 2, linke Hand, fehlt vor dem H ein ♮.

S. 22, Z. 3, T. 2, linke Hand, statt B setze c.

S. 23, Z. 4, T. 4, linke Hand, fehlt vor e ein ♮.

S. 23, Z. 3, T. 3 u. 4, linke Hand, statt c setze d.

S. 27, Z. 2, T. 3, vor h fehlt ♮.

S. 27, Z. 3, T. 1 u. 2, vor d sollte ein ♭ stehen.

Neuvième grande Sinfonie...., comp. par L. van Beethoven, op. 125, arrangée pour le Pianoforté à 4 mains, par Charles Czerny.
Mayence chez les fils de B. Schott. Pr. 4 Rthlr.

Beethovens gigantische Symphonie mit Schillers Ode an die Freude als Schlusschor, — dieses grosse und auch in diesen Blättern nach Würden vielfältig und ausführlich besprochene Werk hier auch zur möglichst vollstimmigen Aufführung am Pianoforte zugerichtet zu erhalten, — was kann für Clavierspieler und Verehrer der jüngeren Muse des transcendenten Tondichters interessanter sein?

Dass die Zurichtung vom erfahrnen, vielerprobten und vielbeliebten C. Czerny herrührt, muss den Werth der Gabe noch mehr erhöhen.

Das Aeussere des Werkes ist anständig und zweckmässig; und so kann man den erwähnten Kunstfreunden zu dieser neuen Erscheinung höchlich Glück wünschen.

D. Red.

Ueber
Abt Voglers Schriften.

Auf diesen originellen Tonkünstler, von welchem mancher heute lebende Musiker nur die Vorstellung eines wunderlichen Menschen hat, der seine Kunst in der Weise eines Charlatans geübt, sollte die heutige Musikwelt, wenn ihr auch seine Compositionen (z. B. seine herrliche, zugleich originelle Symphonie, die ich von Zeit zu Zeit und noch im letzten Winter in den Abonnements-Concerten in Leipzig, und mit mir viele wackere Musikfreunde, mit wahrer Erbauung gehört habe) jetzt grösstentheils bekannt geworden sind, schon durch die bedeutenden Männer, welche seine Schüler gewesen sind, von Neuem aufmerksam werden.

C. M. Weber, der leider nicht dazu gekommen ist, diese seltene psychologische Kunsterscheinung der Welt klar vor die Augen zu stellen (vergl. 1. Bd. hinterl. Schr. S. X), singt von ihm, in einem kleinen Gelegenheits-Gedichte, welches in seinen hinterlassenen Schriften (Vorwort S. LXX) abgedruckt ist:

„Vor dir verband sich so noch nie
Das Wissen mit dem Genius."

und noch kräftiger spricht er sich über ihn in dem „Wort über Vogler" (II. Bd. der hinterl. Schriften S. 22) aus: Er sagt, ein Theil staune ihn an, weil er seinen Geist nicht zu ergründen wage; der andere schimpfe und schreie, weil er ihn nicht verstehe und sich durch seine neuen Ansichten vom Monopol des unfehlbaren Contrapuncts und Generalbass-Schlendrians verdrängt und zurechtgewiesen sehe. Vogler sei der Erste, der in der Musik rein systematisch zu Werke gehe, (dasselbe spricht er auch in seiner Vergleichung Bachs mit Vogler, ebendaselbst S. 46, aus) und freilich dadurch in Vielem von den Ansichten anderer grossen Männer verschieden sei. Aber niemand gebe sich Mühe, sein System eigentlich kennen zu lernen.

Dies schrieb Weber vor geraumer Zeit. Wie kommt es, dass man sich, seit man gründlicher nach einer Musikwissenschaft strebt, Voglers Werke nicht genauer kennen zu lernen bemüht hat; wie kommt es, dass, wie Weber sagt, viele gerne mit Achtung den Namen Vogler aussprechen, aber gleichsam nur aus Tradition?

Sollte nicht gegenwärtig der Zeitpunct gekommen sein, dieses originellen und scharfsinnigen Tonkünstlers Werke zu sammeln, wo so viele unbedeutende Sammlungen anderer Schriftsteller veranstaltet werden? Die theoretischen Werke Voglers sind so zerstreut, dass ein wackerer Verleger sich ein Verdienst erwerben würde, sie zusammenzustellen. Man müsste dabei auf das in Gerbers altem und in dem neuen Lexicon der Tonkünstler S. 477 ff. mitgetheilte Verzeichniss Rücksicht nehmen. Hier fehlt noch sein System für den Fugenbau als Einleitung zur harmonischen Gesang-Verbindungslehre, mit Beispielen, Offenbach 1811. Und sollte irgend jemand der Jetztlebenden zur Herausgabe dieser Sammlung geeigneter sein, als Voglers würdiger Schüler: Gfr. Weber?

Wendt.

Nachschrift von Gfr. Weber.

Wie ausserordentlich hoch ich Voglern schätze und verehre, habe ich schon vielfältig, und auch in diesen Blättern mehrmal ausgesprochen. Ich verehre ihn als Componisten unendlich und beklage es mit Unwillen, dass man nun einmal gewohnt ist, ihn eben nur für einen sogenannten gelehrten Componisten zu halten, und ihn wie Maria Weber sagt, nur gleichsam vermöge Tradition zu bewundern gewohnt ist, seine herrlichen Compositionen aber ungehört vermodern lässt; (über welches Capitel ich ein ausführlicheres Wort auf ein andermal verspare.) — Ich habe ihn als Orgelspieler nie gehört, ohne ihn in vielen Stücken zu bewundern. — Von seinen Ideen zur Orgelverbesserung erkenne ich viele für vortrefflich. — Mit seiner Theorie des Tonsatzes aber habe ich mich nie zu befreunden und, aus seinen, an sich haarscharfen Demonstrationen mathematischer und musicalischer Wahrheiten, welche an sich Niemand bezweifelt, — offen gestanden, — niemal die Consequenz zu finden vermogt; wie denn auch meine Theorie gradezu das directe Widerspiel der seinigen ist.

Am Allerwenigsten aber darf ich mich einen Schüler des herrlichen Componisten nennen, von welchem ich eben so wenig, als jemal von irgend Jemanden, weder theoretischen noch practischen Unterricht genossen*), ja nicht einmal das Glück gehabt habe, dass er mir eine meiner Compositionen belehrend corrigirt hätte, wie sehr ich auch eine solche Belehrung von Ihm mir zum grössten Glücke geschätzt haben würde.

Diesen meinen Bekenntnissen zufolge, bin also ich zu der, von meinem verehrten Herrn Mitarbeiter Wendt gewünschten, Ausgabe Voglerscher theoretischer Schriften, keineswegs der rechte Mann. Statt dessen kann ich aber den Lesern unserer Blätter vielleicht eine andere Freude

---

*) S. m. Theor. 3. Aufl. 4. Bd., S. 201-202 und S. 205.

machen, indem ich ihnen hierbei eine noch ungedruckte Voglersche Composition mittheile *), ein herziges Cabinetstück, aus welchem, im Kleinen, ungefähr zu beurtheilen steht, ob Vogler ein **gelehrter Componist** gescholten zu werden verdient.

Gfr. Weber.

Logogriph.

Vereinte sechs Glieder bezeichnen Dir
Den Mann der, bewundert von jedem Verehrer
Der Tonkunst, als übender Künstler und Lehrer
Dem Namen des Deutschen gereichet zur Zier.

Ein Zeichen hinweg und zwei andre verrückt,
Erscheint Dir ein Kunstwerk, dess Ton Dich entzückt,
Der Andacht geweiht und dem doppelt werth,
Der des Ganzen Geist es beleben gehört.

Wie zu der verschwisterten Röhren Klang,
Nach des Ganzen Kunstfügung, die heiligen Hallen
Von der Christen volltönigem Festgesang
Zum Lobe des Herrn laut wiederhallen:
So hörst Du in einfach melodischen Weisen
Die zweite Versetzung, ein Kind der Natur,
Unter'm Himmelsgewölbe durch Wald und Flur,
Die Allmacht und Güte des Schöpfers preisen.

P. C. von Tscharner.

Errata.

Vorstehend Seite 94, Fig. 28 a), sind die Zeichen ♯♩ auszustreichen, vergl. Seite 103, Fig. 28 a.)
Seite 289, Z. 17, statt *minorum gratium* setze *minorum gentium.*

---

*) Das Original-Manuscript habe ich dem Hrn. Kapellmeister Th. Haslinger zum Geschenke gemacht.

Zur Caecilia, 14 Bd. S. 318.

Dienstanerbieten.

Ein Musikus, dessen Hauptinstrument die Violine ist, und welcher vorzüglich als Componist im Kirchen- und Capellenstyl empfohlen werden kann, sucht eine Anstellung in letzter Eigenschaft an einer Kirche, als Violinspieler bei einer Capelle, oder als Lehrer in der Composition, der Violine, des Pianoforte und der Guitarre. Nähere Auskunft giebt die Redaktion der Caecilia, oder der Verleger dieses Blatts.

Intelligenzblatt
zur
CAECILIA.
1 8 3 1.
Nr. 55.

VORTHEILHAFTE BEDINGNISSE

für die

Neuen Abonnenten

des

Caecilia

Zeitschrift für die musikalische Welt.

MAINZ 1831.

Die hohe Achtung und auszeichnende Theilnahme, welche dieser gediegenen, unter der Redaction eines Vereins von Kunstgelehrten, Kunstverständigen und Künstlern, erscheinenden Zeitschrift, von der Kunstwelt gezollet wird, übersteigt, fortwährend und fortschreitend, jede anfängliche Erwartung. Durch diese unterstützende Theilnahme des Publicum, sehen wir uns mit Vergnügen in Stand gesetzt, unsern verehrten Abonnenten nicht allein fortwährend wie bisher immer, mehr als die versprochene Bogenzahl, sowohl an Text und Beilagen aller Art, zu liefern, sondern auch den Ankauf der nunmehr vorliegenden

dreizehn Bände

dadurch immer mehr und mehr zu erleichtern, dass wir uns erbieten, auch den Abonnenten des vierzehnten Bandes die dreizehn vorhergehenden Bände zu fl. 22. 12 kr. Rh. oder 12 Rthl. 8 ggr. zu erlassen, indess sie im Ladenpreise zusammen 41 fl. 48 kr. oder Rthl. 17. 16 ggr. kosten.

Herr Ritter Gfr. Weber fährt fort, die Redaction ganz wie bisher, durch Führung der oberen Leitung, so wie zuweilen auch durch eigene Beiträge, zu unterstützen.

Für die Expedition der Zeitschrift Caecilia
B. SCHOTT's Söhne.

Singschule
oder
praktische Anweisung zum Gesange
verbunden mit einer
allgemeinen Musiklehre
von
Abbé *Mainzer*.

Erster Theil.
Elementarlehre.

§. 1. Die Bestandtheile der Musik sind Töne.
§. 2. Instrumental- und Vokalmusik.
§. 3. Begriff von Ton. Unterschied zwischen Laut oder Schall, Klang und Ton.
§. 4. Melodie und Harmonie.
§. 5. Namen der Töne.
§. 6. Bezeichnung der Tonhöhe.
§. 7. Entfernung der Töne nach Tonstufen, nebst Uebungen.
§. 8. Eintheilung der Töne in Oktaven.
§. 9. Zwischentöne; Standort derselben.
§. 10. Namen der Zwischentöne.
§. 11. Erhöhungs- und Erniederungszeichen, oder Art und Weise, wie die Zwischentöne auf dem Liniensysteme dargestellt werden.
§. 12. Hilfslinien. Schlüssel.
§. 13. Weitere Erklärung der Schlüssel.
§. 14. Tonumfang der menschlichen Stimmen.
§. 15. Dauer oder Zeitmass der Töne.
§. 16. Verlängerungs-Punkte und Bindungsbogen.
§. 17. Von den Pausen.
§. 18. Rhythmus und Takt.
§. 19. Takttheile und Taktglieder.
§. 20. Grade und ungrade Taktarten.
§. 21. Zusammengesetzte Taktarten.
§. 22. Taktschlagen. Taktiren.
§. 23. Uebungen über Takteintheilungen.
§. 24. Ton- und Wortverbindung mit 32 zweistimmigen Uebungen.
§. 25. Tongewicht.

§. 26. Synkope und rhythmische Rückung.
§. 27. Triolen und Sextolen.
§. 28. Intervalle.
§. 29. Umkehrung der Intervalle.
§. 30. Von den Tonleitern.
§. 31. Tonarten und deren Vorzeichnung.
§. 32. Vom Athmen.
§. 33. Dynamik der Töne.
§. 34. Der Vorschlag.
§. 35. Vom Zeitmass (*tempo*) und den dafür gebräuchlichen Kunstwörtern.
§. 36. Abkürzungs- und Wiederholungs-Zeichen.

Zweiter Theil.

A. Akkordenlehre
und
B. Kontrapunktischer Gesang.

A. Akkordenlehre.

§. 37. Grundharmonieen.
§. 38. Der Dreiklang.
§. 39. Brechung der Akkorde.
§. 40. Der Vierklang.
§. 41. Der Nonen-Akkord.
§. 42. Generalbass. Generalbassschrift.
§. 43. Grundakkord. Dominantenakkord.
§. 44. Konsonanz. Dissonanz.
§. 45. Durchgehende Noten. Wechselnoten.
§. 46. Vorhalte.
§. 47. Stimmen und Stimmenbewegung. Partitur.
§. 48. Notirung.
§. 49. Erfindung einer Melodie.
§. 50. B. Kontrapunktischer Gesang.
§. 51. a. Figurirter Gesang.
§. 52. b. Nachahmung mit 17 zweistimmigen Beispielen von Albrechtsberger, Kittel, Hiller, Bach, Palestrina, Caldara etc.
§. 53. c. Fugirter Gesang. Fuge mit 12 zweistimmigen Beispielen von Rinck, Hiller, Fuchs, Gebbardi, Telemann etc.
§. 54. d. Der Kanon.

Dritter Theil.

Sologesang.

§. 55. Chor- und Sologesang.

A. Aeussere Stimmenbildung.

§. 56. Bruststimme. Kopfstimme.
§. 57. Läufe. Rouladen und Koloraturen.
§. 58. Verzierungen.
§. 59. Vor- und Nachschläge.
§. 60. Der Doppelvorschlag.
§. 61. Der Schleifer.
§. 62. Der Schneller. Mordent.
§. 63. Der Doppelschlag.
§. 64. Der Triller.
§. 65. Bebung der Stimme.
§. 66. Kadenzen.
§. 67. Ausschmückung einer Melodie.
§. 68. Vereinfachung einer Melodie.
§. 69. Portamento. Tragen der Stimme.
§. 70. *B.* Innere Auffassung.
§. 71. Musikalischer Styl.
§. 72. Rhythmus.
§. 73. *C.* Der Vortrag.
§. 74. Lied.
§. 75. Romanze.
§. 76. Arie.
§. 77. Rezitativ.
Verzeichniss derjenigen Kunstwörter und Zeichen, welche in der Musik überhaupt vorkommen.

Obiges Werk, 46 Bogen stark, klein Folio auf Velin-Druckpapier, nett broschirt, im Ladenpreis zu 2 Thaler, ist zu haben bei

Jakob Mainzer,
Musikalienhandlung in Trier.

W. A. MOZART'S
sämmtliche Original-Klavierwerke.

Vortheilhaftes Anerbieten für Pianofortespieler und besonders für die Verehrer Mozart's.

Obgleich sämmtliche Klavier-Werke Mozart's längst in correkten und anständig ausgestatteten Ausgaben erschienen sind, so ist doch jetzt in Mannheim noch eine sogenannte wohlfeile Ausgabe derselben auf Subscription angekündigt worden, welche in besonders kleinem Format mit kleinen Noten in Steindruck innerhalb 3 Jahren in 36 Lieferungen erscheinen soll.

Um dieser Koncurrenz zu begegnen, habe ich mich entschlossen, die bekannte in 28 Lieferungen bei mir erschienene grosse Pracht-Ausgabe der Mozart'schen Klavier-Werke bis Ende 1832 zu einem verhältnissmässig noch billigern Preise zu verkaufen, als solche in jener kleinen Steindruck-Ausgabe auf Subscription zu liefern versprochen wird, nämlich à 2 Franken (56 Kr. Rhein. oder 16 Sgr. Preuss.) für jede Lieferung; zu welchem Preise von heut an, meine Ausgabe, sowohl bei vollständiger Sammlung als auch jede Lieferung einzeln, auf Bestellung zu beziehen ist.

Der Preis dieser meiner grossen Ausgabe, welche 28 Lieferungen enthält, was die kleine Mannheimer Steindruck-Ausgabe in 36 Lieferungen verspricht, ist demnach fast noch um ein Drittel billiger gestellt, indem jede meiner Lieferungen augenscheinlich ungefähr ein Drittel mehr enthält und alle 28 Lieferungen nur 56 Fr. (Fl. 26. Rhein.) kosten, während man für Jene, unter Verpflichtung sämmtliche 36 Lieferungen zu nehmen, 27 Fl. Rhein. bezahlen und drei Jahre warten soll, bevor man die ganze Sammlung besitzen kann.

Ausser dem billigeren Preise zeichnet sich meine Ausgabe noch dadurch vortheilhaft aus, dass sie

1) schön und correct auf Zinnplatten gestochen, 2) auf gross Velin-Notenpapier sauber gedruckt und 3) sogleich, sowohl vollständig als auch in beliebigen Lieferungen einzeln, auf Bestellung bezogen werden kann.

Inhalt der 28 Lieferungen.

Cah. I. 3 Son. solos. Op. 6. in C. A. F. et 9 Variat. sur le Menuet de Duport. Nr. 1.
Cah. II. 1 Trio av. Vlon et Vlle. Op. 14. Nr. 1. in G. — 1 Trio av. Clar. (ou Vlon) et Alto. Op. 14. No. 2. in Es. et 8 Variat. sur la marche des Mariages Samnites. No. 2.

Cah. III. La Fant. et Son. Op. 11. in C moll. − 1 Rondo No. 1. in D. et 9 Variat. sur le thème: Lison dormoit. No. 3.

Cah. IV. 1 Son. avec Vlon Op. 7. in B. − 1 Son. solo. Op. posth. No. 1. in F. et 10 Variat. sur l'air: *Unser dummer Pöbel*. Nr. 4.

Cah. V. 3 Son. solos. Op. 7. in B. F. D.

Cah. VI. 1 Quat. av. V. A. et Vlle. No. 1. in G moll et 7 Var. sur l'air: Une fièvre brulante. No. 5.

Cah. VII. 2 Sonat. à 4 mains. No. 1. in C. No. 2. in D.

Cah. VIII. 1 Trio av. Vlon et Vlle. Op. 15. No. 1. in B. − 12 Var. sur l'air: Je suis Lindor. No. 6. et 6 Var. in F. No. 7.

Cah. IX. 1 Trio av. V. et Vlle. Op. 15. No. 2. in E. − 8 Var. sur l'air: *Ein Weib ist das herrlichste Ding*. No. 8. et 12 Var. sur l'air: La belle Française. No. 9.

Cah. X. 1 Trio av. V. et Vlle. Op. 15. No. 3. in C. − 12 Var. sur l'air: Ah! Vous dirai-je, Maman. No. 10. et 12 Var. in B. No. 11.

Cah. XI. 3 Son. avec Vlon. obl. Op. 2. liv. 1. in F. C. F.

Cah. XII. 3 Son. av. Vlon obl. Op. 2. liv. 2. in B. G. Es.

Cah. XIII. 1 gr. Son. à 4 mains. Op. 12. in F. et 1 thème varié à 4 mains. in G.

Cah. XIV. 1 Quat. av. V. A. et Vlle. No. 2. in Es. et 12 Var. sur le Ménuet de Fischer. No. 12.

Cah. XV. 3 Son. solos. Op. 5. in C. A moll. D. et 6 Var. sur le thème: Mio caro. Adone. No. 13.

Cah. XVI. 3 Son. avec Vln obl. Op. 8. in A. Es. A.

Cah. XVII. 1 Quat. av. V. A. et Vlle. No. 3. in Es. − 10 Var. sur un thème in A. No. 16. et 1 Rondo No. 2. in F.

Cah. XVIII. 3 Son. solos. Op. 4. in C. F. B. − 6 Var. sur le thème: Salve tu, Domine. No. 14. et 12 Var. in D. No. 15.

Cah. XIX. 3 Son. av. Vlon obl. Op. 1. Liv. 1. in G. Es. C. et 12 Var. av. Vlon. obl. No. 17.

Cah. XX. 3 Son. av. Violon obligé Op. 1. liv. 2. in E moll A. D. et 6 Var. avec Vlon. obl. No. 18.

Cah. XXI. 1 Trio av. Vlon. et Vlle. Op. 14. No. 3. in B. − 1 Son. av. Vlon. obl. in B. − 1 Rondo No. 3. in A moll.

Cah. XXII. 1 Son. à 4 mains. No. 3. in B. − 1 Fant. à 4 mains. in F moll et 1 Fugue à 4 mains in G moll.

Cah. XXIII. 1 Quint. av. Fl. Ob. Alto et Vlle. Op. 20. in C. − 1 Trio av. V. et Vlle. Op. 14. No. 4. in G. et 1 Son. solo Op. posth. No. 2. in D.

Cah. XXIV. 1 Son. p. 2 Pianos in D. et 1. Fugue p. id. in C moll.

Cah. XXV. 3 Son. solos in C. Es. G. − 3 Fantaisies in C. C moll. D moll. et 4 airs var. in A. A. G. D.

Cah. XXVI. 8 Sonatines av. Vlon in B. G. A. F. C. B. Es. A dur.

Cah. XXVII. 8 Sonatines av. Vlon in C. D. B. G. C. D. F. B.

Cah. XXVIII. 6 Son. av. Vlon in Es. F. F. Es. C. G.

Bestellungen darauf nehmen alle gute Buch- und Musikalienhandlungen des In- und Auslandes an. Um Verwechselungen vorzubeugen, bitte ich bei Aufgabe von Bestellungen ausdrücklich zu bemerken „gr. Ausgabe von Simrock." Vom 1. Januar 1833 tritt der bisherige Ladenpreis von 6 Fr. pro Lieferung wiederum ein.

Bonn am 29. Februar 1832.

N. Simrock.

Wir erinnern hier an Dasjenige, was bereits früher in der Cäcilia zum Lobe der erwähnten rühmenswerthen Sammlung gesagt worden ist. *D. Rd. d. Cäcilia.*

Anzeige,
die Fortsetzung der musikal. Monatsschrift
Polyhymnia
betreffend.

Die weitverbreitete musikalische Monatsschrift

Polyhymnia,

(seit 1826 unter der Redaction des Herrn Capellmeisters *Präger*) soll auch im Jahre 1832 fortgesetzt werden. Um das Interesse noch zu erhöhen, haben die Herren Verleger den Unterzeichneten ersucht, die bisherige Bahn einer Aufsammlung von schon bekannten Compositionen zu verlassen, und dagegen im Verein mit mehreren berühmten Componisten neue Original-Compositionen zu liefern. Die *resp.* Abnehmer der *Polyhymnia* haben fortan nicht zu fürchten, dass diese oder jene musikalische Neuigkeit in derselben Gestalt irgendwo schon erschienen sey. Mit der grössten Sorgfalt werden die Erscheinungen der musikalischen Welt, durch eine geschmackvolle Wahl gefälliger Musikstücke berühmter Componisten sich auszeichnend in die *Polyhymnia* aufgenommen werden. So mannigfaltig auch, der Tendenz dieser Monatsschrift zufolge, die Musikstücke in derselben seyn müssen, so werden sie gewiss jeder Anforderung der geübteren so wie der ungeübteren Pianofortespieler, Genüge leisten. Keine Mühen und Aufopferungen sollen geschonet werden, damit die *Polyhymnia* von Kennern und Freunden der Musik als „gediegen" bezeichnet werden kann.

F. L. Schubert,

Redacteur der *Polyhymnia*.

Wir haben der vorstehenden Anzeige des Herrn *Schubert* weiter nichts beizufügen, als die Versicherung, dass auch wir hinsichtlich der äussern Ausstattung Alles aufbieten werden, um der *Polyhymnia* den Beifall, dessen sie sich seit 7 Jahren zu erfreuen hatte, zu erhalten, ja ihn wo möglich noch zu vermehren. Da Herr *F. L. Schubert* bereits das 11. und 12. Heft des Jahrganges 1831 redigirt, so können die *resp.* Abnehmer schon aus diesen Heften ersehen, wie sehr diese Monatsschrift durch die neue Redaction gewonnen hat.

Der Preis bleibt wie bisher für den Jahrgang von 12 Heften 2 Thlr. *Pr. Cour.* Subscribentensammler erhalten auf s e c h s Exempl. ein s i e b e n t e s frei. Jedem Jahrgange ist das wohlgetroffene *Portrait* eines berühmten Componisten beigefügt.

Da viele Freunde der Musik sämmtliche bis jetzt erschienenen Jahrgänge der *Polyhymnia* complet zu haben wünschen, der Preis von 14 Thlr. für alle 7 Jahrgänge ihnen aber zu hoch ist, so haben wir uns entschlossen bis auf weiteres den Preis für a l l e s i e b e n J a h r g ä n g e z u s a m m e n auf 8 Thlr. herabzusetzen. Für e i n z e l n e Jahrgänge bleibt der bisherige Preis von 2 Thlr.

Meissen, im November 1831.

C. E. **Klinkicht** *u. Sohn.*

Musikalien-Anzeige
von
Schlesinger in Berlin.

Binnen kurzem erscheint bei uns mit vollständigem Eigenthumsrecht für ganz Deutschland:

M e y e r b e e r, Robert le diable, Oper in 5 Akten, vollständiger Klavier-Auszug mit deutschem und französischem Text.

Hieraus sämmtliche Gesangstücke einzeln.
Derselbe ohne Text, für Piano-Forte allein.
Derselbe für das Pianoforte zu vier Händen.

Derselbe für Guittarre.
Derselbe in Quartett für 2 Violinen, Alt und Violonc.
Derselbe für Flöte, Violine, Alt und Violoncelle.
Derselbe für zwei Violinen.
Derselbe für zwei Flöten.
Derselbe für 10stimmige Harmonie.
Kalkbrenner, Rondo pour le Pianoforte sur la Sicilienne, Op. 109. 14 ggr. (17½ Sgr.)
— Souvenir de Robert le diable, p. Pianof., Op. 110. 14 ggr. (17½ Sgr.)
Adam, Mosaique de Robert le diable, nach dem beliebtesten Stücken dieser Oper für Pianof. Liv. 1. 2. 3. 4.
J. Herz, cinq Airs de Ballets de Robert le diable en Rondeaux brillants pour Pianoforte. No. 1. 2. 3. 4. 5.
Tolbecque, 3 Quadrilles et Contredanses suivis d'un valse pour Pianoforte.
Dieselben für Violine, Flöte oder Flageolet ad libitum.
Dieselben für 9stimmiges Orchester, welches aber auch 5stimmig executirt werden kann.
Aufträge erbitten wir uns baldmöglichst.

Schlesinger'sche Buch- und Musikhandlung,
in Berlin, unter den Linden No. 34.

Ankündigung.

In dem Verlag des Unterzeichneten erscheinen, bis zur Ostermesse 1832

Mit alleinigem Eigenthums-Recht

Ferd. Ries, 10tes und 11tes Quartett für die Violin. op. 166. No. 1. u. 2.
— — Marsch pr. Pforte, 2 u. 4händig.

Ich ersuche alle Handlungen, so wie darauf Reflectirende, mir Ihren Auftrag bald zukommen zu lassen, um die Anzahl der Abdrücke besser bestimmen zu können.

Frankfurt a. M. im December 1831.

Fr. Ph. Dunst,
Musikverlaghandlung, Zeil D. Nro. 204.

Ankündigung
des
ausschliesslichen
Verlags-Eigenthums
nachbenannter
Gesangs-Werke
von
A. v. Garaudé.

Je soussigné Alexis, Adelaide, Gabriel de Garaudé, Compositeur et Professeur de chant au Conservatoire de Paris, demeurant Rue Vivienne, Rotonde Colbert, déclare avoir vendu à Mr. Guillaume, Edouard Alisky Editeur et Marchand de Musique à Darmstadt, le droit exclusif de traduire en allemand et faire graver pour l'Allemagne:

1. Ma Méthode complète de chant Op. 40, avec tous les changemens améliorations, et augmentations que j'ai spécialement composés exprès, cette année, pour l'Edition allemande, et

2. Mes Solféges à 2 voix Op. 41, également avec quelques changemens.

Paris ce 3. Mars 1832.

A. de Garaudé.

Ich Unterzeichneter Alexis, Adelaide, Gabriel von *Garaudé*, Componist und Professor des Gesanges am Conservatorium zu Paris, wohnhaft in der *Rue Vivienne, Rotonde Colbert*, erkläre, dem Herrn Wilh. Ed. Alisky, Musikverleger und Händler zu Darmstadt, das ausschliessliche Recht, folgende Musikwerke ins Deutsche übersetzen und stechen zu lassen, verkauft zu haben; als:

1. Meine vollständige Gesangschule Op. 40, mit allen Aenderungen, Verbesserungen und Zusätzen, welche ich aus besonderer Veranlassung, in diesem Jahre, eigens für die deutsche Ausgabe bearbeitet habe, und

2. Meine Solfeggien für zwei Stimmen, Op. 41, ebenfalls mit einigen Verbesserungen.

Paris den 3. März 1832.

A. v. Garaudé.

Beide Werke erscheinen, in deutscher und französischer Sprache zugleich, noch im Laufe dieses Jahres in der unterzeichneten Verlagshandlung auf dem Wege der Subscription.

Eine ausführliche Subscriptions-Anzeige werde ich ganz in der Kürze allen Buch- und Musikhandlungen zusenden. Vorläufig führe ich, zum Lobe der genannten Werke, weiter nichts an, als dass dieselben die so berühmte Gesangsschule des Pariser Conservatoriums allenthalben gänzlich verdrängt haben, und dass sie sowohl im königlichen Conservatorium zu Paris, als in allen Conservatorien Frankreichs und Italiens allgemein eingeführt sind.

Darmstadt den 20. März 1832.

W. E. Alisky,
Musikalienhandlung.

Bei

Falter und Sohn,

K. B. Hof-Musikalien- und Musik-Instrumenten-Handlung.

Residenz-Strasse, No. 33, in München
ist erschienen:

	fl. kr.
Böhm, Th., Grande Polonaise pour la Flûte principale avec acc. d'Orch. oeuv. 16.	3 48
— — La même, avec accomp. de Pf. oeuv. 16.	1 30
— — Variations sur la marche de l'Opera Moïse pour la Flûte avec accomp. d'Orch. oeuv. 17.	3 18
— — Les mêmes avec accomp. de Pf. oeuv. 17.	1 12
Chelard, A. H., Deutsche Lieder für 4 Männerstimmen in Partitur und Stimmen.	3 —
Dausch, F. P., Uebungs-Stücke mit bezeichnetem Fingersatze für Pf. à 4 m. (Ch. I.)	— 45
Eisenhofer, F. X., 6 gesellschaftliche Gesänge für 4 Männerstimmen op. 19. Samml. 6.	2 —
* Emmerig, N. J., Missa in C à 4 Vocibus ordinariis 2 Violinis, Alto, Viola, 2 Flautis, 2 Cornibus et Clarinis, Timpano et Organo. op. 12.	3 36
* — — Missa in G, cum Graduali et Offertorio a 4 vocibus, Violone et Violoncello, 2 Clarinettis et Cornibus non obligatis pro Dominicis Adventus et Quadragesimae, op. 13.	1 36
* — — Die sieben Kirchen-Antiphonien für die sieben Tage vor dem Vorabend des heil. Weihnachtsfestes mit 4 Singstimmen, 2 Hörner, Vio-	

	fl.kr.
la und Orgel, zum Gebrauche für die Rorate zur heil. Adventzeit, op. 16.	1 48
Keller, M., Deutsch fig. Messe in C. Orgel und 1 Singstimme obligat, 2te und 3te Singstimme, 2 Violinen, 2 Flöten, 2 Clarinetten, 2 Waldhörner, 2 Trompeten, Pauken und Violon ad libitum.	1 36
— — Dieselbe für die Orgel und 1 Singstimme obligat, 2te und 3te Singstimme ad libitum, ohne die übrigen Instrumente.	— 54
— — Deutsche Messe in C, für den Gedächtnisstag der Kirchweihe, wobei die Orgel und eine Singstimme obligat, 2te und 3te Singstimme aber, dann 2 Violinen, 2 Flöten, 2 Clarinetten, 2 Waldhörner, 2 Trompeten, Pauken und Violon nicht obligat.	2 —
— — Dieselbe für Orgel u. 1 Singstimme obligat, 2te u. 3te Singstimme ad libitum, ohne die übrigen Instrumente.	1 24
Kolb, K., Deutsche Messe für Sopran, Alto, Tenore, Basso und Orgel, op. 13.	— 48
— — 6 gesellschaftliche Gesänge für 3 Männerstimmen, op. 15.	1 48
Lenz, Leop., 6 Gesänge, Gedichte von Göthe, B. Hauf, Justinus Kerner, Jean Paul und Platen, für Alt- oder Baritonstimme mit Pf., op. 11.	1 30
Molique, B., Introd. et Rondo pour le Violon av. Orch. oeuv. 7.	4 30
— — Le même avec acc. de Pf., oeuv. 7.	1 30
— — Grande Fantaisie sur de Motifs de la Muette de Portici pour le Violon av. Orch. oeuv. 8.	5 24
Pernsteiner, M., 6 Missae à Canto, Alto, Basso et Violinis, et organo obligatis, Tenore, 2 Oboi, vel Clarinettis, 2 Cornibus, 2 Clarinettis et Timp. non obligat. No. 2 in C.	3 —
Schaky, de Bar. M., Introduct., Variat. et Polon. sur l'air fav. Almalied, pour Guitarre oeuv., 8.	— 36
Schaffard, F., Litaney sammt Alma salve Regina und Segenslied für 3 Singstimmen, 2 Violinen, 2 Hörner und Orgel, nebst Solo-Orgelstimme, op. 2.	1 30
Schiedermayr, F. X., Neue Orgel- und Clavierstücke.	1 —
Stahl, Fr., Allegro brill. pr. Violon princip. avec Orch., oeuv. 20.	3 —
— — Le même avec Quatr., oeuv. 20.	1 48
Wichtl, Variat. pr. Violon princip. avec Orch., oeuv. 1.	4 —
— — Le même avec Pf., oeuv. 1.	1 12

Die mit * bezeichneten Werke werden nur auf Verlangen versandt.

Vorstehend verzeichnete Werke können auch bezogen werden durch

B. *Schott's Söhne*,
in Mainz.

Bekanntmachung.

Den Freunden der Tonkunst beehre ich mich hierdurch ergebenst anzuzeigen, — nachdem ich mich davon überzeugt habe, dass in den vielen Theorieen, welche wir über Musik besitzen, die, zur Erlernung der Komposition erforderlichen Lehrsätze theils in denselben nicht ausführlich behandelt worden, theils auch zu sehr zerstreut sind, — dass ich, um das Studium der Tonsetzkunst zu erleichtern, eine Theorie schreibe, welche unter dem Titel:

Der vollkommene Komponist

erscheinen wird, weil alle, zum Studium der Tonsetzkunst erforderlichen Lehrsätze in gehöriger Reihefolge darin enthalten sein sollen. Den bis jetzt beendeten Theil, bestehend in einer Generalbass- oder Harmonielehre, als erste Anleitung zum Fantasieren und Komponiren, zum Selbstunterrichte geeignet, für Anfänger und Geübte mit Beispielen und Aufgaben versehen, bin ich gesonnen, auf Subscription in 2 Bänden in gr. 8. mit besonderen Notentabellen versehen, herauszugeben.

Der Subscriptions-Preis eines Bandes ist auf 2 Rthlr. festgesetzt und bei dessen Empfange zu entrichten. Wer 5 Exemplare nimmt, erhält das 6te frei. Da bereits 110, meist sachverständige Subscribenten vorhanden, und die Kosten des Drucks grösstentheils schon gedeckt sind, so findet die Subscription nur noch bis Ende März 1832 in Berlin in der Buchhandlung des Herrn *Logier*, Friedrichsstrasse Nr. 161, und in meiner Wohnung, Heilige Geiststrasse Nr. 49 statt, weil beide Bände dieses Werkes nach der Zeit erscheinen und nur für den Ladenpreis zu haben sein werden. Auswärtige Theilnehmer oder Buchhändler, welche eingeladen werden, subscribiren zu wollen, ersuche ich, sich in portofreien Briefen oder durch hiesige Bekannte an mich zu wenden, und erhalten auf Verlangen, aber nur auf feste Rechnung, eine gewünschte Anzahl von Exemplaren zugesendet.

Um die Theilnehmer mit den Gegenständen, worüber das Werk handelt, bekannt zu machen, erfolgt ein Inhaltsverzeichniss beider Bände.

Inhalt des ersten Bandes.

Erster Abschnitt.
§ 1. Von den Verhältnissen der Töne in arithmetischer Beziehung.
§ 2. Von deren Umkehrung.
§ 3. Von den harmonischen Rechnungsarten.

Zweiter Abschnitt.
Von der Temperatur.

Dritter Abschnitt.
§ 1. Von den Verhältnissen der Töne, in Beziehung auf Ausübung und deren Bezeichnung.
§ 2. Von deren Umkehrung.

Vierter Abschnitt.
Von den Tonarten.
§ 1. Von den alten.
§ 2. Von den neuen.
§ 3. Von den Verwandtschaften derselben.
§ 4. Von den enharmonischen Verwechselungen der Tonarten.

Fünfter Abschnitt.
§ 1. Von den Accorden, deren systematische Entstehung und Eintheilung.
§ 2. Von deren Eigenschaften und ihrem Orte.
§ 3. Von deren Namen in Beziehung auf Tonart.
§ 4. Vergleichung der harten und weichen Tonart.
§ 5. Mehrdeutigkeit der Accorde.

Sechster Abschnitt.
Von den Stamm- und abstammenden Accorden, ihrer Gestalt und Bezifferung.

Siebenter Abschnitt.
Von den Namen der verschiedenen Stimmen, und dem Gebrauch des Notensystems oder der verschiedenen Schlüssel.

Achter Abschnitt.
Von den melodischen Fortschreitungen.

Neunter Abschnitt.
Harmonie.
§ 1. Von der Behandlung der ersten drei Grundharmonieen in ihrer wahren Gestalt.
§ 2. Von den verbotenen Quinten und Octaven.
§ 3. Von der harmonischen Bewegung.
§ 4. Vom Tonschluss der neuern und ältern Form.
§ 5. Modulation innerhalb einer Tonart.
§ 6. Transposition, Versetzung aus einer Tonart in die andere.

§ 7. Vom Gebrauch der ersten drei Grundharmonieen in erster Verkehrung.
§ 8. In zweiter.

Zehnter Abschnitt.
Von der Behandlung der dissonirenden Dreiklänge.
§ 1. Des hart verminderten.
§ 2. Vom Querstand, oder *mi contra fa*.
§ 3. Des übermässigen.

Eilfter Abschnitt.
Von der Behandlung der Septimen-Accorde.

Inhalt des zweiten Bandes.

Zwölfter Abschnitt.
Von der Behandlung der Nonen-Accorde.

Dreizehnter Abschnitt.
Der Undecimen-Accorde.

Vierzehnter Abschnitt.
Der Terzdecimen-Accorde.
Der 11, 12, 13, und 14te Abschnitt ist in 4 §. eingetheilt, und im ersten erklärt, wie die Dissonanzen vorbereitet, im 2ten, wie sie aufgelöst werden; im 3ten des 11ten Abschnittes, wie Septimen-Accorde, des 12ten, wie Nonen-Accorde, des 13ten, wie Undecimen-Accorde auf einander erfolgen können, bei regelmässiger Vorbereitung und Auflösung der Dissonanzen; im 4ten §. genannter Abschnitte, wie man diese Dissonanzen behandelt, wenn man sie weder vorbereitet noch auflöst. Sowohl die Lehrsätze des 3ten als auch 4ten §. dieser Abschnitte wurden bis jetzt in andern Lehrbüchern übergangen.

Fünfzehnter Abschnitt.
Behandlung der dissonirenden Octave.

Sechszehnter Abschnitt.
Vom Orgelpunkt.

Siebenzehnter Abschnitt.
Von den verschiedenen Notengattungen.
§ 1. Vom Zeitmaas.
§ 2. Von den Notengattungen in Beziehung auf Zeitmaas.
§ 3. Von den daraus entstehenden Taktarten.
§ 4. Notengattungen in Beziehung auf Harmonie. a. Durchgehende, b. Wechselnoten, c. harmonische Nebennoten, d. Vorhalte.

§ 5. Unterschied der Dissonanzen, als None und Septime, Quinte und Quarte, Sexte und Terz etc.

Achtzehnter Abschnitt.
Modulation aus einer in die andere Tonart.
1. Mit Dreiklängen, mit 2. Septimen- und 3. mit Non-Accorden.

Neunzehnter Abschnitt.
Vom strengen und freien Satz, sowohl in melodischer als harmonischer Beziehung.

Da in unsern Tagen es nicht nur dem Musiker, sondern auch dem Liebhaber Bedürfniss geworden ist, nicht nur die Ausübung eines Instrumentes, sondern die Tonkunst auch in ihrem wissenschaftlichen Gebiete zu erlernen: so dürfte mein Buch, welches unter den bisherigen das deutlichste und für den Geübtern als harmonisches Lexicon brauchbar ist, und dessen Druck zweckmässig eingerichtet wird, zum Studium empfohlen werden.

B. Schott's Söhne in Mainz nehmen Bestellung an.

Heinrich Birnbach,
Musik-Director.

Subscriptions-Anzeige.

Drei Lytaneien
und
Drei Missae pro defunctis (Requiem)

für 4 Singstimmen, 2 Violinen, Viola, Bass und Orgel, dann 2 Clarinetten, 1 Flöte, 2 Hörner, 2 Trompeten und Pauken ad libitum,

componirt von

Carl Ludwig Drobisch.

Diese Werke erscheinen bei *Falter* und *Sohn*, k. b. Hofmusikalien- und Musik-Instrumenten-Handlung in München (Residenzstrasse Nr. 33) auf Subscription.
Bei dem Mangel an tauglichen und dem Bedürfnisse kleinerer Musikchöre entsprechenden Compositionen für die Abendandachten (Lytanien) und Trauergottesdienste (Requiem) kann es nur erfreulich seyn, wenn ein Componist, der durch

seine frühern Arbeiten, bei denen er mit Verschmähung aller moderner Effektmittel, blos die kirchliche Form und Würde des *Ritus* berücksichtigend, dem Mangel an gediegener und ohne Schwierigkeiten ausführbarer Kirchenmusik für kleinere Kirchenchöre abzuhelfen beabsichtigte und diese allerdings schwierige Aufgabe nach dem Urtheile einsichtsvoller Kunstkenner würdig gelöst hat, sich neuerdings der Mühe unterzieht, auch den obengenannten Bedürfnissen nach seinen früher ausgesprochenen Grundsätzen abzuhelfen.

Wenn auch bei dem im vorigen Jahre erschienenen sechs Landmessen dieses Componisten von einzelnen Chordirectoren, welche die in der Subscriptionsanzeige ausgesprochene Tendenz dieser Compositionen nicht beachtend, modernes Geklingel und gefällige, weder dem Text noch dem heiligen Orte angemessene Singweisen erwartend, bei leichter, einfacher Behandlung der Sing- und Instrumentalparthieen die andächtige Haltung der *Kyrie's*, *Agnus Dei*, den freudig doch mit Andacht aufschallenden Jubel der *Gloria's*, das ernste demuthsvolle Bekenntniss im *Credo*, das feierliche Sanktus und andächtige kindliche Verehrung aussprechende *Benedictus* misskannten, ein ungünstiges Urtheil gefällt wurde, so liege die Schuld wahrlich nicht an den Componisten, sondern an dem schlecht bestellten Singchore, wo vielleicht jede Stimme durch ein Individuum besetzt ist, und in diesem Falle möchte das Urtheil und die Beschwerde über die vielen halben und ganzen Noten gegründet seyn. Es wurde aber vom Componisten vorausgesetzt, dass jeder Chordirigent auf die Bildung von Singknaben und Sängern seine Aufmerksamkeit und seinen Fleiss richten werde, und bei diesen Messen besonders auf die Leichtigkeit der Singparthieen Rücksicht genommen. Abgesehen von diesen einzelnen tadelnden Stimmen haben die Mehrzahl der Abnehmer und Kenner ihren Beifall ausgesprochen und der grosse Absatz denselben verbürgt.

Bei diesen neuen Compositionen ist ebenfalls wie bei den Messen darauf gesehen, dass der Ausführung durch Schwierigkeiten in den Singstimmen und Orchester-Parthieen keine Hindernisse in den Weg gelegt werden und desshalb die Blasinstrumente so eingerichtet, dass sie, ohne dem Ganzen Abbruch zu thun, ganz weggelassen werden können.

Dieselben erscheinen einzeln abwechslungsweise, nämlich eine Litaney, dann ein *Requiem* in zweimonatlichen Zwischenräumen, so dass im Verlaufe eines Jahres alle sechs abgeliefert sind. Die Bogenzahl jedes Werkes wird sich auf 12—18 Bogen belaufen. Der Subscriptionspreis ist für den Bogen 6 kr. rhein. Die Ausgabe wird auf schön weissen gutem Papier rein und correct gedruckt in Stimmen geliefert. Um den nämlichen Subscriptionspreis à 6 kr. pr. Bogen werden auch die allenfallsig verlangten Duplirstimmen abgegeben, welche jeder Titl. Subscribent besonders anzugeben belieben möchte.

Man kann auf die Litaneyen sowie auf die Requiem einzeln subscribiren; jedoch müssen von jedem Werke die 3 Nummern zusammengenommen werden. Subscribenten, welche dann vielleicht die sechs Messen nachzuerhalten wünschen, bekommen dieselben noch um den Subscriptionspreis (116¼ Bogen) von 11 fl. 39 kr.

Die erste Litaney erscheint bis Mitte April 1832, das erste Requiem längstens zwei Monate darauf.

Die Subscription bleibt bis Ende Juni 1832 eröffnet, nach Verlauf dieses Termines tritt der gewöhnliche Ladenpreis à 18 kr. pr. Bogen ein.

Die Bezahlung geschieht bei Ablieferung eines jeden Werkes.

Briefe und Geldsendungen erbittet man sich portofrey.

Alle soliden Musik-, Kunst- und Buchhandlungen nehmen Bestellungen an.

In Mainz nehmen Subscriptionen an.

B. Schott Söhne.

Der Choralfreund
oder
Studien für das Choralspielen
componirt
von
H. Ch. Rinck.

Der Unterzeichnete ist Willens, unter voranstehendem Titel ein periodisches Werk erscheinen zu lassen, dessen Tendenz es ist, die Choralmusik im weitesten Umfange des Worts und somit auch das Orgelspiel überhaupt, insoweit es mit dem Choral in Verbindung steht, zu pflegen und zu fördern. Zwar besitzen wir mehrere Orgeljournale; aber so zweckmässig und empfehlungswerth auch dieselben in mancher Beziehung sind, so scheinen sie doch mehr den beschränkteren Zweck zu haben, vorzugsweise durch Vor- und Nachspiele, das Studium des Orgelspiels zu befördern.

Es bleibt demnach für ein Werk, welches die Choralmusik einzig und allein ins Auge fasst, noch ein sehr grosses Feld zur Bearbeitung übrig, zu dessen Herausgabe ich mich durch meine besondere Neigung und Liebe für diesen wichtigen Zweig des Orgelspiels, so wie durch meine innigste

Ueberzeugung von der Nützlichkeit und dem Bedürfnisse eines solchen Werkes dringend aufgefordert fühle.

Jährlich sollen von diesem Werke sechs Hefte in der Hofmusikhandlung bei B. SCHOTT'S Söhnen in Mainz erscheinen. Sämmtliche Choräle werden nach den Melodieen, wie sich dieselben in dem von Natorp, Kessler und mir herausgegebenen Choralbuche aufgezeichnet finden, drei bis viermal, sowohl zwei-, als drei-, vier-, zuweilen auch fünfstimmig, mit leichten, der Kirche angemessenen Zwischenspielen bearbeitet und zwar so, dass dieselben theils zur Begleitung beim Gemeindegesang, theils zu Vorspielen, theils zu Studien für das Orgelspiel überhaupt gebraucht werden können. Vorzüglich aber werden zuerst die Melodieen welche am häufigsten gesungen werden, in den ersten Heften gegeben. Am Ende des Jahres wird noch besonders ein Register der bearbeiteten Choräle beigefügt.

Darmstadt, im Monat Januar 1832.

Der Verfasser.

Einladung zur Subscription.

Die Unterzeichneten verweisen auf obige Ankündigung, durch welche die Tendenz dieses Werkes ausgesprochen, und näher bezeichnet wird, was davon zu erwarten ist. Es bedarf wohl keiner andern Empfehlung, als nur einer Hinweisung auf den hochberühmten Namen des Verfassers. Wir, als Verleger, suchen bei diesem Unternehmen eine Ehre darin, für die Ausstattung der Ausgabe besondere Sorgfalt zu verwenden, und um dieses Werk recht gemeinnützig zu machen, wählen wir den Weg der Subscription und bestimmen einen Preis, welcher auch Unbemittelten den Beitritt gestattet.

Jedes Heft wird zwei Bogen stark, mit einem Umschlag versehen, und jedes Jahr sechs solcher Hefte geliefert. Mit dem sechsten Hefte folgt das Vorwort und ein schöner Titel nebst Umschlag, welchem die Subscribentenliste beigefügt werden soll.

Den Preis für einen Jahrgang von sechs Heften stellen wir auf 1 fl. 48 kr. oder 1 Thaler sächsisch. Die Zahlung geschieht bei Ablieferung eines jeden Heftes mit 18 kr. oder 4 gGr. Subscribentensammler erhalten auf sechs Exemplare ein Siebentes frei.

Mainz, im Januar 1832.

B. Schott's Söhne,
Grossherzoglich Hessische Hofmusikhandlung.

Allgemeine Musiklehre

zum *Selbstunterrichte*

für

Lehrer und **Lernende**

in

vier Vorkapiteln

Dritte, neu überarbeitete Auflage,

---

vermehrt mit einer

Erklärung

aller in Musicalien vorkommenden

italiänischen Kunstwörter

von

Dr. Gfr. Weber,

des Verdienstordens Ritter Erster Klasse, Ehrenmitglied der königlich Schwedischen Akademie in Stockholm etc. etc.

Preis 1 Thlr. sächsisch oder 1 fl. 48 kr.

1831.

Die bewährte grosse Zweckmässigkeit dieses, einem jeden Musiker und Musikfreunde **wahrhaft unentbehrlichen** Werkes, und das ihm so allseitig zu Theil gewordene Anerkenntniss, hat auch diese wiederholte Auflage nöthig gemacht.

Der Zweck des Buches ist, den allgemeinen Theil der Musiklehre geordnet, und aus seinen Grund-Ideen entwickelt, darzustellen. Es enthält denjenigen Theil, welcher jedem Zweige der Tonkunde oder Tonkunstfertigkeit als gemeinschaftliche Vorkenntnisse angehört, und demnach dasjenige umfasset, was jeder, der sich mit Musik beschäftigt, ohne Unterschied des besondern Zweiges, welchem er sich widmet, insbesondere auch jeder Musiklehrer, wissen und klar begreifen muss — oder wenigstens sollte, um seinen Schülern solche Begriffe richtig mittheilen zu können.

Das dieser neuen Auflage hinzugefügte kleine Lexikon, eine, mit vollkommenster Sach- und Sprachkenntniss abgefasste und praktisch unschätzbare, Erklärung aller italiänischen Kunstwörter enthaltend, steht in seiner Art bisher eben so einzig da, wie das Hauptwerk selbst.

Dass die Idee, dem musikalischen Publikum, und namentlich Lehrern und Lernenden, — nicht ein musicalisches Lexicon, — sondern eine gedrängte Erklärung des Wortsinnes und der wesentlichen Bedeutung der in Musicalien so überall vorkommenden, so überaus häufig, sowohl im gemeinen Leben misverstanden werdenden, als selbst auch in angesehenen Lehrbüchern, Encyclopädien, Musikschulen, Theorien u. dgl. so überhäufig sprach- und orthographiewidrig geschrieben und sinnwidrig verstanden, erklärt und angewendet werdenden, italiänischen Kunstwörter, in die Hand zu geben, — dass, sagen wir, diese Idee gänzlich neu und ohne Vorgänger ist, dass ein solches Unternehmen noch von Niemanden bis jetzo versucht worden war, — das ist eine Thatsache, welche jedermann weis, und aus welcher sich dann von selbst ergiebt, ob die vorliegende Erscheinung einem bis jetzo unbeachtet gebliebenen Bedürfnisse entspricht oder nicht.

Das Ganze, 194 Seiten gross Median-Octav-Format, nebst Vorrede, Inhaltanzeige und drei Notentafeln, elegant brochirt, mit typographischer Schönheit ausgestattet, ist in allen Buch- und Musikhandlungen zu haben, wohin es bereits versandt, ist im Preis, als Lehrbuch, äusserst billig gestellt, und bei Abnahmen in grösseren Particen für Seminarien, Gymnasien und sonstige Lehranstalten, werden noch besondere Vortheile gewährt.

B. Schotts Söhne.

Chorgesangschule

von

August Ferd. Haeser

für

Schul- und Theaterchöre und angehende Singvereine.

Der Verfasser sagt in seinem Vorwort: Den Singvereinen ist es wohl hauptsächlich zu verdanken, dass man

Anzeige
von
Verlags-Eigenthum.

Im Verlag der Unterzeichneten erscheinen folgende Werke mit Eigenthumsrecht:

Le Pré-aux-Clercs,
Opéra en trois actes,
paroles de Mr. Planard,
musique de
F. Herold.

Die deutsche Uebersetzung wird erfahrnen Händen anvertraut, und späterhin die Zeit der Herausgabe des Clavier-Auszugs, der vollständigen Partitur und Orchesterstimmen näher bestimmt.

Jacques Herz, grandes Variations brillantes pour le Pianoforté, sur un air suédois, Op. 23.
   No. 1. La Romeca.
   — 2. La Galopade.
A. Adam, Enfantillage ou trois petits Rondos, très faciles, composés pour le Pianoforté, sur le motifs favoris de la Tentation. No. 1. L'Orgie. No. 2. La Noce. No. 3. L'Hermite.
J. Zimmermann, Rondeau composé pour le Pianoforté, sur un motif du Serment. Op. 27.

Mainz im December 1832.

B. Schott's Söhne.

Nachfolgende Werke erscheinen bei

B. Schott's Söhnen,
Grossherzoglich Hessische Hofmusikhandlung in Mainz:

Sechs Concert-Scenen
von
Carl Blum.
Op. 127. Nro. 1 à 6.

No. 1. Gruss an die Schweiz, grosse Scene für den Sopran, für Madame Milder componirt.

No. 2. Recitativ und Aria für den Sopran mit italienischem u. deutschem Text, für Dem. Henriette Sontag componirt.

No. 3. Variationen für den Sopran auf polnische Volkslieder mit ital. u. deutschem Text, für Dem. Henriette Sontag componirt.

No. 4. Sehnsucht nach Italien, Poesie von Göthe, Scene für den Sopran.

No. 5. Recitativ und Arie für den Alt, mit italienischem u. deutschem Text, für Dem. Constanze Tibaldi componirt.

No. 6. Recitativ und Duett für Sopran und Alt mit ital. u. deutschem Text, für Dem. Henr. Sontag u. Const. Tibaldi componirt.

Die Erfahrung hat gelehrt, dass es den Sängerinnen, die in Concerten auftreten, oft an solchen Gesangstükken fehlt, welche ihnen gestatten, einen bedeutenden Grad der Virtuosität zu entwickeln, und die ausserdem auch als Compositionen so interessant sind, dass sie nicht blos dem Layen genügen, sondern auch diejenigen nicht ganz unbefriedigt lassen, welche noch einige Ansprüche höherer Art an solche Productionen zu machen gewohnt sind. Die ältern Italienischen, so wie Rossini's Opern sind zu diesem Zwecke bereits genugsam benutzt worden, und die Musikstücke der neueren und neuesten italienischen Opern scheinen sich zum Vortrage im Concert nicht eben sehr zu eignen, wenigstens wird, trotz der bedeutenden Anzahl, die jährlich davon ans Licht tritt, selten etwas daraus in einem Concerte gesungen.

Um solchem Mangel einigermassen zu begegnen, hat sich die oben genannte Musikhandlung entschlossen, die sämmtlichen Compositionen des, als Gesang-Componisten vortheilhaft bekannten Herrn Carl Blum, welche derselbe für die Sängerinnen Milder, Sontag, F. v. Schätzel und Tibaldi, sowohl einzeln fürs Concert, wie auch als Einlagen in beliebte Opern componirt, und welche bisher nur in Abschriften von dem Componisten oder ihr (der Musikhandlung) zu beziehen waren, in Verlag zu nehmen. Die Herausgabe desselben hat bereits mit der beliebten Scene: „Gruss an die Schweiz" begonnen, einer Composition, welche sich eines ausserordentlichen Beifalls erfreute, und die nicht blos in Deutschland gewissermassen national geworden ist, sondern die überall, wo sie gehört wurde, ein grosses Interesse erregt hat. Indem die Verlagshandlung dem musikliebenden Publikum, insbesondere aber den Theater- und Concert-Sängerinnen, so wie solchen Dilettantinnen, welche bereits einen gewissen Grad von Gesangfertigkeit besitzen, diese Anzeige widmet, bemerkt sie zugleich, dass die Herausgabe sämmtlicher Nummern dieser Compositionen noch in diesem Jahr vollendet seyn wird, und dass von nun an weder vom Componisten, noch von ihr selbst geschriebene Copien davon werden verabfolgt werden.

Wir bieten sämmtliche sechs Gesangwerke zusammen oder auch einzeln auf Subscription an, indem wir bis zum Erscheinen des sechsten Heftes die Subscriptionsliste offen halten, und ermässigen für die Subscribenten den nachherigen Ladenpreis um den vierten Theil.

Die verschiedenen Auflagen sind: Die vollständige Partitur, die Orchester-Auflegestimmen und ein *Clavier-Auszug*, und wir bitten, bei Bestellungen sich genau darnach zu richten.

Mainz, im August 1832.

Anzeige von Verlagseigenthum
von
Le Serment
ou les faux Monnoyeurs
paroles de M. M. Scribe et ***,
musique de
D. F. E. Auber,
und
La Médecine sans Médecin
Opera en un acte
paroles de M. M. Scribe et Bayard,
musique de
F. Herold.

Beyde Opern sind gegenwärtig unter der Feder tüchtiger Uebersetzer, und erscheinen in kurzem im Verlage der Unterzeichneten:

in vollständiger Partitur,
in ausgesetzten Orchesterstimmen,
in vollständigem Clavier-Auszug,
Gesänge mit Clavier- oder Guitarre-Begleitung einzeln,
Ouverture für Piano allein und mit Violin ad libitum,
die Opern vollständig, für Pianoforte mit Hinweglassung der Singstimmen.

Mainz, im November 1832.
B. Schott's Söhne.

Türkische Becken,

deren Echtheit wir verbürgen, sind uns durch besonderem Zufall in einer grösseren Parthie von Constantinopel zugekommen, und setzen uns in den Stand, folgende billige Preise dafür festzusetzen:

Für ein Paar im Durchmesser von 11 Zoll, 43 fl. 12 kr. oder 24 Thlr. sächsisch.

Für ein Paar im Durchmesser von 12 Zoll, 48 fl. 36 kr. oder 27 Thlr. sächsisch.

Wir empfehlen uns in diesem Artikel durch diese Anzeige allen Militär-Musikchören, Musikvereinen und Theater-Directionen.

Mainz, im August 1832.

B. Schott's Söhne,
Grossh. Hessische Hofmusikhandlung.

Alle Buch- und Musikhandlungen werden Aufträge darauf gerne übernehmen.

Metronome nach Mälzl,

welche in einem pyramidförmigen Kästchen von Mahagoniholz verschlossen, und mit gutgearbeitetem Gangwerk und genau abgerichteter Mensur versehen sind, werden um den Preis von 16 fl. 12 kr. oder 9 Thlr. sächsisch abgegeben in der Hofmusikhandlung von

B. Schott's Söhne in Mainz.

Bestellungen darauf übernimmt jede Buch- und Musikhandlung.

Briefe an Gfr. Weber
betreffend.

Ich bin genöthigt, meine verehrten Herrn Correspondenten ergebenst zu bitten, in Betreff der mir zu adressirenden Briefe, Folgendes zu bemerken:

Ich bin, für meine Privat-Correspondenz, *Brief*-portofrei auf allen *fürstlich Turn und Taxischen Brief-Posten*, sowohl activ als passiv, und zwar für Briefe unter meiner persönlichen Adresse, (General-Staatsprocurator *Weber* in Darmstadt,) bis zum Gewichte von etwa 8 Loth. Für Sendungen hingegen, welche auf dem Postwagen ankommen, bin ich nicht frei.

Es ergibt sich nun ziemlich oft, dass Briefe, zumal etwas corpulentere, auf dem Postwagen an mich ankommen, entweder weil sie von den Herren Correspondenten selbst ausdrücklich zur Spedition p. Postwagen aufgegeben worden sind, oder auch weil sie von der auswärtigen Postexpedition willkührlich p. Postwagen, statt p. Briefpost spedirt worden sind; wo ich dann oft bedeutendes Porto ganz unnützerweise ausgeben muss für Sendungen, welche mir durch die Briefpost ganz unentgeldlich zugekommen sein würden.

Ich bitte daher meine verehrlichen Herrn Correspondenten hiermit ein für allemal:

solche Briefe an mich, welche ich, den obigen Voraussetzungen nach, durch die Briefpost frei erhalten würde, nie p. Postwagen an mich abgehen zu lassen; dieselben vielmehr jederzeit auf die *Briefpost* zu legen und, wenn sie etwas dicker als gewöhnliche Briefe sind, zur Vermeidung jedes möglichen Zweifels, *ausdrücklich auf die Adresse zu schreiben*

„*Durch Briefpost*",

übrigens auf der Adresse auch keinen Inhalt des Briefes, wie z. B. „*Enthält Drucksachen*" u. dgl. — und noch weniger einen Geldwerth des Inhaltes, anzugeben, indem Briefe dieser Art niemal auf der Briefpost, sondern jederzeit p. Postwagen spedirt werden.

Briefaufgaben auf Posten, bei welchen ich nicht Briefportofrei bin, werden die Herren Correspondenten gefälligst gleichfalls auf der *Briefpost*, bis zum nächsten Taxischen *Brief*postamte *frankiren*.

Ich beobachte dagegen jederzeit die Aufmerksamkeit, meine Briefe an meine Herrn Correspondenten so weit zu frankiren, als die Fürstl. Turn und Taxischen Posten reichen. Übrigens muss ich bitten, den Briefen an mich keine Einschlüsse an andere Personen beizufügen.

Briefe und Pakete, für welche Porto gefodert wird, lasse ich, zumal wenn sie von mir unbekannter Hand kommen, unangenommen zurückgehen.

Gfr. Weber.

Handlungs-Anzeige.

Den gesammten Musikverlag
nebst Platten und Eigenthumsrecht
von

F. Laue in Berlin

habe ich käuflich an mich gebracht, und ist dieser Verlag von jetzt an nur von mir allein zu beziehen.

Leipzig den 15. August 1832.

Fr. Hofmeister.

G. v. Nissen,
Biographie W. A. Mozart's.

Wir machen hierdurch bekannt, dass wir, dem Wunsche der Frau Etatsräthin von Nissen zu folge, den Preis dieses Werkes von Rthlr. 6. 12 ggr. auf Rthlr. 3. 6 ggr., einschliesslich des Anhangs und der Lithographieen, herabgesetzt haben, und bieten daher den zahlreichen Verehrern Mozarts dies so gehaltreiche Werk zu solchem, unerhört wohlfeilen, Preise an.

Uns selbst ist die Commission fortwährend übertragen, doch nehmen alle gute und solide Buchhandlungen gern Bestellungen darauf an.

Leipzig, den 15. Nov. 1832.

Breitkopf et Härtel.

Dienstanerbieten
als Fagottist
oder in mehreren sonstigen Eigenschaften.

Ein junger Mann sucht eine Stelle als Fagottist bey einem Militär-Musikcorps oder eine andere geeignete Stelle, indem er gut Clavier spielt und 12 Jahre die Begleitung eines Singvereins versehen, und so alle klassische Werke von Ottorien und Opern kennen gelernt hat, auch Composition und Harmonieen für Blasinstrumente vollkommen zu arrangiren versteht, und Bass singt. Anfragen für den Suchenden werden von der Verlagshandlung dieser Blätter zur Besorgung übernommen.

Dienstanerbieten.

Es wünscht Jemand, der mehrere Jahre dem Musikcorps eines Hannöver'schen Regiments als Director vorgestanden hat, und die besten Zeugnisse vorlegen kann, wieder ein ähnliches Engagement anzunehmen, oder als erster Oboe- oder erster Clarinett-Bläser, oder auch in einem Orchester an der zweiten Violine oder an der Viola angestellt zu werden. Auf portofreie Briefe ertheilt nähere Nachricht die Musikalien-Handlung von

G. M. Meyer junior
in Braunschweig.